铁路货运物联网技术与应用研究

张志荣　杜　鹏　王大伟　徐丰伟/著

科学出版社

北　京

内 容 简 介

铁路货运物联网是管理、信息、通信等技术在铁路货运中的集成与应用。本书内容包括：首先，围绕我国铁路货运产品的结构体系特征，结合物流仓储物联网应用的相关技术等，论述了铁路货运物联网应用的感知层、网络层、应用层三层技术架构，并对各层相关技术进行了深入剖析；其次，详细介绍了铁路货运中几个典型物联网应用系统的技术架构、系统构成、作业流程、工作原理、关键技术及试验测试；最后，以中铁快运铁路货运基于物联网的应用为例，构建了基于物联网的中铁快运铁路货运效益评价指标体系，并对物联网应用前后的铁路货运效益进行评价。

本书可作为从事铁路货运物联网技术应用工程技术人员的参考书，也可作为高等院校物联网工程等相关专业教材。

图书在版编目（CIP）数据

铁路货运物联网技术与应用研究/张志荣等著. —北京：科学出版社，2016

ISBN 978-7-03-048850-3

Ⅰ. ①铁… Ⅱ. ①张… Ⅲ. ①互联网络–应用–铁路运输–货物运输–研究②智能技术–应用–铁路运输–货物运输–研究 Ⅳ. ①U294-39

中国版本图书馆 CIP 数据核字（2016）第 134161 号

责任编辑：徐 倩／责任校对：胡小洁
责任印制：徐晓晨／封面设计：无极书装

科学出版社 出版
北京东黄城根北街 16 号
邮政编码：100717
http://www.sciencep.com

*北京京华虎彩印刷有限公司*印刷
科学出版社发行 各地新华书店经销

*

2016 年 6 月第 一 版 开本：B5（720×1000）
2016 年 6 月第一次印刷 印张：15 3/8
字数：295 000
定价：**92.00 元**
（如有印装质量问题，我社负责调换）

作 者 简 介

张志荣，教授，享受国务院政府津贴。大连交通大学教师，主要从事铁路信息系统与物联网应用研究。主持和参与国家"八五"攻关课题、国家自然科学基金、省部级、市级等课题30多项并获省部级、市级科技进步奖等奖5项。发表论文30多篇，获得2项发明专利和实用新型专利。主编出版高校及国家物联网职业能力培训教材10多部。

杜鹏，讲师，硕士。辽宁工业大学教师，主要从事计算机软件教学、物联网技术的研究与实践。参与辽宁省工业公关计划项目，先后获得中国煤炭工业科学技术奖二等奖、锦州市科技进步奖一等奖、锦州市科技进步奖二等奖，实用新型专利1项，发明专利1项。

王大伟，讲师，博士。大连交通大学教师，主要从事运输经济、农业经济研究。参与和主持国家社科基金项目、国家软科学研究计划项目、原铁道部科技研究开发计划项目、辽宁社科基金规划项目、辽宁教育科学规划项目、辽宁省教育厅科学研究项目等20余项，发表论文30余篇，出版和参与出版专著3部，参编教材2部。

徐丰伟，副教授，硕士。大连交通大学教师，主要从事物流与供应链管理、技术管理研究。参与和主持国家社科基金项目、原铁道部科技研究开发计划项目、辽宁社科基金规划项目、辽宁教育科学规划项目、辽宁省教育厅科学研究项目等20余项，发表论文30余篇，参编教材3部。

序

物联网（internet of things，IoT）的概念于 20 世纪末由美国麻省理工学院（Massachusetts Institute of Technology，MIT）自动识别（auto identification，Auto-ID）实验室的 Kevin Ashton 教授首先提出，并将射频识别（radio frequency identification，RFID）技术应用于货物仓储管理之中。随着研究的发展与深入，物联网的概念和理论不断完善和深化，物联网技术已逐步应用于工业、农业、交通、医疗、环境、娱乐、公共事业、安全、社会管理等各行各业。

物联网作为新一代信息技术的高度集成和综合运用，对提高国民经济和社会生活信息化水平、提升社会管理和公共服务水平、带动相关学科发展和技术创新能力增强、推动产业结构调整和发展方式转变具有重要意义。李克强总理在 2015 年的政府工作报告中首次提出"制定互联网+行动计划"，就是要推动移动互联网、云计算、大数据、物联网等与现代制造业结合，促进电子商务、工业互联网和互联网金融的健康发展，引导互联网企业拓展国际市场。由此可见，我国已将物联网作为战略性新兴产业的一项重要内容。

铁路是国家的重要基础设施、国民经济的大动脉、大众化的交通工具，铁路运输在各种运输方式中占主导地位，在经济社会发展中具有特殊且重要的作用，没有铁路的现代化就难以实现国家的现代化。随着物联网的发展，其技术越来越成熟、成本越来越低、应用越来越普及，能更有效地解决铁路信息化的技术需求，铁路的物联网应用就成为历史的必然。

物联网应用是一个复杂的系统工程，不仅涉及电子、通信、计算机软硬件、物流管理技术、铁路运输组织管理等若干学科和领域，还与工程实施、运行机制及营运模式等诸多因素息息相关。该书将各种无线技术、北斗技术、网络技术及计算机技术与铁路货运产品运输形式结合，并运用于铁路货运物联网应用的研究中，这对铁路货运物联网应用是一种不错的探索，同时对其他行业的物联网应用研究也有一定的借鉴作用。相信该书对从事物联网应用的研究人员会有一定的帮助。

李学伟

2016 年 5 月 18 日

前　　言

　　铁路是我国国民经济的重要组成部分，其以大运量、全天候、低成本、占地少、能耗少、环保等优势在我国交通运输业的发展中起着重要作用，承担着大宗物资运输、中长距离运输的重要任务，在国家综合运输体系中有显著的优势。然而，随着我国经济结构、产业结构、产品结构的调整，以及其他运输方式的竞争，我国铁路货运市场份额逐步下降，货源种类日趋萎缩，使得铁路在国民经济中的地位和影响面临着严峻的挑战。为了迎接这一挑战，2012 年，原铁道部党组明确了中国铁路货运要转变生产经营方式、提高行业服务水平等重大改革目标；2013年 3 月，国家铁路局和中国铁路总公司的成立结束了铁路政企不分的历史；同年6 月 15 日，中国铁路总公司正式实施货运组织改革，通过改革货运受理和运输组织方式、清理规范货运收费、大力发展"门到门"全程物流服务等举措，推动铁路货运向现代物流转变，提出了"简化受理、随到随办、规范收费、热情服务"的改革宗旨，以适应货运市场化、信息化的需求。发达国家的实践经验表明，服务创新、组织变革、信息化是铁路货运发展的必经之路，也是发挥铁路规模经济和网络优势，提升铁路货运经营效益的必然选择。因此，可以说信息化已成为我国铁路货运向现代物流转变的基础之一。

　　人类的工业文明在经历了以蒸汽机的应用、规模化生产和电子信息技术为代表的三次工业革命之后，即将步入以信息物理融合系统（cyber physical systems，CPS）为基础，以生产高度数字化、网络化、机器自组织为标志的第四次工业革命时代。而物联网技术则是引领第四次工业革命的钥匙和基础。

　　物联网的概念是 1999 年由美国麻省理工学院 Auto-ID 实验室的 Kevin Ashton教授首先提出的。随着研究的发展与深入，物联网的概念和理论不断完善和深化。物联网是在计算机、互联网等信息技术发展基础上信息产业的飞跃，能够实现以计算机和互联网为代表的信息世界与物理世界的融合，最终形成闭环系统，即将传感器或 RFID 标签嵌入电网、建筑物、桥梁、公路、铁路、隧道、汽车、手机、家电，以及我们周围的环境和各种物体中，使得人与物、物与物之间能够进行有效通信，互联成网，从而实现信息世界与物理世界的融合，以提高人类的生产力、效率、效益，同时改善人类社会发展与地球生态的和谐性及可持续发展的关系。目前，物联网技术已逐步应用于工业、农业、交通、医疗、环境、娱乐、公共事业、安全、社会管理等各行各业。

物联网作为新一代信息技术的高度集成和综合运用，对提高国民经济和社会生活信息化水平、提升社会管理和公共服务水平、带动相关学科发展和技术创新能力增强、推动产业结构调整和发展方式转变具有重要意义。李克强总理在 2015 年的政府工作报告中首次提出"制定互联网+行动计划"即"互联网+"，要推动移动互联网、云计算、大数据、物联网等与现代制造业结合，促进电子商务、工业互联网和互联网金融健康发展，引导互联网企业拓展国际市场。由此可见，我国已将物联网作为战略性新兴产业的一项重要内容。随着物联网的发展，其技术越来越成熟、成本越来越低、应用越来越普及，能够有效地解决铁路货运物流化改革中信息化的技术需求，由此铁路货运的物联网应用就成为历史的必然。

铁路货运物联网是根据不同铁路货运产品的作业流程，将具体的物联网技术应用到铁路货运产品及运输形式之中，并成为铁路货运核心竞争力的重要组成部分。因此，物联网技术在铁路货运中的应用与铁路货运产品类型及运输形式相关，不同铁路货运产品类型与运输形式对应不同的物联网体系结构及技术架构。对于铁路货运物联网应用系统来说，其核心是详细分析现有铁路货运业务的作业规程，规划出其物联网应用的作业流程；在此基础上，结合现有的内外部环境构建物联网体系结构及技术架构；然后利用可用技术设计物联网应用系统；最终实现物联网应用系统。

首先，本书在详细分析我国铁路货运发展的总体现状、铁路货运产品的种类，以及相应的作业流程、运输组织、组织机构、安全保障体系等基础上，结合物联网相关技术及物流仓储物联网应用技术等有关理论，提出了铁路货运物联网应用的感知层、网络层、应用层三层技术架构，并对各层相关技术进行深入剖析；结合铁路货运物联网应用的三层技术架构，详细介绍了感知层针对不同铁路货运产品运输形式感知器件的选型与设计、逻辑结构设计及网络层网络结构确定、各类数据传输设备的设计等问题关键技术，应用层介绍了云计算技术、大数据、分布式存储、数据挖掘、安全设计及地理信息系统（geographic information system，GIS）电子地图的匹配等数据的应用问题。其次，根据不同铁路货运产品运输形式对应不同的物联网体系结构及技术架构的特点，详细介绍了整车、零担、集装箱、高速铁路（以下简称高铁）综合维修物流监控、物流中心仓储管理几个铁路货运中典型物联网应用系统的技术架构、系统构成、作业流程、工作原理、关键技术问题及试验测试，并对应用中可能面临的若干问题进行了总结。最后，以中铁快运股份有限公司（以下简称中铁快运）铁路货运基于物联网应用为例，利用管理学相关理论和方法构建了基于物联网的中铁快运铁路货运效益评价指标体系，并对物联网应用前后的铁路货运效益进行评价。该模型可以对应用物联网后的铁路货运进行效益研究。

全书共分为五章：第 1 章为铁路货运及其组织（徐丰伟撰写）；第 2 章为物联

网与铁路货运物联网应用的技术架构（张志荣、徐丰伟撰写）；第 3 章为铁路货运物联网应用的关键技术（杜鹏、张志荣撰写）；第 4 章为铁路货运的典型物联网应用系统（张志荣撰写）；第 5 章为铁路货运物联网应用的效益评价（王大伟撰写）。全书由张志荣统稿，其他人员进行了审核校对。

　　本书内容是在我们近几年从事铁路货运物联网应用研究成果的基础上并汇集其他从事此方向研究人员的智慧撰写而成。感谢大连交通大学的李学伟教授、马云东教授、李卫东教授、刘军教授、王杨教授，辽宁工业大学的李国义教授等，以及中国铁路总公司、沈阳铁路局、哈尔滨铁路局、中铁快运、中铁集装箱运输有限责任公司、中国东方红卫星公司等相关部门给予的支持与帮助，感谢参与此方向研究的同事及研究生。在本书撰写的过程中，参阅了部分专业书籍、刊物及互联网上的最新资讯，在此向原作者和刊发机构致谢，对于不能一一注明引用来源深表歉意。对于网络上收集到的资料没有注明出处或由于时间、疏忽等原因找不到出处，以及笔者对有些资料进行了加工、修改而纳入本书的内容，在此郑重声明其著作权属于其原创作者，并在此向他们在网上共享所创作或提供的内容表示致敬和感谢。感谢科学出版社给予的帮助与启示。

　　铁路货运物联网应用是一个复杂的系统，涉及电子、通信、计算机软硬件、物流管理与技术、铁路运输组织管理等若干学科和领域，同时铁路货运物联网建设又是一个复杂的系统工程，本书仅就铁路货运物联网应用的技术架构、各层相关技术及典型应用系统等进行了分析和总结，实际应用中会遇到很多问题。物联网技术是一门发展迅速的新兴技术，涉及领域众多，新的技术标准和手段不断涌现，加之笔者的水平有限，本书难免存在疏漏、不当之处，恳请各位专家和读者不吝赐教。

张志荣

2016 年 1 月于大连交通大学

目　　录

第1章 铁路货运及其组织

1.1 引 言

铁路是我国国民经济的重要组成部分，其以大运量、全天候、低成本、占地少、能耗少、环保等优势在我国交通运输业的发展中起着重要作用，承担着大宗物资运输、中长距离运输的重要任务，在国家综合运输体系中有显著的优势。经过近几年的建设和发展，我国铁路运输能力得到进一步扩充，技术装备现代化水平有了显著提高。根据国家铁路局发布的铁道统计公报，截至 2014 年年底，我国铁路营运里程达到 11.2 万千米。目前，我国铁路的货物发送量、货运密度和换算周转量均为世界第一（国家铁路局，2015）。

虽然我国铁路货运得到了长足发展，但随着我国经济结构、产业结构、产品结构的调整，以及其他运输方式的竞争，铁路货运的市场份额逐步下降，货源种类日趋萎缩，因此我国铁路货运在激烈的市场竞争中正面临着严峻的挑战。究其原因，姚虎（2010）在《基于供应链的铁路货运业务流程再造研究》中总结为：一是铁路系统庞大复杂，政策性高度集中，受计划经济影响严重，面对不同客户、不同市场的具体情况难以很好地把握；二是组织陈旧，铁路企业仍然沿用传统的组织结构，这种组织结构不仅不符合面向客户的理念，而且不利于协调内部各部门的管理工作，严重制约着铁路整体的统筹；三是条块分割、利益格局及经营资源的分散，使得市场营销、生产组织、站场作业、客户服务等环节缺乏协调，难以形成整体，不适应现代物流集成化服务的要求。

相比而言，国外发达国家铁路货运的发展水平较高，在货物运输能力相对充裕、各种运输方式竞争相对激烈的情况下，其在货运产品、运输组织、技术手段等方面拥有成功的经验。刘海涛（2011）在《铁路货运生产经营计划流程优化及信息系统设计与开发》一文中，概括出西方国家铁路运输企业的经营宗旨是：以经济效益最大化为目标，以客户服务为中心，突出市场需求导向，对货物运输申报、审批等作业手续和内部流程进行合理简化，以信息化平台为载体进行联络反馈，力求实现集约化经营，获取规模经济效益。同时，国外发达国家铁路非常重视市场营销，在运输产品设置、服务全过程始终贯彻"面向客户组织生产和营销"的管理思想（郭玉华，2009），采用发达的通信及信息技术建立货运客服中心，全面负责客户服务、市场营销、产品设计及定价，在客户服务便捷化、多样化和提高铁路应时服务水平等方面取得显著成效。

　　发达国家的实践经验表明，服务创新、组织变革、信息化是铁路货运发展的必经之路，也是发挥铁路规模经济、网络优势，提升铁路货运经营效益的必然选择。2012 年，铁道部党组明确了中国铁路货运要转变生产经营方式、提高行业服务水平等重大改革目标（胡亚东，2012）。2013 年 3 月，国家铁路局和中国铁路总公司的成立结束了铁路政企不分的历史（人民网，2013）。同年 6 月 15 日，中国铁路总公司正式实施货运组织改革，通过改革货运受理和运输组织方式、清理规范货运收费、大力发展"门到门"全程物流服务等举措，推动铁路货运向现代物流转变，提出了"简化受理、随到随办、规范收费、热情服务"的改革宗旨（邱少明，2013）。改革适应了货运市场化、信息化的需求，但由于受过去长期计划经济的影响，我国铁路货运改革任重而道远。

　　本章分五小节，1.2 节说明了我国铁路货运发展现状及趋势；1.3 节对我国铁路货运产品的种类进行了梳理，并进一步介绍了我国铁路货运业务流程、运输组织、组织结构及安全保障体系；1.4 节由上两节内容论述了我国铁路货运改革的必要性；1.5 节对全章进行了总结。

1.2　我国铁路货运发展现状及趋势

1.2.1　我国铁路货运发展的整体状况

　　铁路作为国民经济的大动脉、国家重要基础设施和大众化交通工具，在国民经济社会发展中具有重要作用。"十二五"时期以来，我国铁路运输能力得到进一步扩充，技术装备现代化水平有了显著提高。

　　1. 建设电子商务服务平台，运力信息透明化，提升货运服务质量

　　中国铁路为适应环境变化与市场需求，积极推进电子商务的建设，构建铁路货运业务的网上办理平台，并于 2012 年 9 月 20 日开始了铁路货运电子商务系统试运行（郭丽红和金福彩，2013），使客户可以通过系统查询铁路货运信息、提报运输需求、预约物流服务、提前预订铁路货运产品。

　　铁路货运完成网上办理，必须进行实名注册与审核。当信息审核通过之后，客户才能提报货运需求。将运力信息透明化，提供一个相对公正的服务平台，并遏制一些管理人员通过不正当手段获取暴利的违规现象。现今便捷的网上服务、透明的运力分配，不仅提高了铁路货运办理效率，还进一步提升了铁路货运服务，提高了铁路形象。

2. 铁路投资稳步增长，客货分离缓解运力

自 2009 年我国铁路建设进入大规模发展阶段以来，铁路投资一直呈现增长趋势。据铁道统计公报数据显示，2011 年全国铁路固定资产投资完成 5906.09 亿元；2012 年同比增长 7.34%，为 6339.60 亿元；2013 年同比增长 5.01%，为 6657.21 亿元；2014 年全国铁路固定资产投资完成 8088.00 亿元。同时，大规模铁路建设，推动了我国铁路营业里程从 2009 年的 8.60 万千米突破到 2014 年的 11.20 万千米，带动了高铁运营里程从 3459.40 千米迈向 1.60 万千米。现在中国高铁总里程已突破 1.60 万千米，高铁线路超过 30 条，覆盖 160 多个地级以上城市，长三角、珠三角、环渤海三大城市群以高铁连片成网（杨欣，2014），势必会为既有线腾出大量货运空间，促进客货分离，加快客货运量增长，提高铁路运输市场份额。

3. 发展铁路"门到门"物流服务，实行"门到门""一口价"收费

铁路总公司依据市场需求，积极开展货运"门到门"物流服务。"门到门"运输包括上门取货装车、短途运输、发货站仓储装卸、铁路线上运输、到站仓储装卸、短途运输和送到门卸车七个流程环节（齐中熙和樊曦，2013）。"门到门"运输服务的开展不仅在一定程度上满足了客户的物流需求，还有利于铁路拓展市场空间。与此同时，"门到门"物流实施的是"一口价"收费，货运费用依法合规、明码标价，客户只需一次提报，足不出户便可以享受所有货运服务。

综上所述，"十二五"以来，我国铁路整体上取得了跨越式发展，但是目前铁路货运仍存在一些诸如组织结构与经营管理混乱、信息交互机制不健全、安全保障体系不完善、货运设施条块分割等问题和矛盾，阻碍着铁路货运的快速发展，这就需要我国铁路系统持续不断地推进货运改革来解决上述问题。

1.2.2　我国铁路货运的发展趋势

随着铁路管理实行政企分开，铁路总公司也以全新的理念进入货运市场，铁路货运服务也积极地面向市场、面向客户，从而改变原有的粗放型管理，向铁路货运物流化、铁路货运快速化、铁路货运产品化及铁路货运服务信息化的方向发展。

1. 铁路货运的物流化

铁路作为国民经济的"大动脉"，在我国综合交通运输体系中处于骨干地位。但目前铁路货运单一的运输或仓储服务已经很难适应市场需求，而现代物流充分运用准时化（just in time，JIT）、精益管理等理念，通过发挥信息技术能动性，将相互分割的物流环节有机地结合成一个整体，为客户提供低成本的个性化服务和增值服务，以在供应链中形成上达原材料下达消费者的全球性服务网络，这与铁路货

运发展的瓶颈相耦合。因此，发展现代化铁路物流是铁路货运发展的必然趋势。

2. 铁路货运快速化

近年来，随着国民经济的迅速发展，货物运输的需求不断增长，社会对货物运输服务质量的要求也越来越高，快捷货运受到广泛重视。各种运输服务根据市场需求，围绕快捷货运开展了许多货运方式，铁路货运市场受到其他运输方式的冲击，市场份额逐步下降，因此铁路发展快速货运是市场经济发展的必然要求，也是铁路行业积极参与货运市场竞争，扩大市场份额，提高经济效益的客观需要。

3. 铁路货运产品化

在中国铁路总公司实施铁路货运组织改革的重大战略部署中，盛光祖系统又创造性地阐述了"铁路产品"的概念（中国网，2013），即铁路货运不应仅作为一种运输形式，而应将其作为一种具有完整特性的产品来生产与运营；铁路货运不再局限于依托两根钢轨的"站到站"的运输生产，而应发展到"门到门"的全程物流服务。同时，应建立与市场接轨的生产和销售组织体系，划分为生产和界面销售界面，客户只需在销售环节将货物交给铁路，而铁路的装卸、接发和调车是铁路的生产过程。要进行铁路生产，就需做好销售工作。因此，铁路货运产品的设计与营销对于提升货运市场份额和增加竞争力具有重要的作用。

4. 铁路货运服务信息化

随着科技信息与网络技术的发展与创新，加速了企业信息化运营，完善的企业信息系统是企业高效、高质运作的基础。企业服务过程信息化，可以加快各环节间的流动与转变，减少人工操作带来的时间长、误差大等问题，增加了信息透明度与公正性，能够适应未来市场的信息需求。同时，基于互联网、物联网等技术手段的服务信息化流程除了让客户享受线下实体店、电话等传统途径的服务外，还提供给客户比线下实体店、电话等传统服务流程更为方便、快速的服务。它能满足客户对多元化办理途径、简单业务流程和快捷办理过程的服务期望。因此，服务过程信息化是我国铁路货运发展的方向，也是参与货运市场竞争的基础。

1.3　我国铁路货运组织与安全保障体系

1.3.1　我国铁路货运产品

1. 铁路货运产品的含义

市场营销学对于产品这一概念，可以概括地表示为：凡是能够为购买者带来有形和无形的效用和利益，满足需求与欲望的实物和劳务都称为产品。市场营销学在此基础上进一步提出了产品三层次理论，即任何一项产品从理论上都可以分解为三个层次：产品核心层、产品有形层和产品延伸层。产品核心层是一种解决问题的服务，即消费者真正购买或使用该产品的原因；产品有形层是将产品转化为有形实体或服务，是产品在市场上存在的形式，也是一种看得见摸得着的产品层次；产品延伸层则是指厂商能提供消费者在实体商品之外更多的服务与利益，即消费者在购买产品时所得到的附加服务或利益。

铁路货运是一种服务，是改变运输对象——货物在空间和时间上的存在状态，具体体现为空间位置的移动，即"位移"。位移虽然不创造新的有形产品，也不改变服务对象的形态，但可以增加服务对象的使用价值。它既是铁路货运生产活动产生的效用，也是铁路货运用于出售的产品。

汪绍恩（2003）在《铁路快速货物运输组织研究》中提到，传统的铁路运输产品概念是：旅客和货物在空间上的位移，也就是人和货物通过铁路运输得到位置上的转移。铁路产品本身并不具有实物形态，不能脱离生产阶段而独立存在，它不增加产品的社会数量，但能增加产品的社会价值。随着市场经济体制的不断变化，市场需求也不断趋向于以消费者为主，因此，新的铁路货运产品概念应运而生。

侯倩（2012）在《整体路网条件下的铁路货运产品开发》中，基于产品三层次理论认为，铁路货运产品新概念包括核心产品层、形式产品层和附加产品层，如图1.1所示。

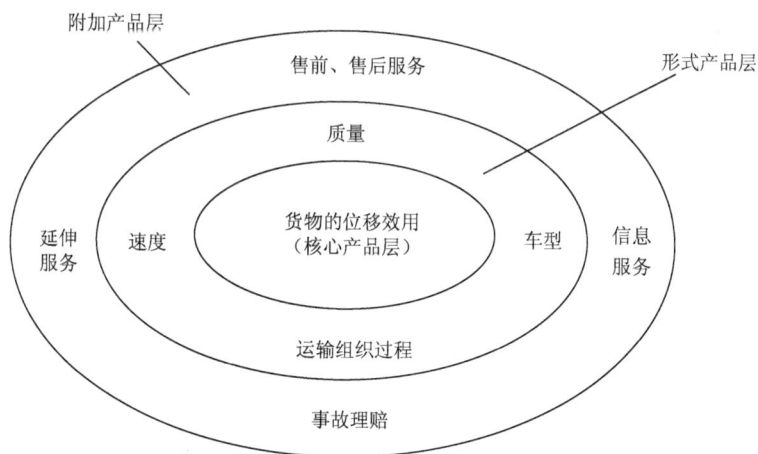

图 1.1　铁路货运产品的表现形式

（1）核心产品层，即为货物的位移效用，是货运产品向货主提供的基本效用

（地点效用），是产品的核心内容。它可以实现货主购买货运产品所要得到的最基本利益，是货物运输基本生产过程在时间和空间上的特定性要求。同样，货物的位移只是一个抽象的概念，它必须通过一定的具体形式表现出来才能出售给顾客。

（2）形式产品层，是可供货主选择的各种运送方法（如铁路的整车、零担、集装箱或其他运送方法），是实质产品层借以实现的具体形式，是运输企业为货物运输市场提供的实体和劳务形象。形式产品层的不同形式，表现了货运产品在安全、运达期限、经济、服务水平等质量特征方面的差异。货主主要依据这些质量特征决定购买的货运产品。运输服务的形式产品主要有五个方面的表现：品质（安全性、快捷度、时限保证、服务水平等）、特色（如夕发朝至列车、行包专列、行邮专列等）、式样（如双层集装箱、驮背运输列车）、品牌（如五定班列、海铁联运等）及包装（如车型外观等）。

（3）附加产品层，是产品附加利益的总和，如提供给货主储存、咨询、传送、接收，以及能够为货主带来价值的所有服务。货运企业提供给货主关于承运交付、货物状态查询、送达通知、理赔和信息服务等服务和延伸服务。货运产品的形体虽然和消费者没有直接关系，但是关系到能否最终实现产品的效用，是产品中不可或缺的一部分。

2. 我国铁路货运产品的种类

近年来，交通运输市场的迅猛发展和激烈竞争对铁路运输产生了强大的冲击。另外，我国产业结构的调整和高新技术产业的兴建使得铁路运输的货源产生了变化，这些都推动着铁路货运产品的发展和完善。黄志鹏（2011）在《客货分线条件下铁路货运产品的设计》中归纳了我国目前的铁路货运产品，主要由普通货运产品、大宗直达货运产品、小件快捷货运产品、集装箱货运产品及特种货运产品五大类构成。

1）普通货运产品

普通货运产品是指服务于时效性要求较低、货源较分散、需要沿途技术站进行解编作业的货运产品，其主要形式有直通列车、区段列车、技术直达列车、装车地直达列车（盖宇仙，2011）。

2）大宗直达货运产品

（1）基于不同运输品类的直达货运产品。直达运输能够提高铁路运输效率，但直达运输产品需要装车地具备稳定的货源和装车能力。随着铁路大客户战略的提出实施，铁路已与能源、物资类生产企业建立了大客户机制，在货源的组织和装车能力方面已具备直达列车的条件。基于货物品类的直达运输产品形式有石油直达列车、煤炭直达列车、钢铁直达列车、矿石直达列车、矿建直达列车、木材直达列车、棉花直达列车和水泥直达列车。

（2）基于运输组织方式的直达货运产品。按照直达货运产品的运输组织方式，可按装车地到卸车地间、局管内和跨局、企业与铁路、企业与企业之间进行直达货运产品的组织，其直达货运产品形式分为三类。①装车地—卸车地直达列车，包括双向重空循环直达列车、单向空车始发直达列车、双向重车循环直达列车和单向重车始发直达列车。②管内—跨局直达列车，包括管内大宗空车直达列车、管内大宗重车直达列车、跨局大宗空车直达列车和跨局大宗重车直达列车。③铁路—企业直达列车，包括路企直通直达列车、路企直通循环直达列车、企企直通循环直达列车和企企直通列车。

3）小件快捷货运产品

行邮行包和五定班列货运产品主要面对具有高附加值的小件快捷货运产品的运输。其中，行邮行包产品包括特快行邮专列、行包快运专列和快速行邮专列；五定班列可以根据实际需要，按照货物类别开发出适合运输需求的新产品——海鲜班列、小汽车班列、牛奶班列和集装箱班列等若干类特色产品。

4）集装箱货运产品

集装箱运输作为一种高效的运输方式，在水上、公路和航空运输中均被广泛采用。集装箱运输的货运产品形式可按照集装箱列车用途及运输组织方式进行细分。集装箱列车用途的产品包括冷藏集装箱列车、罐式集装箱列车、通用集装箱列车和牲畜集装箱班列；运输组织的产品包括分组集装箱列车、快运集装箱列车、普通集装箱列车和掸族集装箱列车。

5）特种货运产品

为特定货主提供专门的货物运输产品是货物运输物流化发展的一大特色。特种货物运输作为铁路货物运输的一个重要组成部分，由于其运输的特殊性，其产品形式主要是由冷藏、阔大超限和危险货物车列编组的列车。

1.3.2　我国铁路货运的业务流程

我国铁路货运现行的作业流程主要包括受理作业流程，运到货物交付作业流程，货运车辆配送、挂运与途中运输业务流程（徐利民等，2012）。

（1）受理作业流程。客户到货运营业厅领取货运订单，填写后提交车站，车站计划员受理客户填写的整车货运订单，并提交到货运营销与生产管理系统（freight marketing and operation system，FMOS）；订单审批通过后，车站计划员将批准号及办理期限通知客户；客户将关联批准号的运单提交车站计划员；车站计划员根据运单提交请车计划，上报至调度部门；调度部门根据汇集的请车计划，依情况在权限内自行审批或向更高一级主管部门申请审批，审批过后下达日班计划；计划员根据下达的日班计划，通知客户将货物送至车站；车站对货物进行验货、称重和装车，同时托运人交付运费、装卸服务费、保险费等费用；收费员制作货票及领货凭证，交给托运人，同时将货票信息提交至运转车间；运转车间根据货票信息对货物进行编组发送。

（2）运到货物交付作业流程。货物到达车站后，由运转室人员通知货运外勤人员取货票；外勤人员凭货票检查运到货物是否符合记载，然后将货票转给货运内勤人员；内勤人员按货票记载的方式通知收货人，收货人接到通知后到车站进行查询，然后凭到货通知和发票到货运营业厅和多经部门办理缴费手续；收货人凭缴费单和领货单到仓库领取货物。

（3）货运车辆配送、挂运与途中运输业务流程。各装车站在确定装车计划后，根据站内现有的空车数量由运转部门向铁路局调度所申请配车；铁路局调度所根据局管内车辆的分布情况和各站的装车计划，决定是否配车及配车时间；运转部门将车辆送到货场，然后由外勤人员安排装车；货物装车完毕后，外勤人员通知运转部门取车，并根据列车运行图编发列车；列车出发需满轴，遇编组站需解编，并等待同方向列车满轴后出发；到达货运车辆在中间站由铁路局行车调度安排甩车，再由车站运转部门通知外勤人员。其后过程与配送空车的流程大致相同。

由上述作业流程可以看出，我国铁路目前的作业流程还存在如下问题。

（1）办理手续繁杂。货运受理过程需要客户在营业厅不同窗口、货场等地方多次办理有关手续。其中，客户需要在不同时间分三次到营业厅办理订单填写、运单填写和缴费业务。

（2）货物在车站停留时间过长。目前，在我国铁路货车的旅行时间中，约70%的时间在车站停留，其中装卸货物作业时间约占35%。

（3）货运作业环节不衔接。货物的交付仍然是以各部门为出发点的串联式交付，信息与资料的传送由铁路内部多个部门的多名人员奔走接力完成，造成了人力、财力和精力的巨大浪费。

1.3.3　我国铁路货运的运输组织

我国铁路货物运输组织一般都是按照"坐商收货、按图行车"的组织策略进行的，并按照日班计划进行具体的运输组织工作。货物被吸引至铁路后，将按照铁路运输计划进行装车和在途运输，铁路运输模式的基础是货物列车的编组计划，根据货物列车的编组计划，按照满轴、牵引定数等原则将货流组织成车流，再将车流组织成列流，结合货物运输整个过程列车运输区段的划分，选择与列车运行图相适应的运行线，以完成列车运行及货物输送。李久平（2013）在《中国铁路货运组织创新模式研究》一文中，归纳了铁路货物运输的过程，具体如图1.2所示。

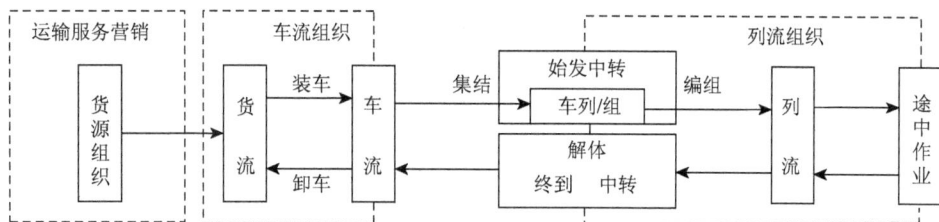

图 1.2 铁路货物运输组织过程

传统运输模式主要是以调度日班计划确定的货运、列车、机辆工作计划。作为车流调整的主要依据,调度日班计划对各局(各站)装车去向、排空(配空)数量、重车流向和机车调整做了明确的规定,具有指令性的特点。传统运输模式的操作流程为:请求车—承认车—配空—装车—重车挂运—卸车—指令性排空。

我国现有的铁路货物运输组织以调度指挥型为主,计划主导型为辅。调度指挥型的运输组织是指日常的调度指挥占运输组织的主导地位,即在列车编组计划与列车运行图的指导之下,根据日常运输组织工作的实际情况,通过调度指挥的日常工作计划来具体组织列车的运行,列车运行的结果与计划编制水平及指挥水平有着直接关系。

综上所述,传统铁路货运组织存在着如下矛盾(杨文曦,2014):①铁路装车计划与客户发运计划的矛盾。在传统的运输组织下,由客户在需要装车的前一天提报需求即"请求车",铁路根据预计的运输能力下达装车计划即"承认车"。受能力紧张区段车流限制、设备故障、施工、水害等各种因素的影响,铁路实际运输能力有一定的波动性,一旦某个方向能力紧张,客户的运输将难以得到满足。②稳定的客户物流预期目标与不确定的铁路运输过程的矛盾。传统货运组织模式下的铁路运输具有不确定性,既不能完全保证按照客户的要求按期发货,也不能保证货物按期运达,无法满足客户稳定的物流预期目标。③变化的物流市场需求与铁路均衡的运输组织方式的矛盾。在传统的运输组织模式下,为避免运输主要环节时紧时松,造成能力过度紧张或空废现象,铁路日常运输组织的一项重要工作是协调平衡运输能力,保持均衡运输,但是运输市场需求是瞬息万变的,这就产生了矛盾。

1.3.4 我国铁路货运的组织结构

目前,我国铁路运输系统采用纵向三级管理模式,由铁路总公司、铁路局、基层站段三级构成。铁路总公司为决策层,各铁路局为目标层,基层站段则为执行层。除了纵向三级管理模式外,中国铁路还采用车、机、工、电、辆的横向管理模式,对运输生产要素进行分别管理。以哈尔滨铁路局为例说明铁路传统的货运组织结构，如图 1.3 所示（武中凯，2013）。

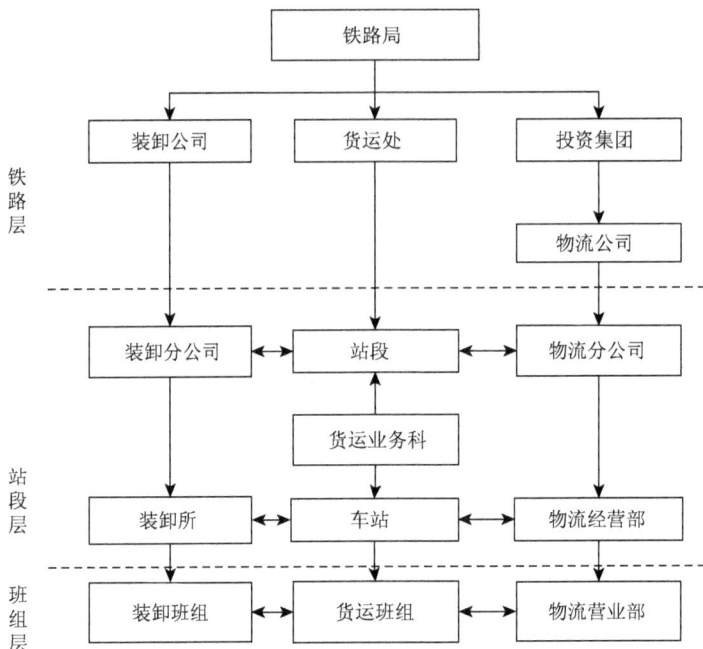

图 1.3　铁路货运传统的组织结构

由此可见，我国铁路传统的货运组织结构是根据职能设置的，各个部门相互独立，协调难度较大，没有一个部门对运输进行全程管理，从而导致客户无法实时地了解货物的当前所处位置及运输装填，不能准确地预测货物到达时间，这不利于流程高效顺畅的运作。具体来说，铁路传统的组织机构存在如下问题：①"一对多"式的信息传递，对下层管理者发号施令，阻碍了组织内外信息沟通；②组织结构层次过多，效率低下；③组织比较刚性，对外界环境变化不敏感；④员工过多，难以管理，而且变革困难，缺乏革新精神。

1.3.5　我国铁路货运的安全保障体系

安全是铁路货运最基本的要求，铁路货运安全保障技术经历了一系列的发展。20 世纪 60～70 年代，铁路货运安全保障主要依赖独立装备的车载列车自动控制设备；20 世纪 90 年代左右，铁路货运开始依靠计算机辅助系统对灾害信息进行收集和处理，以保证铁路货运安全。

随着近几年的发展，我国铁路货运相继投入使用了超偏载仪、轨道衡、货检智能监控系统、安全门、电视监控管理系统，以及电子测密仪、轮重测重仪、电子磅秤等设备来确保货物装载的安全，并且已经基本实现计算化的维护与运行。随着我国高铁的迅速发展，我国在高铁行车安全保障体系方面做出了巨大努力，如先进的车号识别系统、列车状态监测和诊断系统、环境监测和报警系统等，都可应用到铁路货物运输安全中。

同时，大量直达、直通运输、长交路列车的开行，取消了大部分的中间站列检和货检作业，由于铁路货运线路长、路内外情况复杂，导致铁路货运安全保障体系主要面临三个方面的问题（赵凌，2013）：第一，防盗性能良好的篷车、集装箱数量相对不足，货运列车设备老化、超负荷运行现象普遍；第二，铁路列车在沿途站点甩挂次数较多，车体封闭状态随时可能遭到外来自然环境或人为破坏；第三，对机车设备和货物的检查仍停留在站内人工观察或测量阶段，铁路货运潜在安全隐患难以及时发现和处理。因此，如何充分整合和融合货运安全设备，构建全方位、立体化的货运安全屏障，确保货物列车的运行安全，仍然是一项重大挑战。

1.4 我国铁路货运改革的历程及展望

1.4.1 我国铁路货运改革的历程

改革开放 30 多年来，我国国内生产总值（gross domestic product，GDP）增长了约 142 倍，但不断发展的铁路货运却长年举步维艰，这显示了我国铁路货运改革的迫切性。铁路货运改革的方向是将铁路带向市场化、全球化的新铁路时代。史秀鹏（2012）在《铁路物流电子商务系统服务模式研究》一文中，归纳总结了我国铁路货运改革，大致经历了货运延伸服务、货场内部企业化经营、货场与多经共同经营、多经独立经营货运延伸服务、专业运输物流、铁路局物流企业等阶段。

1. 货运延伸服务阶段

20 世纪 80 年代，在改革开放大形势下，铁路实行经济承包责任制，起步发展第三产业，并提出"以主带副，以副养主"的多种经营发展战略。在"工资靠运营，致富靠多经"的口号下，铁路局、分局、站段的三级多经企业迅速发展，其主要为货主提供代办运输、储存、接取、送达货物等货运延伸服务。铁路货运的延伸服务投入少、产出高、需求高，得到了铁路系统的重视和大力发展。

2. 货场内部企业化经营阶段

1995 年出台的《铁路车站货场实行内部企业化经营管理的实施意见》，将铁路货场作为独立核算的单位,赋予货场自主经营权,铁路货场企业化经营与多经、集经的延伸服务业务并行开展,虽然经济效益可观,但其服务主体、服务范围均不甚明确,缺乏有效的监管,收费价格与范围标准不一,并存在乱收费现象,影响了铁路货运延伸服务长期健康成长和稳步提高。

3. 货场与多经共同经营阶段

1997 年 11 月,《铁路货物运输延伸服务收费管理办法》和《铁路货物运输延伸服务收费项目》出台,指出铁路货物运输延伸服务是指铁路货物运输延伸服务经营者受托运人或收货人委托,在货物承运前、交付后,为托运人、收货人提供代办货物接取送达、仓储保管、包装整理及代办货物运输有关手续等服务,并明确了铁路运输主业、铁路多种经营企业均属铁路货物运输延伸服务经营主体。

4. 多经独立经营货运延伸服务阶段

铁路多经企业与货场在货运延伸服务的业务范围上存在冲突。2003 年,铁道部出台《关于规范铁路货运营业行为的若干规定》,规定铁路货场等铁路货运营业窗口不得代办延伸服务或运输代理业务。货场负责计划的受理审批、装车安排、空车配送、查验检斤、监装检斤、监装监卸、运费核收、到货通知、事故处理等工作,货运延伸服务的服务内容与相关费用的核收均由铁路多经企业完成。

5. 专业运输物流阶段

2003 年 12 月 28 日,铁道部组建了中铁集装箱运输有限责任公司、中铁特货运输有限责任公司、中铁行包快递有限责任公司 [2005 年 9 月与中铁快运(1997年 4 月注册设立)合并重组] 三大专业运输公司,以"优化结构、降低成本、提高效率、改善服务"为目标,剥离优质资源,完善专业运输组织机构,积极开发专业运输新产品,向现代一流物流企业迈进。中国铁路货运加快融入并积极发展现代物流,有利于推进铁路专业运输体制改革,整合专业运输资源,优化产业结构,加快专业运输发展,构建现代物流企业。

6. 铁路局物流企业阶段

2009 年,随着《物流业调整和振兴规划》的出台,物流成为我国经济社会发展的热点和焦点问题,铁路部门也认识到铁路货运向现代物流转型发展是铁路货运转型升级的必然趋势和方向。原铁道部运输局出台的《铁路"十二五"物流发展规划》(铁运〔2011〕169 号)和原铁道部多经中心出台的《关于推进铁路多元经营物流相关服务业向现代物流转型发展的指导意见》(经管函〔2010〕17 号),都将物流发展作为发展方向。2013 年,铁道部进一步改制为中国铁路总公司,同年中国铁路总公司正式实施货运组织改革,通过改革货运受理和运输组织方式、清理规范货运收费、大力发展"门到门"全程物流服务等举措,进一步推动铁路货运向现代物流转变。

1.4.2　我国铁路货运改革的展望及其必要性

1. 我国铁路货运改革的展望

近年来,随着我国市场经济的不断完善和持续发展,货物运输市场竞争日益激烈,货物运输的需求结构已发生了重大变化,货流特征已经从"少品种、大批量、少批次、长周期"转变为"多品种、小批量、多批次、短周期",高附加值货物对时效性要求强的货物运输需求逐渐增加(迟骋等,2008)。铁路货运为了自身的发展,需要不断开拓运输市场,这就要求铁路货运适应需求结构的变化,摒弃仅提供传统"站到站"运输及简单仓储保管的服务,为客户提供个性化、柔性化的物流服务。因此,货运作业物流化已经成为铁路货运发展的重要趋势和方向。

同时,发达国家的实践经验表明,服务创新、信息化、组织变革是铁路货运发展的必经之路,也是发挥铁路规模经济、网络优势,提升铁路货运经营效益的必然选择。因此,发展铁路物流化的运输服务,也是铁路货运在市场条件下针对货运需求多样化和个性化的重要策略。

尽管我国铁路货运改革正向着大力发展"门到门"全程物流服务方向前进,但目前我国铁路货运组织仍然是粗放的计划模式,主要表现为(李爽,2013):①信息网络技术落后,造成信息化管理和实际铁路货运组织管理不协调。我国铁路货运信息网络已初具雏形,但信息化程度不高,信息资源共享不足,与货物组织管理相匹配的信息收集代码化、信息传递标准化和实时化、信息处理电子化、信息储存数字化、信息查询可视化等方面还十分落后,并已成为制约铁路货运物流化发展的短板。②作业环节"各自为政",缺乏一体化服务。一方面,铁路货运各个作业环节间没有协调,重复作业多,责任不清,作业效率低下;另一方面,办理手续复杂,作业环节间没有统一的服务标准,在作业时间和作业效果上缺乏一体化控制。③铁路货物运输服务单一,不能满足客户对物流的增值需求。一方面,铁路缺乏整合运输、储存、装卸、搬运、包装、配送、流通加工、逆向物流、客户服务及物流信息处理等各种功能而形成的综合性物流活动模式;另一方面,缺乏与供应链上下游企业客户建立有效衔接,从而确立铁路货运在整个供应链中的重要地位,更好地统筹供应链物流活动。因此,如何解决上述问题以推进铁路货运物流化改革,从而应对技术创新、市场变化和激烈竞争的客观需要,就成为我国铁路货运改革的重点。

近年来，物流业得到了前所未有的发展，一方面是由经济、市场发展引起的，另一方面是由信息网络技术的迅猛发展所推动的。物流信息是物流系统的灵魂，信息化在物流现代化中有着极为重要的地位（吴清一，2011），信息化已成为实施现代物流的基础（吴敌等，2005）。同样，铁路货运物流化改革和信息化建设也是相辅相成的，信息化建设可以为货运物流服务优化提供技术和系统支持，而铁路可以为客户提供快捷的运输服务，为客户提供实时有效的信息服务。尽管我国铁路货运信息网络已现雏形，但其远远没有达到与货物组织管理相匹配的信息收集代码化、信息传递标准化和实时化、信息处理电子化、信息储存数字化、信息查询可视化，因此，我国货运信息化建设应从以上几个方面来进一步加强。与此同时，随着科技的飞速发展，"物联网"作为一种集成了多种现代技术的概念应运而生，"物联网"技术实现了以人为中心，辐射人与物（human to thing，H2T）、人与机器、人与人（human to human，H2H）乃至物与物（thing to thing，T2T）之间直接的沟通，运用 RFID、传感器、二维码等物联网技术可以在全球范围内对每个物品进行跟踪监控，从根本上提高对物品的采购、生产、仓储、配送、销售等环节的监控和管理水平，从而能够有效地解决铁路货运物流信息化的技术需求。因此，铁路货运的下一步改革应尽快推进铁路货运物联网技术的应用，从而推动并实现铁路货运的物流化发展。

2. 基于物联网技术的铁路货运物流化改革的必要性

铁路货运物联网技术的应用可以提高铁路货运的信息化水平和运作效率，有利于铁路货运快速响应客户需求，提高其竞争力，稳定和扩大市场份额。铁路货运物联网技术对货运物流化改革的必要性主要体现在以下四个方面。

首先，铁路货运物联网的发展可以提高单证的传递效率，使铁路货运从接货、验货、运输跟踪、出货、运单传递、信用证管理，以及货差货损的事后追查等环节更加快捷和方便，提高整个货运运作组织的衔接性，减少货运运作组织中的冗余环节，保证货物运输的准时性，从而最大限度地提高铁路货运运作组织的效率。

其次，物联网技术的应用可以促使铁路和其他运输方式的合作，积极开展联合运输，促使铁路货运引入物流和货代企业的力量，形成服务联盟，因而可以快速响应客户的要求，特别是要求接送货上门的客户，从而彻底扭转以往铁路运输在"门到站""站到门""门到门"等运输业务上的空白，延伸铁路货运的服务链条。另外，还可以通过物流企业和货代企业来整合零散货源，将分散的"小货源"集中为"大货源"，有利于组织成组整列直达运输，提高运输效率，从而实现铁路货运的规模效益。

再次，铁路货运物联网可以提高货运运作组织的信息化水平，加强货运运作组织中运输、仓储、装卸、单证传递等环节的信息化程度，减少客户的等待时间，提高运作的流转速度。

最后，铁路货运物联网能够让货运运作组织更加透明，按照"随时受理，先到先得"的原则，满足客户"小批量、短周期、高效率"的运输需求，提高货运运作组织的灵活性。

总之，物联网应用于铁路货运可以实现货运可视化，使铁路货运演变为智慧物流形态，进入崭新的信息化、自动化时代，从而促进社会经济高速发展，为人类创造不可估量的社会与经济价值，这才是基于物联网技术的铁路货运物流化改革的价值所在。

1.5　本 章 小 结

本章首先介绍了我国铁路货运发展的总体现状，并阐述了我国铁路货运的发展方向。其次，在对铁路货运产品内涵进行阐述的基础上，重点说明了我国铁路货运产品的种类。再次，介绍了我国铁路现有的作业流程、运输组织、组织机构、安全保障体系，并进一步分析其存在的问题和不足之处。最后，在回顾铁路货运改革历程的基础上，阐述了铁路货运物流化改革过程应用物联网技术的趋势及必要性，为后文铁路货运物联网技术应用研究提供依据，以更好地发挥物联网技术在铁路货运物流化发展中的推动作用。

参 考 文 献

迟骋，秦四平，王鑫. 2008. 我国铁路货运发展现代物流的思考. 物流科技，(4)：68～70

盖宇仙. 2011. 铁路货运组织. 北京：中国铁道出版社

郭丽红，金福彩. 2013. 铁路货运电子商务发展的思考. 铁道货运，(3)：13～15

郭玉华. 2009. 铁路货运客服中心发展研究. 铁道运输与经济，31(9)：1～4

国家铁路局. 2015. 2014 年铁道统计公报. http：//www.nra.gov.cn/fwyd/zlzx/hytj/201504/t20150427_13281.htm [2015-4-27]

侯倩. 2012. 整体路网条件下的铁路货运产品开发. 成都：西南交通大学硕士学位论文

胡亚东. 2012. 加快转变运输发展方式不断提高运输质量和效益努力开创铁路运输科学发展新局面-在全路运输工作会议上的讲话（摘要）. 中国铁路，(3)：1～8

黄志鹏. 2011. 客货分线条件下铁路货运产品的设计. 兰州：兰州交通大学硕士学位论文

李久平. 2013. 中国铁路货运组织创新模式研究. 成都：西南交通大学硕士学位论文

李爽. 2013. 基于现代物流理念的铁路货运组织改革的研究. 现代物流，2013，2/3：26～29

刘海涛. 2011. 铁路货运生产经营计划流程优化及信息系统设计与开发. 北京：北京交通大学硕士学位论文

齐中煦，樊曦. 2013. 由计划全面走向市场的重要一步——中国铁路总公司运输局负责人谈货运组织改革. http：//news.xinhuanet.com/fortune/2013-06/06/c_116056857.htm. [2013-06-06]

邱少明. 2013. 树立适应铁路货运组织改革的新思维、新理念. 交通与运输，29(6)：18～19

人民网. 2013. 国务院机构改革和职能转变方案. http: //politics.people.com.cn/n/2013/0315/c1001-20796789.html[2013-03-15]

史秀鹏. 2012. 铁路物流电子商务系统服务模式研究. 北京：北京交通大学硕士学位论文

汪绍恩. 2003. 铁路快速货物运输组织研究. 北京：北京交通大学硕士学位论文

吴敌，王静，姜放放. 2005. 铁路货运企业向物流信息化方向发展的探讨. 物流科技，29（12）：7～9

吴清一. 2011. 发展集装单元化运输建设高效物流系统. 物流技术与应用（货运车辆），（10）：72～75

武中凯. 2013. 货运组织改革中站段机构优化与业务流程再造. 中国铁路，（9）：8～12

徐利民，迟骋，贾永刚，等. 2012. 基于电子商务的铁路货运业务流程再造研究. 铁道货运，（12）：10～14

姚虎. 2010. 基于供应链的铁路货运业务流程再造研究. 长沙：中南大学硕士学位论文

杨文曦. 2014. 市场导向型铁路货运组织改革的思考. 铁道货运，（8）：28～31

杨欣. 2014-1-10. 回眸 2013·客运温馨旅途暖人心田. 人民铁道报

赵凌. 2013. 铁路货运物联网安防系统的设计. 重庆理工大学学报（自然科学），27（6）：111～115

中国网. 2013. 推进铁路货运走向市场必须深刻理解三个重要概念. http: //finance.china.com.cn/roll/20130622/1573986.
　　shtml[2013-6-22]

第2章 物联网与铁路货运物联网应用的技术架构

2.1 引　言

物联网是继计算机、互联网之后，世界信息产业的第三次革命。如果说互联网停留在信息世界，是一个开环系统，那么物联网将实现信息世界与物理世界的融合，最终形成闭环系统。将传感器或 RFID 标签嵌入到电网、建筑物、桥梁、公路、铁路、隧道、汽车、手机、家电，以及我们周围的环境和各种物体之中互联成网，形成物联网，从而实现信息世界与物理世界的融合，以提高人类的生产力、效率、效益，同时改善人类社会发展与地球生态的和谐性、可持续发展的关系。

物联网的理念是 20 世纪 90 年代美国麻省理工学院的 Kevin Ashton 教授在研究 RFID 时首次提出的。随着物联网研究的发展与深入，物联网的概念不断延伸。2005 年，国际电信联盟（International Telecommunication Union，ITU）在其发布的《ITU 互联网报告 2005：物联网》报告中，从功能与技术两个角度对物联网的概念进行了解释。我国早在 1999 年就提出了"传感网"的概念，并于 2011 年 5 月，由工业和信息化部电信研究院（2011）在其发布的《物联网白皮书》中给出了我国物联网的定义。近年来，世界各地不同领域的学者对物联网研究思考的起点各异，所描述的侧重方向不同，给出的物联网定义也不尽相同，且短期内还没有达成共识。后面章节将详细介绍几种具有代表性的物联网定义。

对于物联网系统的构建，其系统规划和设计会因角度的不同而产生不同的结果。因此，物联网体系结构及技术架构是设计与实现物联网系统的首要基础。体系结构最早由 Amdahl 于 1964 年提出，其含义是"包括一组部件及部件之间的联系"，这一概念使人们对计算机系统有了统一清晰的认识，为计算机系统的设计与开发奠定了良好的基础。技术架构指社会中各种技术之间相互作用、相互联系，按一定目的、一定结构方式组成的技术整体。体系结构指导设计者遵循一致的原则，利用可用技术实现物联网系统。陈海明等（2013）将世界各国学者目前已经提出的七种物联网体系结构，从功能角度分为"后端集中式"和"前端分布式"两种类型，并以水平性、可扩展性、环境感知性、环境交互性和自适应性等为指标对这两类体系结构进行了比较分析，得出 USN 和 IoT-A 两种物联网体系结构具有更多符合物联网特征属性的结论。工业和信息化部电信研究院在其发布的《物联网白皮书》中，对物联网发展关键要素、物联网网络架构、物联网技术架构和标准化等进行了全面的阐述，指出物联网技术的应用，不仅是简单的技术问题，也包含物联网的网络架构、物联网技术、标准、服务业和制造业在内的物联网相关产业、资源体系、隐私和安全，以及促进和规范物联网发展的法律、政策和国际治理体系等诸多问题。沈苏彬等（2009）通过对现有物联网技术文献和应用实例的分析，提出了物联网的服务类型和结点分类，设计了基于无源、有源和互联网结点的物联网体系结构和系统模型，对物联网体系结构涉及的标准化问题进行了探讨（沈苏彬和杨震，2015）。总之，对于物联网系统的构建，首先要针对所应用领域提出与之对应的物联网体系结构；其次要全面分析所应用领域的技术问题和管理问题，在此基础上利用可用技术设计物联网系统；最后结合现有的内外部环境实现物联网应用系统。

铁路物联网应用涉及铁路运输生产、客货营销、铁路建设、安全监控等领域，铁路货运物联网应用是物联网技术在铁路运输生产领域的应用研究，国内外学者对铁路货运物联网应用进行了大量研究和实践。钟章队等（2014）提出了物联网感知层、网络层、应用层的三层体系结构；刘瑞扬（2002）在其《铁路车号自动识别系统 AEI 设备考察报告》中全面介绍了基于 RFID 的无线自动识别系统地面识别设备（automatic equipment identification，AEI）在美国铁路的设计制造与使用情况；沈海燕等（2001）对我国铁路车号自动识别系统（automatic train identification system，ATIS）实现的目标、方针、任务及总体方案概要、系统主要构成、工作流程和实施进展情况进行了详细阐述，并介绍了车号自动识别系统应用的几个主要技术关键及系统的工作模式；汤建国（2010）详细介绍了基于全球定位系统（global positioning system，GPS）和铁路移动通信系统（global system for mobile communications-raiway，GMS-R）的列车运行控制系统（incremental train contral system，ITCS）对青藏铁路列车运行控制系统的线跟踪；张志荣和张龙江（2011）对物联网技术用于中铁快运物联网环境下的管理运作模式、技术架构模型及应用系统软件架构（张志刚等，2014）等做了系统研究；李学伟等（2015）在其铁路总公司"铁路物联网关键技术与铁路集装单元化管理模式研究"（2013X009-BE）课题总结报告中，通过对国内外铁路货运有关物联网技术应用、集装单元化、作业流程、物流节点布局规划、效益评价等相关问题的研究现状进行分析，提出了物联网技术在铁路货运中应用的物联网体系结构、组织结构、作业流程、作业规程等管理模式构建问题的解决方案。

物联网技术在铁路货运中的应用与铁路货运产品类型及运输形式相关，不同铁路货运产品类型及运输形式对应不同的物联网体系结构及技术架构。我国拥有世界上最庞大的铁路货运网，如何构造铁路货运的物联网应用系统至关重要。对于铁路货运物联网应用系统而言，首先，其核心是详细分析现有铁路货运业务的作业规程，规划出物联网应用的作业流程；其次，结合现有的内外部环境构建物联网体系结构及技术架构；再次，利用可用技术设计物联网应用系统；最后，实现物联网应用系统。

铁路货运物联网应用是建立在对铁路货运运输形式、产品结构、业务流程、组织机构和安全保障体系等深刻分析及优化基础上的，它涉及货运的经营策略、运输产品、业务流程、组织结构、管理模式和数据采集处理等各个方面。

本章分五小节，2.1 节对物联网的发展及铁路货运物联网的应用状况进行了综述；2.2 节介绍了物联网的定义、体系架构、相关技术问题及设计原则；2.3 节提出了我国铁路货运的物联网体系结构及技术架构，论述了各层技术问题及设计原则；2.4 节阐述了铁路货运物联网应用对铁路货运运输形式、产品结构、业务流程、组织机构和安全保障体系等可能产生的影响及其基础；2.5 节对全章进行了总结。

2.2　物联网概论

1999 年，美国麻省理工学院的 Kevin Ashton 教授首次提出物联网的概念。其实早在 1995 年，比尔·盖茨在《未来之路》一书中就提及了物物互联，只是当时受限于无线网络、硬件及传感设备的发展，并未引起重视。1998 年，美国麻省理工学院创造性地提出了当时被称作电子产品代码（electronic product code，EPC）系统的物联网构想。1999 年，美国麻省理工学院建立了 Auto-ID 实验室，提出"万物皆可通过网络互联"，阐明了物联网的基本含义。

随后，世界各国相继提出了对物联网的理解及发展规划。2004 年，日本总务省（ministry of interal affairs communication，MIC）提出 u-Japan 计划；2006 年，韩国也确立了 u-Korea 计划；2009 年，韩国通信委员会出台了《物联网基础设施构建基本规划》；2009 年，欧洲联盟（以下简称欧盟）执委会发表了欧洲物联网行动计划，描绘了物联网技术的应用前景，提出欧盟政府要加强对物联网的管理，促进物联网的发展。

2009 年 1 月 28 日，IBM 首次提出"智慧地球"概念，建议政府投资新一代的智慧型基础设施。当年，美国将新能源和物联网列为振兴经济的两大重点。

2009 年 8 月，我国提出了"感知中国"的概念，无锡市率先建立了"感知中国"研究中心，中国科学院、运营商和多所大学联合在无锡建立了物联网研究院。物联网被正式列为国家五大新兴战略性产业之一，写入了十一届全国人民代表大会第三次会议政府工作报告，物联网受到了中国全社会极大的关注。

2012 年，工业和信息化部在《物联网"十二五"发展规划》中指出：到 2015 年，我国要在核心技术研发与产业化、关键标准研究与制定、产业链条建立与完善、重大应用示范与推广等方面取得显著成效，初步形成"创新驱动、应用牵引、协同发展、安全可控"的物联网发展格局。物联网的蓝图规划，将使人们的生活变得更加智能化、智慧化、低碳化。预计到 2020 年，中国在物联网产业的投入将达到几万亿元。

2.2.1　物联网定义与基本特征

1. 物联网定义

自物联网兴起至今，国内外还没有一个公认和准确的定义。正如邬贺铨院士所说："与其说物联网是网络，不如说物联网是业务或应用。"究其原因，正如吴功宜和吴英（2014）在《物联网工程导论》中所述：一是物联网技术研究与产业发展目前处于起步阶段，物联网体系结构不明晰，理论体系没有建立，确切地定义物联网内涵是困难的，我们需要在不断的研究与应用过程中深化自己的认识；二是物联网涉及计算机、通信、电子、自动化等多个学科，涵盖的内容极为丰富，不同学科的学者从不同的角度提出的物联网定义都有其合理的一面，但是要达成共识会有一定的难度。下面给出几个具有代表性的物联网定义。

1999 年，美国麻省理工学院 Auto-ID 实验室的 Kevin Ashton 教授提出了把 RFID、EPC 和互联网连接起来，实现商品的智能化管理（朱洪波等，2011）。这是 RFID 技术与互联网技术结合方面最有代表性的研究，该系统构建物-物互联的物联网概念与解决方案，是物联网的原型。如图 2.1 所示。

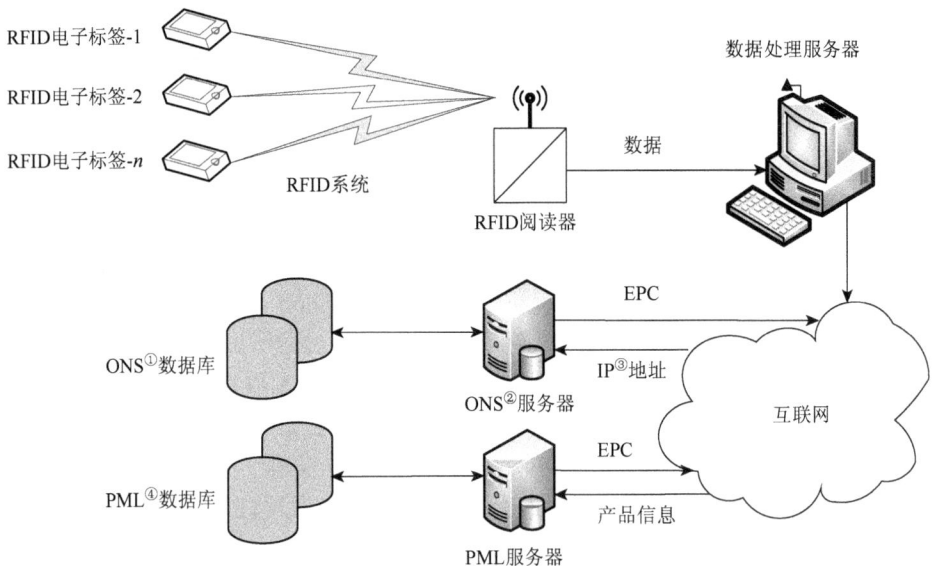

图 2.1　基于 EPC 的物流开放网络（物联网）模型

注：①ONS 为数据库通知服务（oracle notification service）的简称；②ONS 为对象命名服务（object name service）的简称；③IP 为互联网协议（internet protocal）的简称；④PML 为实体标记语言（physical markup language）的简称

由图 2.1 可知，基于 EPC 的物流开放网络（物联网）模型由标识货物 EPC 编码体系、RFID 系统和 EPC 信息网络传输系统三部分组成，研究的内容主要包括六个方面，如表 2.1 所示。

表 2.1　EPC 系统构成与研究内容表

系统构成	名称	备注
EPC 编码体系	EPC 代码	标识目标的特定代码
RFID 系统	RFID 电子标签	附着于产品之上
	RFID 阅读器	无线网络服务及软硬件支持
EPC 信息网络传输系统	数据处理服务器	网络服务及软硬件支持
	对象名称解析服务	
	EPC 信息服务	

由图 2.1、表 2.1 可知，基于互联网和 RFID 技术的 EPC 系统，是在 Internet 的基础上，采用 RFID、无线通信等技术，实现全球物品信息实时共享的物联网。其核心思想是：首先，为每一个产品（而不是每一类产品）分配一个唯一的电子标识符——EPC 编码，将该 EPC 编码存储在 RFID 标签的芯片中；其次，通过无线传感网络（wireless sensor networks，WSN）、数据通信等技术，RFID 阅读器能以非接触方式自动采集存储在 RFID 标签芯片中的 EPC 编码；最后，连接在互联网中的服务器解析 EPC 码所存储的产品相关信息，实现智能化识别和管理。

Auto ID 实验室研究的 EPC 系统展示了基于 RFID 感知技术的一类重要物联网应用的原型系统，目前的物联网应用几乎都是该系统的变形或扩展，其基本工作原理下：①当载有物品唯一编码的 RFID 电子标签进入 RFID 阅读器磁场后，RFID 电子标签激活；②RFID 电子标签凭借感应电流获得能量，当电压、电流达到某一设定值时，在微处理器控制下，将电子标签内的预存信息经编码器编码，通过调制器控制微带天线连续不断地发射；③RFID 阅读器读取 EPC 编码信息，经数据处理服务器将接收到的已调波信号进行解调、译码、处理和判别后，通过信息传输网络系统上传；④ONS 服务器主要用于解析 EPC 编码和该编码对应物品信息存储的网络位置，通过对应的解析算法，将 EPC 编码进行解析，得出正确的 IP 地址返还给用户端，利用 PML 方式进行存储，用户即可通过该 IP 地址，查找到信息的存储位置。通过 ONS/PML 的支持，可用于供应链各环节间信息共享，实现在全球范围内的信息共享的物联网应用系统。

2005 年 11 月国际电信联盟发布了题为 *ITU Internet reports 2005—the Internet of things*（International Telecommunication Union，2005）的报告，正式提出了物联网一词，引起了世界各国的广泛关注。这一报告虽然没有对物联网做出明确的定义，但是从功能与技术两个角度对物联网的概念进行了解释。从功能角度，国际电信联盟认为"世界上所有的物体都可以通过因特网主动进行信息交换，实现任何时刻、任何地点、任何物体之间的互联、无所不在的网络和无所不在的计算"；从技术角度，国际电信联盟认为"物联网涉及 RFID 技术、传感器技术、纳米技术和智能技术等"。可见，物联网集成了多种感知、通信与计算技术，不仅使人与人之间的交流变得更加便捷，而且使人与物、物与物之间的交流变成可能，最终将使人类社会、信息空间和物理世界（人、机、物）融为一体。物联网的定义和覆盖范围有了较大的拓展，不再只是指基于 RFID 技术的物联网（Uckelmann et al.，2013）。

1999 年，中国提出了物联网的相关概念，当时被称为传感网。其定义是：通过 RFID、红外感应器、全球定位系统、激光扫描器等信息传感设备，按约定的协议，把任何物品与互联网相连接，进行信息交换和通信，以实现智能化识别、定位、跟踪、监控和管理的一种网络概念。2009 年国家工业与信息化部时任副部长奚国华在中国国际通信展上，对这两个名称进行了界定：传感网和物联网其实是两个名字一个概念，为方便交流宣传，传感网是官方用名，物联网可作为"小名"使用。

2011 年 5 月，由工业和信息化部电信研究院（2011）发布的《物联网白皮书》中指出：物联网是通信网和互联网的拓展应用和网络延伸，它利用感知技术与智能装置对物理世界进行感知识别，通过网络传输互联进行计算、处理和知识挖掘，实现人与物、物与物的信息交互和无缝链接，以达到对物理世界实时控制、精确管理和科学决策的目的。

近年来，芯片、传感器、网络、分布式计算、大数据、云计算、混搭等技术的高速发展，为物联网应用的发展提供了有力的基础支撑，物联网的概念得到不断改变与充实，不同领域的学者对物联网思考所基于的起点各异，对物联网描述所侧重的方面各不相同，短期内难以提出一个权威、完整和精确的物联网定义。概括来讲，物联网就是把传感器、传感器网络等感知技术，通信网、互联网等传输技术，以及智能运算、智能处理技术融为一体的连接物理世界的网络。但不同领域的研究者给出了一些具有代表性的物联网定义。

2. 物联网的基本特征

根据上述诸物联网定义，其基本含义就是"物与物、人与人、人与物之间的信息交互的互联网"。物联网的基本特征可概括为：①物联网的核心和基础仍然是互联网，是在互联网基础之上的延伸和扩展的一种网络；②其用户端延伸和扩展到了任何物与物、人与人、人与物之间的信息交换和通信。简单来说，有全面感知、可靠传送和智能处理等特征。

（1）全面感知。通过安装在物体上的各种信息传感设备（如 RFID 装置、二维码、各种传感器、GPS 装置）、激光扫描器等感知、捕获、测量技术，按照约定的协议，并通过相应的接口，随时随地进行信息采集和获取，从而实现智能化识别、定位、跟踪、监控和管理的一种巨大感知网络。

（2）可靠传送。物联网是互联网的延伸和扩展，是在计算机互联网的基础上，利用 RFID 技术、无线传感网技术、无线通信技术等与互联网的融合，构造一个无所不在的网络，将获取的信息可靠地传输给信息处理方，达到信息的互联与实时共享。

（3）智能处理。物联网是随机分布的，集成有传感器、数据处理单元和通信单元的微小节点，产生大量表征物体特征的实时参数数据。利用各种人工智能、云计算、大数据等技术对海量的数据和信息进行分析和处理，对海量的感知数据和信息进行分析并处理，以实现智能化的决策和控制。

由此可见，物联网大体上涉及电子电路、仪器仪表（含传感器）、信息、通信、计算机、自动化、互联网、大数据、云计算等多个技术领域，涵盖的行业繁多，产品多种多样，应用形态渗透到生产、生活、社会的各个方面。因此，物联网被认为是实现物理世界与信息世界无缝连接的泛在网络。

2.2.2　物联网的体系架构

1964 年，Amdahl 首次提出了体系结构的概念，本意是"统一的或一致的形式或结构"，它是指一组部件及部件之间的关系。物联网的应用应遵循某种体系结构，精确地定义系统的组成部件及其之间的关系，以指导开发者系统规划和设计，保证最终建立的系统符合预期的需求，否则，极易因角度不同而产生不同的结果。另外，随着应用需求和新技术的纳入，物联网体系结构的设计也决定着物联网应用的技术细节、应用模式和发展趋势。由于物联网发展的时间较短，目前还没有一个全球统一规范化的物联网体系结构模型。

1. 物联网的体系结构

在设计与实现物联网系统之前需要先建立物联网体系结构，以使最终建立的物联网系统的性能与预期需求一致。因此，物联网系统应用需求不同，抽取出组成系统的部件及部件之间的组织关系就不同。通常可以从不同角度抽取系统的组成部件及其之间的关系，从而构成相应的物联网体系结构，如功能角度、模型角度和处理过程角度等。对于物联网系统而言，常用的抽取角度有以下两种。

（1）从功能角度。将组成系统的部件按照功能分解成若干层次，一般由下（内）层部件为上（外）层部件提供服务，上（外）层部件可以对下（内）层部件进行控制。

（2）从模型角度。按照一定的建模方法，将系统分解为用某一领域的模型描述的组成部件，部件之间的连接关系用模型编排来表示（陈海明等，2013）。比较典型的是北京航空航天大学和苏州大学提出的 MNN&SOF 模型（Ning and Wang，2011），这种模型依据人体信息处理模型而建立，由感知、传输和处理三级组成模块。将感知节点看做人体的感受器官，将信息传输网络看做神经网络，将信息处理服务器看做中枢系统；将物联网采集、传输和处理信息的过程看做人体处理信息的过程。这种模型各级模块的具体组成、模块之间的信息交互方式与接口都非常抽象，不易于实现。

从功能角度构成的物联网体系结构，比较典型的物联网体系结构如表 2.2 所示。

表 2.2　物联网体系结构分类表

序号	体系结构	系统构成	系统特点	备注
1	Networked Auto-ID（Sarma et al.，2010）	由标识标签、阅读终端、信息传输网络、标识解析服务器和信息服务器组成	物品通过 RFID 和条码等信息传感设备与互联网连接起来，实现智能化识别、定位、跟踪和管理	由美国麻省理工学院 Auto-ID 实验室提出。最先在物流系统中得到实现，并成为物联网发展的雏形
2	uID IoT（Koshizuka and Sakamura，2010）	该体系结构由 Ucode、Context、用户终端、互联网、Ucode 解析服务器和应用信息服务器组成	包括物体的标识、环境信息。Ucode 解析服务器不同于 1 中的标识解析器，可采用 Context 和 Ucode 操作符，通过查询 ucR 数据库，获得相关的多个信息服务器的地址	日本东京大学提出的物联网体系结构，该体系结构比 1 具有更好的环境感知性
3	USN（Electronics and Telecommunication Research Institute，2007）	该体系结构自底向上将物联网分为五层：感知层、接入网、网络基础设施、中间件和应用平台	USN 是作为一种物联网体系结构提出的，但是它并没有对各层之间的接口做出统一的规则定义。有待于进一步完善	韩国电子与通信技术研究所（Electronics and Telecommunication Research Institute，ETRI）提出。USN 体系结构按照功能层次比较清晰地定义了物联网的组成，因此目前被国内工业与学术界广泛接受
4	Physical-net（Vicaire et al.，2008）	该体系结构自底向上分为四层：服务提供层、网关层、协调层和应用层	该模型定义了各层之间进行服务调用的统一接口，即远程方法调用（remote method invoke，RMI）。该模型对设计与实现物联网系统具有更好的指导意义	美国弗吉尼亚大学的 Vicaire 等提出。针对多用户多环境下管理与规划异构感知和执行资源的问题，提出的一个分层物联网体系结构
5	M2M（ETSI，2011）	包括服务需求、功能架构和协议定义三个部分	可实现机器与机器之间进行通信的，尤其是非智能终端设备通过移动通信网络与其他智能终端设备或系统进行通信	欧洲电信标准组织（European Telecommunications Standards Institute，ETSI）制定的一个标准体系结构
6	SENSEI（Carrez et al.，2009）	SENSEI 自底向上分为通信服务层、资源层与应用层	各层的功能定义如下：分层抽象为服务、资源、接口，为上一层提供统一的服务	欧盟第七科技框架计划（7th framework program，FP7）计划支持下建立的一个物联网体系结构。4、5、6 比 1、2、3 具有更好的可扩展性

续表

序号	体系结构	系统构成	系统特点	备注
7	IoT-A (Zorzi et al., 2010)	该模型由无线通信协议层、M2M API 层、IoT-A 的 IP 层及应用层组成	该模型将不同的无线通信协议栈统一为一个物通信接口 M2M API，结合互联通信协议 IP 支持大规模、异构设备之间的互联，支持大量的物联网应用	欧盟 FP7 计划项目——物联网体系结构的初步研究结果
8	AOA (Pujolle, 2006)	包括知识层、控制层、数据层和管理层	针对 Internet 上使用的 TCP/IP 协议在能耗、可靠性与服务质量保证方面的问题，为物联网的数据传输层提出的自主体系结构	法国巴黎第六大学的 Pujolle 提出的

M2M：机器对机器，machine to machine

API：应用程序编程接口，application on programming interface

TPC：传输控制协议，transmission control protocal

2. 物流仓储物联网应用的体系结构

由表 2.2 可以看出，物联网技术应用的体系结构复杂，不同物联网应用系统的功能、规模差异很大。针对物流仓储业物联网应用都依赖于 EPC 网络的特点，表 2.2 中的 Networked Auto-ID、uID IoT、USN、Physical-net 四种体系结构较适合其物联网技术应用的体系结构，其演化体系结构如图 2.2 所示，最终可归纳为感知层、网络层和应用层三层。

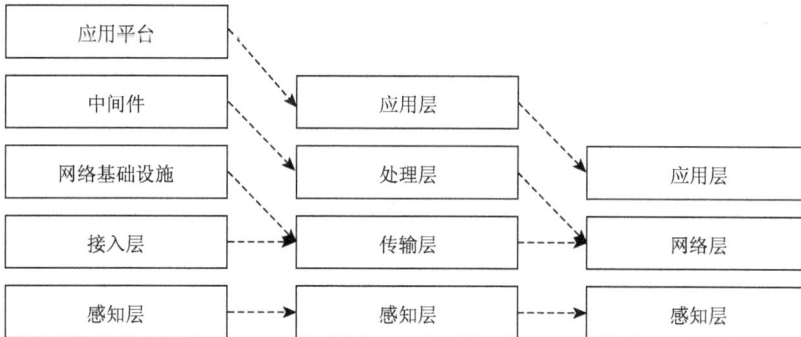

图 2.2 Networked Auto-ID、uID IoT、USN 演化体系结构

1）感知层

感知层由各种感知装置和识别装置组成。感知装置包括一维码、二维码、RFID 类标签、北斗或 GPS 标签、各类传感器、视频采集装置、M2M 终端、传感器、传感器网络和网关等。识别装置包括各类标签读写器、中间件、通信模块及相应的延伸网络等，其中，通信模块包括北斗、通用分组无线服务技术（general packet radio service，GPRS）、ZigBee、Wi-Fi 等；延伸网络包括传感网、无线个域网（WPAN、家庭网、工业总线等）。

感知层主要完成信息的标识及信息采集、转换处理、收集环境信息等，利用中间件技术将采集的信息通过通信模块、延伸网络及网络层的网关与网络层和应用层交互信息。

2）网络层

网络层包括承载通信网络与数据预处理技术。承载通信网络包含传输网和接入网两部分，传输网主要包括互联网、各种异构网络、私有网络、网络管理系统和计算平台；接入网包括综合接入设备（integrated access device，IAD）、光线路终端（optical line terminal，OLT）、数字用户线接入复用器（digital subscriber line access multiplexer，DSLAM）、公用电话交换网（public switched telephone network，PSTN）、有线宽带、交换机、射频接入单元、2G/3G/4G 移动接入模块、卫星接入模块等。数据预处理技术包括异构网聚合、资源与存储管理、数据分析、数据挖掘、智能决策、智能控制、云计算技术、海量信息技术、专家管理系统等。

网络层主要完成信息传递和处理。网络层的承载通信网络通过各种无线/有线网关、接入网、核心网及接入模块，完成与应用层、感知层数据和控制信息的双向传送、路由和控制；数据预处理技术完成对大量感知信息的处理、融合和传输。网络层数据一部分是感知层数据经过转换、处理后上传至应用层，另一部分是应用层传至感知层的各类数据。

3）应用层

应用层是物联网与用户的接口，主要包括中间件和行业应用。中间件是位于平台和应用之间的通用服务，可屏蔽异构网络和硬件平台的差异，提供不同形式的通信服务，生成具有可扩展、易管理和可移植的物联网服务通信平台。中间件分为远程过程调用中间件、面向消息中间件及对象请求代理中间件三类，这三类中间件可以为应用程序提供不同领域内的服务，如事务处理监控器、分布数据访问、对象事务管理器等。行业应用主要将物联网技术与行业专业系统相结合，实现广泛的物-物互联的应用，为不同行业提供应用方案。

应用层主要完成数据的管理和数据的处理，并将这些数据与行业应用相结合。应用涉及广泛，包括家居、医疗、城市、环保、交通、农业、物流等方面。

3. 物联网应用的相关技术

物联网应用涉及感知、控制、网络通信、微电子、计算机、软件、嵌入式系统、微机电等技术领域，我国工业和信息化部电信研究院（2011）的《物联网白皮书》，将物联网技术架构划分为感知关键技术、网络通信关键技术、应用关键技术、共性技术和支撑技术，具体如图 2.3 所示。

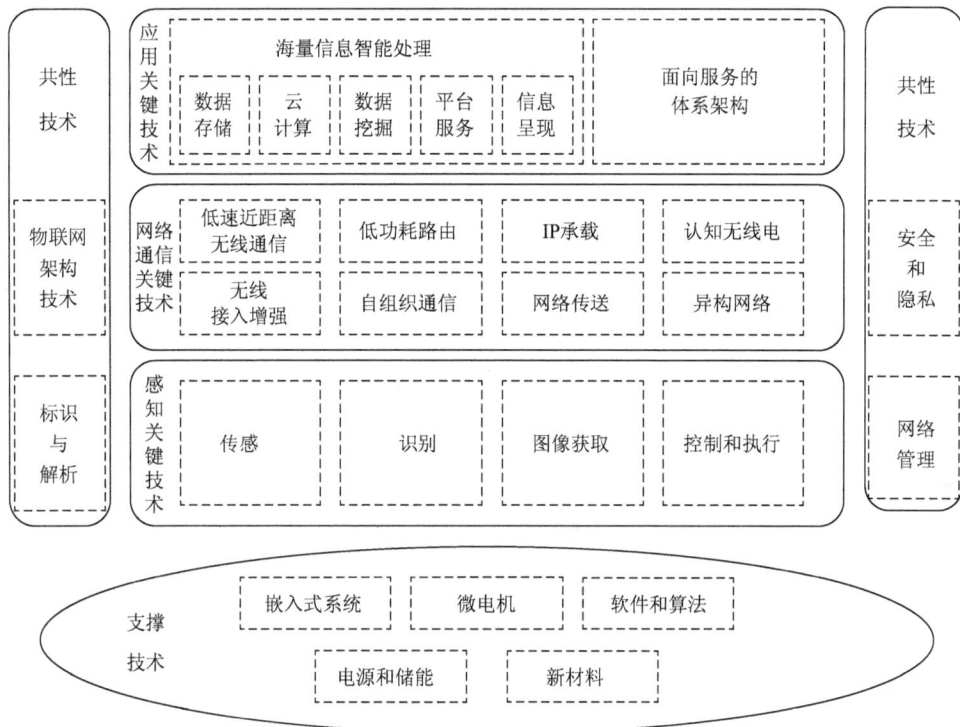

图 2.3　物联网技术体系

国际电信联盟在 2005 年的物联网报告中（International Telecommunication Union，2005），以及其他一些学者对物联网应用的相关技术划分大部分是分层划分的，即感知与标识技术、网络与通信技术、计算与服务技术，以及管理与支撑技术。具体如表 2.3 所示。

表 2.3　物联网应用的相关技术划分表

技术名称		技术内容	作用
感知与标识技术	感知技术	一维码、二维码、RFID、ZigBee、Wi-Fi、UWB、蓝牙、GPS、GIS、传感器、网络地图等	采集物理世界中的事件和数据，实现外部世界信息的感知和识别
	标识技术	对应感知技术的识别系统，包括阅读装置、无线网、传感网及中间件与数据处理软件等	
网络与通信技术	接入与组网	IPv6 互联网技术、传感器网络技术、无线和移动网技术等	实现物联网数据信息和控制信息的双向传递、路由和控制
	通信频谱管理	各种有线及无线通信技术；近（短）距离无线通信技术主要有 Wi-Fi、UWB、ZigBee、蓝牙等；频段主要集中在全世界通用的免费许可证的 2.4 吉赫兹 ISM 频段	

技术名称		技术内容	作用
计算与服务技术	计算技术	感知信息的数据融合、高效存储、语义集成、并行处理、智能数据处理、知识发现和数据挖掘等海量计算技术；虚拟化、网格计算、服务化和智能化等物联网"云计算"技术	实现信息存储资源和计算能力的分布式共享，充分整合和复用信息资源，为海量信息的高效利用提供支撑
	服务技术	规范化、通用化服务体系结构、中间件与应用软件、应用支撑环境、面向服务的计算技术等	
管理与支撑技术	管理技术	物联网应用与行业业务密切相关，应用模式要适应管理功能的要求。涉及管理模型、流程优化、评价体系构建等诸多管理技术	保证物联网实现的可运行、可管理、可控制
	微机电技术	传感器、执行器、处理器、通信模块、智能控制模块、电源系统等的集成技术	
	嵌入式技术	适应物联网设备功能、可靠性、成本、体积、功耗等要求，定制裁剪的嵌入式计算机技术	
	软件和算法	感知信息处理、交互、优化软件与算法的物联网软件平台研发等技术	
	电源和储能	电池技术、能量储存、能量捕获、恶劣情况下的发电、能量循环、新能源等技术	
	新材料技术	湿敏材料、气敏材料、热敏材料、压敏材料、光敏材料等的传感器的敏感元件实现的技术	

UWB：超宽带，ultra wide band

GIS：地理信息系统，geographic information system

ISM：工业（industrial），科学（scientific），医学（medical）

物联网应用还涉及架构技术、标识和解析、安全和隐私、网络管理等共性技术问题。

2.2.3　物联网系统设计与安全体系

1. 物联网应用系统设计

物联网应用技术是一项综合性的技术，涉及多个领域，具有规模性、广泛性、管理性、技术性、物的属性等特征，设计过程中涉及软硬件设计、多结构体系、网络安全、系统可靠性等多个环节，这些技术在不同的行业往往具有不同的应用需求和技术形态。桂劲松（2014）提出了以需求为导向的设计原则和方法；刘幺和等（2011）详细论述了"基于三段式的物联网设计方法"；还有许多学者提出了不同的说法。总之，物联网应用系统设计是根据物联网应用的相关需求进行的具体技术设计，即首先进行用户需求分析，详细分析管理流程，确认其物联网应用系统的技术架构；其次进行感知层、网络层和应用层具体设计；最后进行应用集成及调试。

1）用户需求分析

用户需求分析的目的是通过业务的业务需求、运营模式、技术体制、信息需求、产品形态等详细分析，在充分考虑物联网应用业务、系统性能及相关技术的前提下，确定物联网应用系统的目标、范围和功能。

物联网的业务需求因应用领域而异，不同的行业和不同的应用场景，其要求也不一样。从应用角度来说，物联网的应用大致可分为监控型、查询型、控制型、扫描型等几大类。例如，物流行业需求重点是中转环节的衔接流程及监测；位置服务行业需求的重点是位置精度；工控行业需求的重点是实时性与流程控制。从技术层次来说，根据物联网感知层、网络层、应用层三层结构的角度，不同的层次有不同的需求。感知层的需求是感知精度；网络层的需求是传输稳定性；应用层的需求是满足实际的应用需求。

用户需求分析应分别从应用和技术两个角度考虑，综合提出应用需求和技术需求两个部分，以满足物联网全面实时感知、复杂多变的网络资源、异构技术体制融合、多目标业务等应用需求和服务。

物联网系统性能需求分析首先要确定具体的应用类型，明确应用技术架构。在设计时要充分考虑物联网业务应用的高、低带宽接入网流量。

物联网相关技术需求分析要充分考虑感知技术、传输技术、应用技术、服务技术和安全技术需求。

2）感知层设计

感知层主要完成识别物体、信息采集及信息上传。感知层技术主要有一维码、二维码标签与识读器、RFID 标签与读写器、摄像头、GPS、传感器与传感器网络、网关等，来实现物体的感知、识别，采集、捕获信息。感知层要突破的方向是具备更敏感、更全面的感知能力，解决低功耗、小型化和低成本的问题。

感知层信息有两种类型：数字信号和电信号。根据网络层要求需实行 A/D 或 D/A 转换后上传。如果是数字信号，可直接通过 TCP/IP 接口传输数据；如果是电信号，则需要 A/D 转换后上传。在实际工程中需配置硬件接口，如 RS-232、USB接口、某电源电压、电流不同等。由于感知层往往是多种装置的集合，需以控制单元（如 ARM 芯片或其他功能相同的芯片）为基础，实行软件硬件裁剪，适应不同种类接口、控制功能要求设计中间件，完成不同传感器、不同接口、不同电源电压下的剪裁、整合和测试，通过 GPRS 被测设备（device under test，DUT）、码分多址（code division multiple access，CDMA）DUT，GSM Modem，3G DUT等通信模块将感知层的信号和数据网络层发送到上位机的 TCP/IP 接口上。

在硬件设计和软件硬化中，中间件应用越来越广泛和普及，它是针对每一个具体行业提供"量体裁衣"的硬件解决方案，起到软硬件设计交错互动的桥梁作用。

在物联网感知层设计时结合应用情况，还需要考虑以下因素：工作温度；被感知对象的测量范围及灵敏度、工作功耗、占用体积、通信接口，是否二次开发的支持；价格、供货周期，是否需要日常性维护。

3）网络层设计

网络层是物联网的神经中枢和大脑可进行信息的传递和处理。感知层采集到的数据需要通过网络层上传到应用层，网络层是物联网成为普遍服务的基础设施，网络层的性能直接影响到整个系统的性能。网络层根据传输介质可以划分为有线网络和无线网络。有线网主要有以太网、工业总线（控制器局域网络（controller area network，CAN）总线、485 总线、Modbus）等；无线网主要有 GPRS、短信、卫星通信网络、Wi-Fi、ZigBee 等。

设计网络层时，应根据不同的实际应用情况选择不同的网络，表 2.4 列出了各种网络的优缺点及一般应用场合。

表 2.4　各种网络的优缺点及一般应用场合一览表

网络类型	比较	优点	缺点	应用场合
有线网络	以太网	抗干扰性强、传输距离远	需要布置相关的网络设备的支持	具备以太网设备安装条件的场合
	工业总线	安装简洁、灵活	抗干扰性不强、传输距离短	区域性数据传输
无线网络	GPRS	数据传输量大、安装方便	需要支付流量费、通信稳定性受移动网络性能的影响大	不具备以太网网络但具备移动通信网的场合
	短信	安装方便	一次性通信数据量小、需要支付运行费、通信稳定性受移动网络性能的影响大	不具备以太网网络但具备移动通信网的场合
	卫星	全天候的通信、不受地理位置的影响	一次性通信数据量不大、需要支付运行费	室外环境下的各种场合
	Wi-Fi	通信稳定、数据传输量大、安装方便	组网距离近	室内环境
	ZigBee	通信稳定、安装方便	一次性通信数据量小、组网距离近	室内环境

另外，网络层设计需要充分考虑感知层、应用层的体系结构，保持数据不丢失和平衡两端的工作量，向下与感知层的结合，向上与应用层的结合。物联网的网络层设计关键是端口信号获取，保证感知层信号导入上位机。

4）应用层设计

应用层是物联网系统中直接与最终用户交互的重要部分，是物联网设计的关键部分。应用层设计是将物联网技术与行业专业领域技术相结合，实现广泛智能化应用的解决方案，利用现有的手机、计算机、掌上电脑（personal digital assistant，PDA）等终端实现应用。根据用信息表示的软件、功能和性能需求，采用某种设计方法进行数据设计、系统结构设计和过程设计，最终实现信息技术与行业专业技术深度融合的物联网系统应用。具体设计过程如表 2.5 所示。

表 2.5　物联网系统应用层设计过程一览表

阶段	工作内容	目标	参考因素
可行性分析	根据需求分析中的应用需求和技术需求，对商业可行性及技术可行性进行分析	可行性分析报告	成熟技术、最新技术应用情况
功能设计	根据需求分析、可行性分析报告，明确系统可实现的功能	功能设计报告	同类系统的功能先进性
架构设计（概要设计）	根据需求分析、功能设计建立系统架构框图，明确各部件间的关系及通信接口	架构设计（概要设计）	采用架构的先进性
开发工具选择	根据需求分析、架构设计，选择合适的开发工具软件用于系统开发	开发工具选择说明书	各开发工具软件的优缺点
详细设计	根据架构设计、开发工具选择说明书，详细设计系统每个功能模块的具体实现过程及各模块数据交互过程、数据库的选择、实时数据库的选择、数据库表格及之间的关系	详细设计书	程序效率、空间复杂度分析、时间复杂度分析
程序设计（软件开发）	根据详细设计书，开发各功能模块的实现程序	程序源代码及说明文档	程序设计的风格、可读性及可维护性
系统综合测试	调试程序设计完成的系统软件，考察系统功能、性能是否符合用户需求	系统综合测试报告	用户需求分析、功能设计
编写用户使用说明	根据用户需求分析、概要设计、系统综合测试报告，编写用户使用说明	系统使用说明	说明书的可读性

5）系统集成

系统集成是将不同的系统，根据应用需要有机地组合成一个一体化、功能更加强大的新型系统的过程和方法。

系统集成是在系统工程科学方法的指导下，根据用户需求，优选各种技术和产品，将各个分离的子系统连接成为一个完整可靠、经济和有效的整体，并使之能彼此协调工作，发挥整体效益，达到整体性能最优。

物联网的系统集成不同于一般意义的系统集成，可以把系统集成分为工程级和开发级的两个级别，系统集成过程如表 2.6 所示。

表 2.6　物联网系统集成过程一览表

项目	工程级系统集成		开发级系统集成	
阶段	工作内容	目标	工作内容	目标
需求分析	明确用户需求的性能指标与技术指标	需求分析	明确用户需求的性能指标与技术指标	需求分析
系统方案设计	根据需求分析，设计系统集成方案，包括设备的型号、厂家、集成方式及安装图等	集成方案	根据需求分析，设计开发方案，包括主要电子元件的型号、厂家、系统组成设计、与外部接口等；新开发的设备应明确性能、型号等	开发方案

续表

项目	工程级系统集成		开发级系统集成	
阶段	工作内容	目标	工作内容	目标
选择供应商	根据集成方案，选择供应商，进一步明确设备的采购的价格与性能	供应商目录	根据开发方案，选择供应商，进一步明确主要电子元件的性能、价格、供货周期等	供应商目录
工程预算	根据集成方案、供应商目录，做出系统报价	工程预算报价单	根据开发方案、供应商目录，做出报价单	工程预算报价单
与用户签订合同	根据集成方案、需求分析与需方签订系统集成合同，明确报价、技术指标、质保期、售后服务等	系统集成合同	根据集成方案、需求分析与需方签订系统集成合同，明确报价、技术指标、质保期、售后服务等	系统集成、开发合同
产品研发	无	无	根据合同、需求分析、开发方案，进行产品开发，产品符合合同约定的功能与性能指标	定制产品
工程施工	根据合同约定的工期与集成方案的技术指标，进行工程施工	施工过程记录文档	根据合同约定的工期与集成方案的技术指标，进行工程施工	施工过程记录文档
培训	对需方相关人员进行系统培训，使相关人员能够熟练使用系统	培训记录	对需方相关人员进行系统培训，使相关人员能够熟练使用系统	培训记录
工程验收	根据合同约定，与需方进行工程验收，需方负责人需签署验收报告	验收报告、验收文档	根据合同约定，与需方进行工程验收，需方负责人需签署验收报告	验收报告、验收文档
售后服务	在合同约定期内，进行售后服务	售后服务记录	在合同约定期内，进行售后服务	售后服务记录

2. 物联网安全问题

物联网是多网异构融合、多项技术综合的应用，是在物联网应用系统设计时要严格规范的安全体系结构，充分考虑隐私保护、安全控制、跨网认证等安全技术，以提高物联网的安全保障能力。

目前，物联网在不同应用领域都有其相应的工业标准和规范，但尚未形成统一的物联网构架体系。许多组织就物联网安全问题发布了一些物联网安全标准，如欧洲电信标准协会等。国内外学者对此提出了很多的观点，桂劲松（2014）提出了三层、五层的物联网安全体系结构；朱新良（2015）全面阐述了物联网三层体系结构中存在的安全问题，提出了感知层的密钥管理算法、安全路由协议、数据融合技术，以及身份认证和访问控制等具体的安全措施；杨光等（2011）认为，感知层主要有 RFID、无线传感网、移动智能终端等安全问题，网络层主要有数据泄露或破坏、海量数据融合等安全问题，应用层主要有用户隐私泄露、访问控制措施设置不当、安全标准不完善等安全问题。总之，物联网安全问题与应用系统采用的体系结构有关，各层相关的安全问题有以下三个方面。

第一，感知层。感知层由 RFID、传感器、无线传感网络等众多无线装置构成，节点多，网络复杂，计算、通信、存储能力有限，无法完全使用跳频通信、认证、加密机制等传统安全机制，这必然会带来数据信息采集和传输的安全问题。

第二，网络层。网络层汇集了互联网、有线宽带、公共电话交换网（public switched telephone network，PSTN）、2G/3G/4G、Wi-Fi、北斗/GPRS 通信、ZigBee 等各种通信网络，尽管这些多为传统网络，安全体系成熟，但异构网络之间的数据交换、通信网络自身都会带来新的安全问题，如大量的节点同时发送数据引起的拒绝服务（denial of service，DoS）攻击、网络拥塞、网间认证、安全协议的无缝衔接等。

第三，应用层。应用层通过中间件、数据库、存储、终端服务、应用服务等功能，形成差异化的物联网应用都会存在许多复杂和多样的安全问题。具体应用中会汇聚大量数据，同时又有相应的控制系统，这样会产生数据阻塞、数据失真、拒绝服务、控制命令延迟等安全问题，导致系统无法进入稳定状态。

除上述三个安全问题以外，随着物联网应用的不断扩展，还有其他的安全问题，如安全与成本之间的矛盾问题、传感器节点性能问题、非对称性问题、复杂度问题等。

针对三层物联网体系结构的每层的安全特点，每层采用相应安全机制，构成三层物联网安全体系结构。

1）感知层安全

感知层既有硬件又有软件，针对不同的感知装置采用不同的安全措施来保证感知层的安全问题。

感知装置要设计合理、工作可靠、自检系统、专用工装安装拆卸等，避免非专业人员接触到这些设备，从而造成破坏。感知网络要具有低功耗、分布松散、信令简练、协议简单、广播特性、少量交互甚至无交互等特点。

感知网络的传输与信息安全问题通过采取密钥管理、密钥算法、标签管理、安全路由协议、拒绝服务管理、入侵检测技术、身份认证和访问控制技术、物理安全设计等合适的管理机制，解决相应的安全问题。通常需要多种措施并举解决感知层的安全问题。

2）网络层安全

网络层的安全问题主要涉及信息传输与网络基础设施两个方面的安全问题。网络层安全设计要考虑异构性、兼容性、高效性和跨网架构的安全认证。

网络层的安全主要从跨网接入鉴权、数据传输、异构网合理布局、多媒体业务信息传输等几个方面采取措施。网络基础设施要防止各种网络病毒、网络攻击、DoS 攻击等。

对不同的网络特征及用户需求，采取一般的安全防护或增强的安全防护措施可以基本解决物联网通信网络的大部分安全问题。对网络层异构网络信息交换、海量数据、多源异构数据、网络可用性的安全性脆弱点，可通过节点间认证管理、密钥管理、协议管理、安全路由、入侵检测、终端态势监控与分析、网络虚拟化技术等，保证其数据在传输过程中的安全性。

由于网络层非单一网络，是由互联网、无线网、公网、专网等通信网络相融合而成的，应构建统一的网络安全体系结构及网络安全统一防护平台，加强网络层安全管理。

3）应用层安全

应用层是物联网的用户层，物联网应用面广，涉及行业众多，应用具有多样性和不确定性。应用层安全主要涉及中间件、数据库、存储、终端服务、隐私保护、业务控制管理、应用服务等多个方面，需要通过构建差异化物联网安全服务功能和业务支撑基础安全功能来保障安全。

对于业务支撑基础安全功能而言，通过构建中间件安全、数据库安全、存储安全、终端服务功能、应用服务功能等，解决垃圾信息、恶意信息干扰、海量数据的识别和处理、数据库访问筛选决策、信息泄漏追踪、计算机取证分析、剩余信息保护等问题。

应用层安全问题结合具体的应用研究，其安全问题有共性也有差异。共性的安全除了异构网认证、密钥协议、操作用户、身份认证、访问控制、漏洞扫描等，还包括对行业敏感信息的信源加密及完整性保护、证书及公钥基础设施（public key infrastructre，PKI）应用实现身份鉴别、数字签名、匿名认证、门限密码、抗抵赖、安全审计等。而应用层个性化的安全需针对各类智能应用的特点、使用场景、服务对象及用户特殊要求进行有针对性的分析研究。除此之外，对应用层安全，要提高安全意识，加强信息安全管理。

总之，随着物联网的应用普及，面临的安全问题会越来越多、越来越复杂。同互联网应用一样，未来物联网的安全问题，将是我们必须深入研究和解决的重要问题。

2.3　铁路货运物联网应用的技术架构

2.3.1　铁路物联网应用概述

铁路是国家的重要基础设施、国民经济的大动脉、大众化的交通工具，铁路运输在各种运输方式中占主导地位，在经济社会发展中具有特殊且重要的作用，没有铁路的现代化就难以实现国家的现代化。

铁路现代化的重点任务之一是加快实现铁路信息化，即建设一个技术先进、功能可靠、保障有力的铁路信息系统。我国铁路经过 30 多年的信息化建设，从无到有、从小到大，建立了覆盖铁路总公司、铁路局和主要站段的计算机基础通信

（传输网、交换网、数据通信网），先后开发了基于 RFID 铁路车号自动识别系统、铁路运输管理信息系统（transportation management information system，TMIS）、列车调度指挥系统（train operation dispatching command system，TDCS）、铁路客票发售与预订系统（railway ticketing and reservation system，TRS）等一大批应用信息系统，铁路信息化建设取得了较大的成就。

近年来，我国铁路信息化水平的要求越来越高，应用现状各方面的条件已具备物联网在铁路运输领域的推广和应用。随着物联网的发展，技术越来越成熟、成本越来越低、应用越来越普及，铁路系统的物联网应用是历史的必然。

钟章队等（2014）对铁路物联网进行了定义：铁路物联网就是通过信息采集、控制设备，按照约定的协议，通过传输网络将与铁路运输相关的任何物品连接起来，以计算、存储等处理方式构成与铁路运输密切相关的静态与动态信息的知识网络，用于实现铁路运输领域识别、控制、管理的一种网络。

在未来，铁路物联网的应用会对铁路安全信息保障、客票防伪与识别、站车信息共享、货物运输追踪管理与监控、铁路物流中心等产生重大影响。

铁路业务分为运输组织、客货营销、经营管理三个方面，具体包含车务、机务、工务、电务、车辆等各专业及铁路企业的运营管理，铁路信息化就是构建运输组织、客货营销、经营管理三大应用领域的铁路管理信息系统。根据前述章节论述的物联网基本内涵、相关技术及具体应用，铁路物联网技术应用就是铁路运输组织、客货营销、经营管理三个方面信息化的延伸与融合。

铁路物联网技术应用的核心是延伸现有铁路信息系统的感知层，即通过智能感应装置、控制设备和相应网络将与铁路运输相关的任何物品连接起来，通过传输网络将采集的信息，按照约定的协议传输到信息处理中心，通过计算、存储等处理方式构成与铁路运输密切相关的静态及动态信息知识网络，与现有的信息系统融合，最终实现人和物、物与物之间的信息交互与处理，从而达到更加精细和动态的铁路运输生产管理方式。

1. 铁路物联网技术在运输组织方面的应用

铁路物联网技术在运输组织方面的应用主要集中在铁路车号自动识别、列车调度指挥及安全保障等方面。

车号自动识别系统是铁路信息化建设的一项十分重要的基础性工程，是铁路运输管理信息系统的一个组成部分。该系统在全国铁路系统的机车、货车上安装电子标签，在所有区段站、编组站、大型货运站和分界站安装地面识别系统，形成覆盖全路的车号自动识别网络。可实现全国铁路车辆、列车、机车运行位置信息的自动采集和报告，提供对车辆、列车、机车进行动态追踪管理的实时、准确的基础信息。由该系统所采集到的车号资源，被铁路运输相关部门及局间货车清算所使用，为全路的信息化奠定了坚实的基础。

列车调度指挥系统是铁路运输实现的指挥系统。物联网技术的应用将大大提高铁路运输涉及的轨道状态、轨道电路、牵引供电、车站信号、道岔状态、列车轴温、机车信号、机车运行状态、机车控制等信息的可靠性，从而提高列车调度指挥的准确性、安全性等。

物联网技术的应用可使铁路列车获取更为准确、有效的信息，针对铁路列车安全运输的路轨基础设施、列车控制（以下简称列控）、车辆运行状态和环境信息，利用物联网技术构建更加全面的监测、列控数据可靠传输和安全预警的铁路安全信息保障系统，可为保证日常铁路运输安全和准确、高效地应对突发事件，提供正确的操作与控制。

2. 铁路物联网技术在客货营销方面的应用

铁路物联网技术在客货营销方面的应用主要集中在客运、货运的在线追踪和运输组织方面。

物联网技术在铁路客运中的应用主要集中在客票标识、识别、信息传输与共享等几个方面。客票的标识过去采用一维码，现在采用二维码，随着 RFID 电子标签成本的降低，未来将采用 RFID 电子客票。客票信息识别采用条码识读器和RFID 电子标签读写器进行读取，客票信息识别分为静态和动态，静态信息识别可通过车站安装的识读器识别，动态信息识别可通过便携式识读器识别，并将所识别信息与数据库中的数据进行比对辨别车票的真伪。信息传输可通过 GPRS 模块或北斗 I 短报文模块通过公网或专网传输，当有公网或专网信号时通过 GPRS 模块传输，当处于公网或专网信号盲区时通过北斗 I 短报文模块传输。信息共享是将客票的静态和动态信息，通过专用接口传至客票发售与预订系统等铁路信息系统上，以实现信息共享。

物联网技术在铁路客运方面的应用实现了对铁路客运的全程管理，使车站与车上客运动态互联，加快旅客进出站的速度，方便车站组织旅客乘降。

物联网技术在铁路货运方面的应用与铁路货运的产品类型、运输形式相关，不同的产品类型、运输形式，物联网技术的应用架构不同，但其核心仍然是货物标识、识别、信息传输与共享等几个方面。

目前，我国铁路货运产品主要由普通货运产品、大宗直达货运产品、小件快捷货运产品、集装箱货运产品及特种货运产品五大类构成，具体运输形式分为整车、零担、集装箱及特种货物运输。物联网技术在铁路货运中的应用就是将物联网技术应用到具体的铁路货运产品运输形式之中。首先，要对原有货运产品的业务流程进行改造，构建物联网技术应用的新流程；其次，针对新流程构建物联网技术应用的技术架构；最后，进行感知层、网络层及应用层的具体设计与实现。

物联网技术在铁路货运方面的应用要充分考虑铁路货运自身的特点，如货物标识设计要考虑铁路货车有无电源问题；信息传输要考虑多点并发、高速运行、进出站时间等问题；应用设计要考虑与现有铁路管理信息系统的信息集成及融合问题。除此之外，还要考虑满足铁路未来发展的需要，如在铁路的货运仓库管理方面，应用 RFID 电子标签记录商品序号、日期等各项目的信息，让工作人员不用开箱检查就知道里面物品信息，同时也可以防止货物在仓库被盗、受损等。

总之，物联网技术在铁路货运方面的应用，可实现铁路货运过程中的全程状态管理，提高铁路货运的效率和效益。

3. 物联网技术在铁路经营管理方面的应用

物联网技术在铁路的应用可使现有铁路信息系统延伸，通过与现有铁路信息系统的集成与融合，使铁路经营管理、安全保障体系发生巨大变化。

通过感知技术传输网络，实现人和物、物与物之间的自动化信息交互与处理；通过计算、存储等技术构成与铁路运输密切相关的静态与动态信息的知识网络，实现铁路运输领域识别、控制、管理的一体网络；最终与现有的信息化网络结合，实现人与物理系统的整合，达到以更加精细和动态的方式管理铁路运输。

2.3.2　铁路货运物联网应用的技术架构

铁路货运是依托铁路的点、线集合，发挥基础设施和生产运营两个层面的网络经济特征，联结供给主体和需求主体，根据铁路资源配置和优化条件，将运输、储存、装卸、搬运、包装、流通加工、配送、信息处理等功能有机结合，是物品从供应地向接收地实体流动的计划、实施和控制的过程。

1. 物联网技术在铁路货物运输中应用

我国铁路运输系统采用的是铁路总公司、铁路局、基层站段纵向三级管理模式，铁道总公司为决策层，各铁路局为目标层，基层站段则为执行层。铁路货物运输业务主要包括客户的需求受理业务、发送业务、途中运输业务和到达交付业务四个环节，作业流程包括受理作业流程、运到货物交付作业流程、途中运输业务流程和货运车辆配送及挂运业务流程。铁路货运以不同的铁路货运产品与运输形式分别进行，物联网在铁路货运中的应用，就是根据铁路货运业务的现有作业规程规划出其物联网应用的作业流程，将具体的物联网技术应用到铁路货运产品运输形式的作业流程环节之中。具体应用结构如图 2.4 所示。

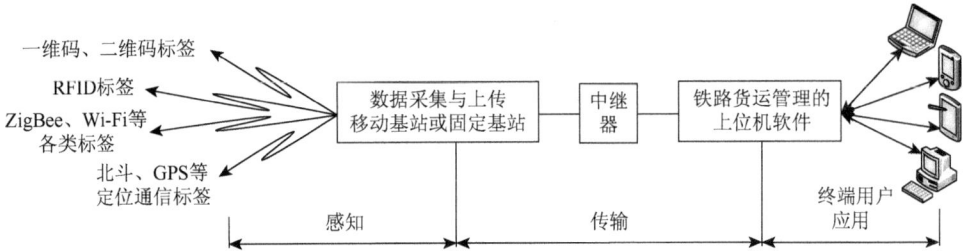

图 2.4 物联网技术在铁路货物运输中应用结构图

一维码、二维码、RFID、ZigBee、Wi-Fi、北斗或 GPS 等各类货物信息标签标识承运货物信息；各类移动或固定基站完成各类货物信息数据采集、处理并上传；铁路货运管理的上位机软件整理、存储各类标签信息，供管理人员决策使用；中继器起到数据传输过程中信号放大、分路的作用。

2. 铁路货运物联网应用的技术架构

综合 2.2.3 节所述物流仓储物联网技术应用的体系结构及图 2.4，物联网技术在铁路货物运输中应用结构，铁路货运物联网应用采用感知层、网络层、应用层的三层技术架构，如图 2.5 所示。

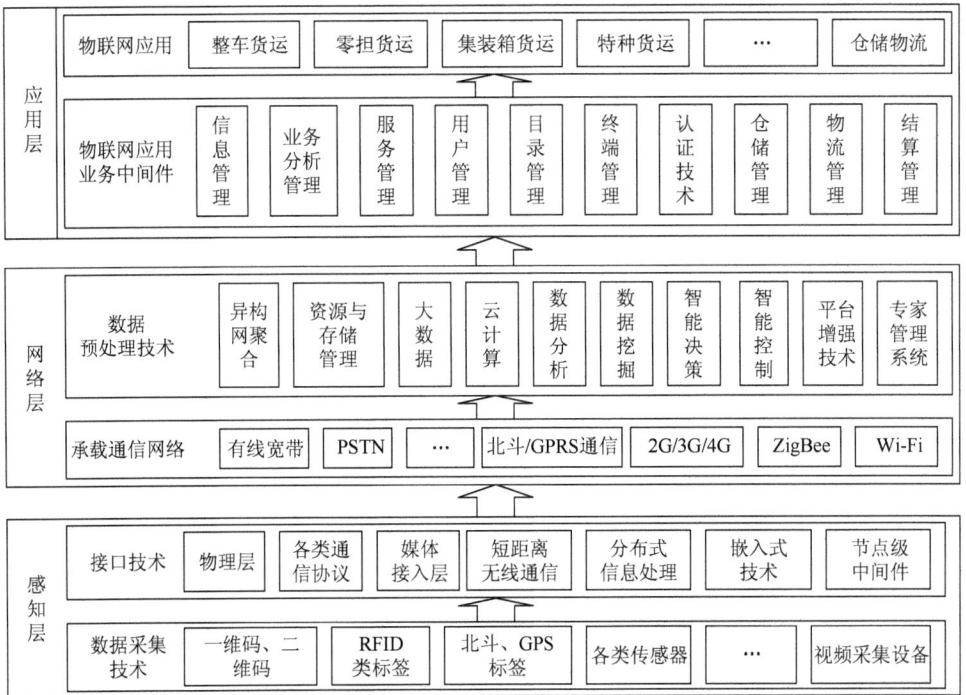

图 2.5 铁路货运物联网应用三层技术架构图

（1）感知层。感知层主要完成信息的标识、采集、转换处理、收集环境信息，通过通信模块传输到网络层和应用层。

（2）网络层。网络层接收感知层传入的信息，并将这些信息经分析、处理、存储等，传输至应用层，同时将应用层发布的各种调用、控制、决策信息，传输至感知层。

（3）应用层。应用层是物联网和用户的接口，负责完成数据的管理与应用，通过物联网应用业务中间件与各个现有的铁路管理信息系统应用相结合，实现物联网技术在铁路货运管理中的各种应用。

2.3.3　铁路货运物联网应用各层技术问题

物联网的应用具有多样化、规模化与行业化的特点，涉及的物联网技术种类也非常多。铁路货运属物流行业，因此与物流行业物联网应用密切相关。吴功宜和吴英（2013）以一个覆盖全国的大型零售企业物联网典型应用为例，总结出支撑物联网研发包含自动感知、嵌入式、移动通信、计算机网络、智能数据处理、智能控制、位置服务、信息安全八项关键技术。根据铁路货运行业特点，结合 2.2.2 节物流仓储物联网应用的体系结构、图 2.4、图 2.5 铁路货运物联网应用结构及三层技术架构，总结出各层技术如下。

1. 感知层技术

感知层主要完成信息的标识及信息采集、转换处理、收集环境信息等，利用中间件技术将采集的信息通过通信模块、延伸网络、网络层的网关、网络层及应用层交互信息。

针对铁路货运整车、零担、集装箱及特种货物运输形式，可采用不同的标签标识货物信息。整车、零担多采用一维码、二维码、RFID 类标签、北斗或 GPS 类标签标识；集装箱及特种货物运输多采用 ZigBee 类标签、北斗或 GPS 类标签及传感器标识。接口技术包含各类通信协议、媒体接入层、短距离无线通信、分布式信息处理、嵌入式技术、节点级中间件等多项技术，在本层中嵌入有传感器件和射频类标签的物体形成局部网络，协同感知周围环境或自身状态信息，经初步处理和判决，根据相应规则响应，通过各种接入网络把中间或最终处理结果接入网络层。例如，在集装箱及特种货物运输过程中，通常需要安装传感装置，这些传感装置要自组网络标识货物的状态信息。

感知层是多种技术的集合，具体实现是以控制单元为核心，实行软件硬件裁剪，适应不同种类接口、控制功能要求来设计中间件，完成不同传感器、不同接口、不同电源电压下的剪裁、整合和测试，通过 GPRS DUT、CDMA DUT，GSM Modem，

3G DUT 等模块将感知层的信息和数据发送到网络层或应用层上位机 TCP/IP 接口上。

2. 网络层技术

网络层主要完成信息传递和处理。承载网的构建应充分利用公网设施、铁路路内部（生产网、内部服务网、外部服务网和管理网）的公用数据通信网及铁路数字移动通信系统等已有资源；接入网除采用通用的射频接入单元、2G/3G/4G 移动接入模块等，由于铁路运输线路上信号盲区很多，还应考虑卫星接入模块等。铁路信息管理系统庞大异构，铁路货运物联网应用需要多种数据预处理技术，包括信息融合、异构网聚合、资源与存储管理、数据分析、数据挖掘、智能决策、智能控制、云计算技术、海量信息技术、专家管理系统等。

网络层具体实现通过各类移动或固定数据采集基站、中继器实现，各类移动或固定数据采集基站、中继器要与所采用的标签、上位机铁路物流业务管理软件、硬件接口相适应。

3. 应用层技术

应用层包含物联网应用业务中间件和铁路货运物联网应用两部分。物联网应用业务中间件包含信息管理、业务分析管理、服务管理、用户管理、目录管理、终端管理、认证技术、仓储管理、物流管理、结算管理等相关技术，提供通用支撑服务、数据智能处理、调用接口等服务，与相应的各铁路货运管理系统相连，并与不同铁路货运产品的专业知识和业务模型相结合，构建管理平台和运行平台，以实现更加准确和精细的智能化信息管理。数据智能处理包括数据汇聚、存储、查询、分析、挖掘、理解，以及基于感知数据决策和行为的理论和技术。数据汇聚将实时、非实时物联网业务数据汇总后存放到数据库中，以方便后续数据挖掘、专家分析、决策支持和智能处理。

铁路货运物联网应用与现有的铁路运输管理信息系统、货运营销与生产管理系统、客票发售与预订系统、车站综合管理信息系统、列车调度指挥系统等铁路运输管理信息系统相连，为其提供货运状态的各种实时数据，建立不同领域中的各种应用。

2.3.4　铁路货运物联网应用设计原则

由于物联网技术应用过程涉及方方面面的问题，在具体应用过程中一般首先确定其应用的物联网体系结构，其次结合具体应用的技术架构分层设计，最后应用实施。物联网通用设计原则如下（张飞舟等，2014）：①多样性原则，物联网体系结构必须能够根据物联网节点类型的不同，分成多种类型的体系结构；②实时性原则，物联网体系结构必须能够满足物联网的时间、空间和能源方面的要求；

③互联性原则，物联网体系结构必须能够平滑地与互联网连接；④安全性原则，物联网体系结构必须能够防御大范围内的网络攻击；⑤坚固性原则，物联网体系结构必须具备坚固性和可靠性。

铁路货物运输具有速度快、地域广、中转环节复杂等特点。在进行铁路货运物联网应用设计时，要充分考虑这些特点。

感知层在铁路货运物联网应用时的主要技术问题是功耗、工作温度、体积等。理由是铁路货物运输载体，如集装箱等不具备供电设施，这就要求感知设备在工作时消耗的电量要小，尽量减少充电的时间或更换电池的时间，如果功耗过大、充电的频率太高会严重降低系统的使用效率或者整个系统处于"不可用"状态；铁路货物运输地理位置跨越大，就会造成设备的工作温度变化大，尤其是我国东北地区的冬季低温环境对感知设备的影响大，这就要求感知设备在设计时，要充分考虑低温环境对设备的影响，使设备能够在低温环境中正常工作；安装在货物上的感知设备体积要小，这样便于安装、使用。

网络层在铁路货运物联网应用时的主要技术问题是在各种地理环境下使数据传输稳定。理由是铁路货物运输地理位置跨越大，这就造成各种通信网络设备在不同的地理位置具有不同的优势，即同一个通信网络设备不可能在所有的地理环境下都是可用的，这就要求在设计网络层设备时，要采取多种通信网络并行的方式，在不同的地理环境下采用最优的通信网络，这样能够保证数据传输的稳定。

应用层在铁路货运物联网应用时的主要技术问题是各种业务流程的分析与处理。理由是铁路货物运输中转环节复杂，进而造成铁路货物运输的业务流程复杂，这就要求应用层在设计时，要充分考虑业务流程的复杂性，进行大量调研，做好需求分析与详细设计，能够分析与铁路货运的各种业务流程。

2.4　铁路货运物联网应用的影响与基础

铁路货运物联网是根据不同铁路货运产品的作业流程，将具体的物联网技术应用到铁路货运产品运输形式中，并成为铁路货运核心竞争力的重要组成部分。但是，物联网技术不是一个铁路货运物流化的解决方案，只是加速推进铁路货运物流化的技术手段，而且不是一般意义上的信息化改造，而是对整个铁路货运机制的变革，通过物联网技术与铁路货运功能的融合，形成新的铁路货运物流化运行机制。铁路货运物联网的应用是一个庞大的系统工程，它涉及货运的经营策略、运输产品、业务流程、组织结构、管理模式、数据采集处理等各个方面。因此，它的应用成功与否，是建立在对铁路货运的运输形式、产品结构、业务流程、组织机构和安全保障体系等深刻分析及优化基础上的。

2.4.1　铁路货运物联网应用对货运产品的影响及其应用基础

1. 铁路货运物联网应用对货运形式和产品的影响

物联网是一个动态的网络基础设施，其主要技术手段是利用 RFID 技术，通过计算机互联网实现物品的自动识别和信息的互联与共享。物联网和铁路货运结合的必要条件是：货运中的"物"要能够接收和发送信息；货运中的"物"要有一定的数据存储功能；货运中的"物"能够无障碍地与操作程序及物联网整体进行沟通，即物品智能化，物品智能化的实现依赖于 RFID 芯片。但物品智能化也存在着成本问题。与价格非常低廉的条码不同，RFID 芯片的价格较高，远远超出大多数单体物品（如瓶装水、小包装食品等）价格的承受能力，在应用中如果把感知终端延伸到所有物的单品，每件物品中都安装 RFID 芯片，这在经济上显然是行不通的。解决的途径只能是以物品单元为单位建立信息载体，由于物品单元的价值相对于 RFID 芯片较高，加之物品单元的标准化、系列化便于组建高效的物联网系统，从而解决了物联网应用的 RFID 芯片成本问题。

与此同时，现代化物流发展的方向和趋势是"集装单元化"。集装单元化就是以集装单元为基础而组织的装卸、搬运、储存和运输等物流活动一体化运作的方式（吴清一，2007），其特点是：在运输途中更换车船时，不需将物料从储运器具中取出换装，从而减少装卸时间，加快运输工具的周转，降低搬运费用；单元货物可高层堆垛，以便有效利用储存空间；储运器具可重复使用，以节省包装材料和费用；可防止物料在搬运过程中的损坏和散失；有利于实现搬运机械化和自动化，减轻劳动强度，减少搬运过程中的工伤事故。总之，集装单元化能够有效地将各项分散的物流活动联结成一个整体，而这需要物联网技术的支持，从而有效地实现集装单元化的优势。

综上所述，从物联网应用成本和现代物流发展方向两方面来讲，只有推行单元化物流才能为物联网的成功应用铺平道路；只有在单元化物流系统中，物联网才能够发挥其巨大的社会价值。同时，单元化物流也只有与物联网结合才能把铁路货运物流提升到智能化、可视化、高效率、低成本的现代化运作水平。因此，铁路货运物联网的应用对铁路货运形式和产品都提出了新的要求，只有推行单元化运输形式与单元化货运产品才能为铁路货运物联网应用的成功实施奠定基础，这也必然是铁路货运物联网应用的关键。

2. 铁路货运物联网应用的货运产品基础——单元化铁路运输产品

随着世界各国铁路货物运输的改革与发展，集中化、单元化是各国铁路发展的主流趋势，而铁路货物运输单元化不仅可以提高铁路货物运输的运作效率，降低运输成本，还可以为物联网的的实施提供必要的基础与支持环境，有利于管理、监控和优化调度等。

单元化运输是指将物料放在定型的储运器具内，组成统一规格的单元货物，采用物料搬运机械和交通运输工具进行装卸、搬运、堆垛和运输的一种运输方式。单元化运输主要用于企业内部和企业之间的搬运和运输，包括托盘运输和集装箱运输两大类（吴清一，2013）。

相应地，单元化铁路运输产品是指应用定型的存储容器，如托盘、集装箱、集装袋、集装筐等，形成货物单元，进行铁路运输。单元化铁路运输产品不仅能保证产品的质量，而且对于货物的装卸、入库等作业可以实现智能化，同时在物联网环境下更易实现货物的追踪与查询，为货主提供更加便捷的服务。以目前发展最为成熟的单元化铁路运输产品——铁路集装箱运输为例，它是借助集装箱和机车双重载体并依靠铁路网进行货物传递的一种方式和活动，是铁路货物运输中的一个重要方面。铁路集装箱运输承载了一些大批量、高附加值及十分重要的物品运输任务，是各运输方式中更为安全、准时、方便、快捷、经济的一种运输形式。

结合铁路货运物联网应用的货物运输单元化的要求，建议在现有铁路货运产品的基础上从整车、集装箱、零担三种运输形式出发进行单元化铁路运输产品的设计与开发（孙海云等，2015）。

1）单元化整车运输产品

根据市场对运输速度和运输过程透明性的要求，结合物联网技术的应用，可将单元化整车运输产品分为以下三类。

（1）单元化快速特定大宗货物始发直达班列。针对货源固定、货运量稳定的大宗货物种类，如粮食、棉花、矿石等开行快速特定的直达班列，缩短运输期限；以 1 列车为 1 个单元添加电子标签，运用物联网技术进行货物定位追踪，实现运输过程透明化要求。

（2）单元化普速特定大宗货物始发直达班列。此类产品是针对货运量较大，但对运输速度要求相对较低的货主，这类产品相对于快速特定大宗货物始发直达班列而言，价格相对较低；以 1 列车为 1 个单元添加电子标签，运用物联网技术进行货物定位追踪，实现运输过程透明化的要求。

（3）单元化整车运输中转班列。此类产品针对货运量相对较小、不足以开行直达班列的货主设计，同时以 1 节车厢为 1 个运输单元添加电子标签，实现对每类货物的定位追踪，为货主提供便捷服务。

2）单元化集装箱运输产品

结合物联网技术对现有集装箱运输产品进行改进设计。

（1）单元化快速集装箱专运班列。此类产品针对货源稳定的集装箱运输货主，主要为精密、贵重、易损的货物，缩短运到期限；以 1 个集装箱为 1 个运输单元添加电子标签，实现货物运输实时监控与定位追踪，及时了解货物运输状态。

（2）单元化普速集装箱专运班列。此类产品相较于单元化快速集装箱专运班列来讲，速度较慢，但运输价格较便宜，适于对货物运输期限要求较为宽松的货主。

（3）单元化集装箱定期直达列车。这种列车定点、定线、定期、固定车底、定价，循环运行于两个基地站间，不需重新编组，因而运行速度快、效率高。

3）单元化零担运输产品

结合物联网技术应用要求和运输过程透明化的要求进行零担运输产品改进与设计。

（1）高速单元化零担运输产品。这主要针对运量小、附加值高、运输时限要求高的零担货物，以每个包装单元为 1 个运输单元，追踪查询货物，保证货物运输安全，同时可以选择提供"门到门"运输服务，为货主提供便捷。

（2）普速单元化零担运输产品。这类产品主要包括对运到时限无要求，根据货源情况，等待拼箱、集结等作业完成后独自开行班列的运输产品。此类产品同样以每个包装单元为运输单元添加电子标签，进行货物追踪，货主也可以选择"门到门"服务类别。

上述两种产品主要针对货源种类及数量不稳定的货主，而对于目前铁路现有的、针对固定货源的班列，可以对其进行单元化设计，分别为单元化直达整零班列、单元化中转整零班列和单元化沿途整零班列，同样以 1 个包装单元为 1 个运输单元，添加电子标签，以实现货物定位追踪。

2.4.2 铁路货运物联网应用对业务流程的影响及其应用基础

1. 铁路货运物联网应用对货运业务流程的影响

铁路货运物联网应用能够实现货运全程可视化，对于货运中的物品可以进行实时监控，随时了解物品所处的位置和状态，也可以对货运管理和运作状况及时进行优化和调整，提升货运的总体反应速度，从而有效地提高货运运作效率和降低运作成本。物联网技术使铁路货运的技术支撑发生变化，这必然会给货运业务流程带来变化。因此，流程再造是铁路货运物联网应用的必要过程，在物联网技术应用中导入流程再造，在再造流程的基础上进行物联网建设，是促进铁路货运物联网成功应用的关键因素。

货运作业物流化已经成为铁路货运发展的重要趋势和方向，目前我国铁路货运改革正向着大力发展"门到门"全程物流服务的方向前进。铁路全程物流的核心发展基础是以满足客户个性化需求为导向的，而铁路货运业务流程的完善程度直接影响客户需求受理和铁路全程物流化生产组织的衔接程度，从而决定客户的需求能否得到满足或能否得到高质量的满足。因此，对货运业务流程进行重新设计也是基于物联网技术的铁路货运物流化改革的需要。

铁路货运物联网应用对业务流程的影响主要体现在以下六个方面：①代替或者减少流程中的人力劳动，提高流程效率；②使得信息能够远程交互，流程不受地理位置的限制；③导致流程任务顺序的变化，使多项任务改串行为并行处理；④使过去依赖中介才能沟通的两部分直接连接起来；⑤为流程提供大量详细的资讯和复杂的分析方法，提高流程能力；⑥减少人为失误，便于流程的监控和跟踪，提高流程的安全性。

2. 铁路货运物联网应用的业务流程基础——业务流程再造

铁路货运物联网的应用和现代货运市场需求的变化，对传统的铁路货运业务流程产生了冲击，并对铁路货运业务流程提出了更高的要求。为了适应铁路货运快捷化、便利化和物联网技术服务的新要求，铁路部门必须对货运业务流程进行具体的优化与再造，这也是铁路货运物联网应用的业务流程基础与支持。

美国学者迈克尔·哈默和詹姆斯·钱皮于 1993 年率先明确了流程再造理论，他们认为："业务流程再造就是对企业的业务流程进行根本性的再思考和彻底性的再设计，从而获得可以用诸如成本、质量、服务和速度等方面的业绩来衡量的戏剧性的成就。"（彭东辉，2004）徐利民等（2012）的《基于电子商务的铁路货运业务流程再造研究》一文，在分析现有货运业务流程的基础上，分别从货物受理、运到交付、车辆配送、挂运及物流服务等主要环节，对铁路货运业务流程不断优化重组，从而实现货运业务流程优化的过程。

铁路货运业务流程再造的目的是构建物联网技术应用到铁路货运各环节中的铁路货运业务流程，最终确认物联网应用系统的技术架构。具体流程再造过程如下。

（1）论述原货运业务流程。本部分要描述清楚正常作业状态下的业务流程，如中铁快运零担运输产品的业务流程包括承运入库、装车运输、到达交付作业等环节，每一环节具体做什么、怎么做，存在哪些不足之处，最后画出详细的业务流程图，以便与新流程图比较。中铁快运零担运输产品的业务流程如图 2.6 所示。

（2）利用管理学理论对原货运业务流程进行详细分析，找出核心业务。针对上述货运业务流程，利用管理学相关理论，对业务流程各环节做定性或定量分析，找出哪些是核心业务、哪些是辅助业务。物联网技术的应用主要针对核心业务，这样才会有更大的应用价值。例如，用价值链理论对中铁快运承运入库、装车运输和到达交付环节业务流程进行分析可知，中铁快运运输产品的核心价值活动包括收件、

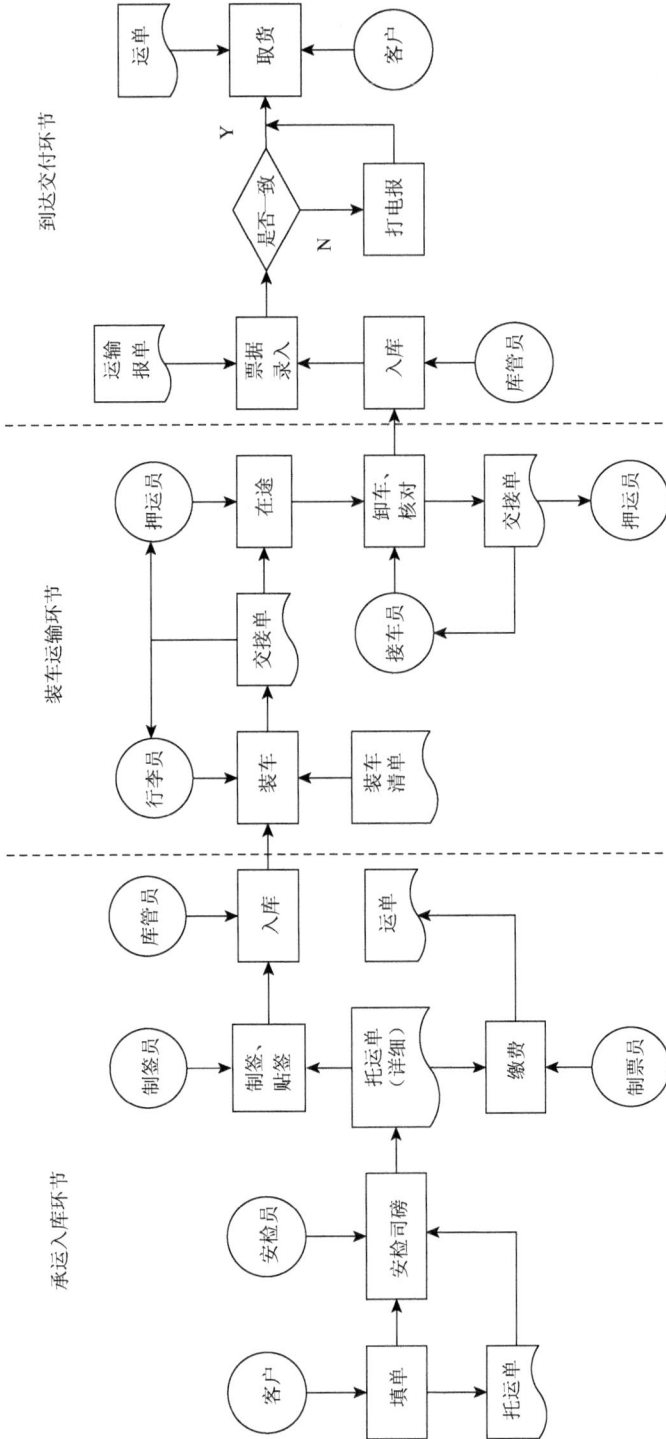

图 2.6 中铁快运零担运输产品的业务流程图

分拣、运输、派件；辅助性增值活动包括整体统筹、人力资源管理、信息技术（information technology，IT）技术支持、规划设计等。最后画出其价值链分析基本结构图，如图 2.7 所示。基于上述中铁快运核心价值链的分析，可以发现，中铁快运现行业务流程中的可增值环节，为物联网技术应用的新流程图构建提供了依据。

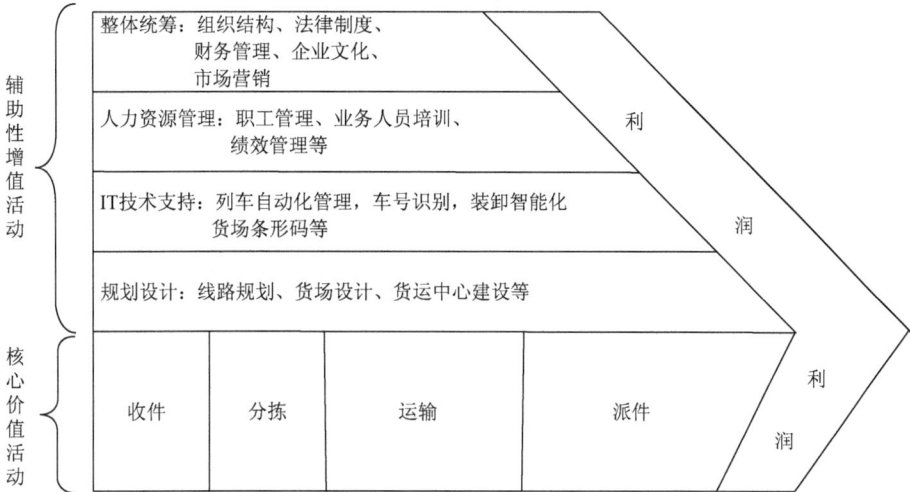

图 2.7　中铁快运运输产品价值链分析结构图

（3）构建物联网技术应用环境下的新货运业务流程。物联网技术应用环境下的新货运业务流程构建是在现行管理模式的基础上，以物联网技术应用为牵引，注重用户价值增加的现代化物流管理模式。要详细说明的内容包括新增的作业环节有哪些、怎么做、达到什么目的。确定详细的新货运业务流程，以便与旧流程图比较。物联网环境下中铁快运核心业务流程如图 2.8 所示。

（4）新旧流程对比分析。通过对货运物联网技术应用前后的新旧流程对比分析，得出物联网技术应用各作业环节解决了哪些问题、可能出现怎么做。例如，对新旧流程对比分析，对承运入库环节进行对比分析，得出在电子标签安全性较高，可以重复使用；无需人为对货物扫描就可以通过电子标签将货物信息传递到信息管理系统，方便快捷。对装车运输环节进行对比分析，得出在物联网环境下，车厢识别器与电子标签保持通信，对货物下车有提示作用；对货物中途丢失、漏装、装错车有报警指示作用；物流企业和客户能随时掌握货物当前状态、位置、运动轨迹；对到达交付环节进行对比分析，得出在物联网环境下，货物信息自动上传到信息管理系统。通过对到达交付环节的分析，得到到达货物量、到达批数、分拣速度、扫描货物信息方便程度、通知货主取货烦琐程度、配送批数、配送件数等指标。

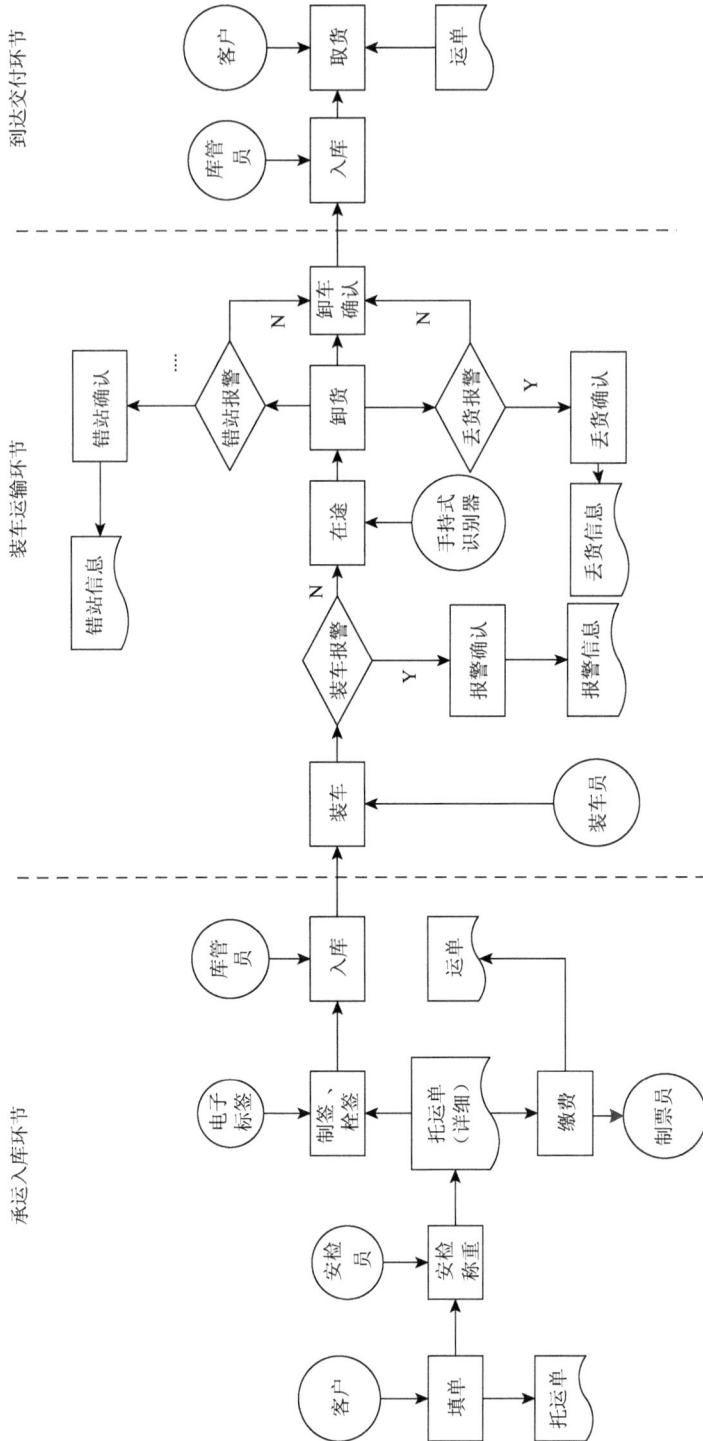

图 2.8　物联网环境下中铁快运核心业务流程图

（5）利用管理学理论对新货运业务流程进行效益测评。利用管理学理论对新货运业务流程进行效益测评的目的是为在铁路货运中是否应用物联网技术决策提供参考。下面以中铁快运新货运业务流程效益测评为例来说明。首先，基于价值链理论和利益相关者理论对中铁快运的核心价值链和利益相关者进行分析；其次，应用层次分析的原理尝试初步构建基于物联网的中铁快运铁路货运物流效益指标体系；再次，针对初步构建的指标体系设计问卷进行现场调研，将搜集到的数据资料进行统计分析，用因子分析法对指标体系进行筛选；最后，构建了基于物联网的中铁快运铁路货运物流效益评价指标体系。具体应用中主要工作是对专家进行问卷调查，采用层次分析法（analytic hierarchy process，AHP）和基于灰色关联度分析（grey relational analysis，GRA）的改进算法综合确定指标体系的权重，然后用模糊综合评价法（fuzzy comprehensive evaluation，FCE）对物联网应用前后的两个方案进行评价，得出几个方案物流效益的优劣比较，并对评价结果进行定性分析。

2.4.3　铁路货运物联网应用对运输组织和组织结构的影响及其应用基础

1. 铁路货运物联网应用对运输组织和组织结构的影响

产品单元化和流程再造是铁路货运物联网应用的必要过程，在物联网技术应用中导入产品单元化和流程再造，在产品单元化和再造流程的基础上进行物联网建设，是促进铁路货运物联网成功应用的关键因素，也是铁路货运物联网应用的产品和业务流程基础。然而，产品单元化和业务流程再造不只是对货运产品和业务流程的重新设计，还包括运输组织、组织结构、人力资源管理体系和企业文化的适应性调整，以及人员行为方式和核心价值观的重大转变。虽然基于物联网技术的货运产品单元化和业务流程再造实现了成本、速度等方面的显著改善，但如果不进行相应的运输组织、组织结构、人力及文化的调整，随着产品单元化和流程再造实施的初见成效，将很难深入地实施产品单元化和流程再造，从而影响货运产品和业务流程的真正转变。

运输组织和组织结构的适应性调整是在铁路货运物联网应用下货运产品单元化和业务流程再造的重要环节，涉及决策权力的重新分配、信息沟通方式的变化，以及部门甚至整个企业的组成等问题。在铁路货运物联网应用和铁路货运物流化改革的大背景下，实施铁路货运的产品单元化和业务流程再造，关键在于综合考虑货运产品和业务流程的重新设计、物联网技术应用和组织结构的适应性调整，这三者是一个相互适应的动态匹配过程。因此，运输组织和组织结构优化是铁路货运物联网应用、产品单元化和业务流程再造的基础和重要手段。

2. 铁路货运物联网应用的运输组织基础——运输组织优化

在传统的铁路货物运输组织下，货物在途中要随列车经过多次集结、改编，才能到达目的地。如果在技术站、编组站的停留时间过长，就会导致铁路货运服务水平的降低。为了应对铁路主要货源布局的不断变化、货主需求的多样化和运输市场竞争的激烈，基于物联网技术的铁路货运物流化已成为铁路货运发展的方向和关键，在这种情况下，客观上要求铁路要对传统的运输组织进行优化。

在铁路货运物联网应用的背景下，铁路货物运输组织理念应从车流集结转变为货流集结，突破满轴满重的限制，在铁路货运节点网络上，开行铁路货运节点对之间多种运输组织形式的货运产品，在运行径路两端积极组织货源，同时优化空车运用，保证货源地对空车的需求，如图2.9所示。

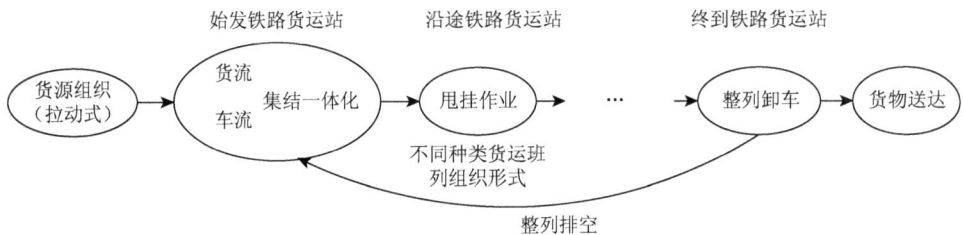

图 2.9 铁路货运物联网应用的运输组织理念

3. 铁路货运物联网应用的组织结构基础——组织结构优化

组织支撑着企业流程的运行，是企业实现目标的载体。合理的组织结构与高质量的业务流程是相互依存的。在实施企业的业务流程再造时，应该以流程为基础，优化调整企业的组织结构，使组织结构围绕流程进行设置，企业的运行以流程为中心，职能部门只为业务流程提供服务性支持。也就是说，基于流程的组织是以业务流程为主、职能服务为辅的一种的扁平化的组织（徐鹏和罗建强，2004）。因此，铁路货运物联网应用的组织结构优化的核心是从职能式管理过渡到流程式管理，以客户为导向，以流程为中心。

铁路货运物联网应用的组织结构需要根据具体货运产品和业务流程的不同要求来进行优化，这里仅说明铁路货运物联网应用在业务流程再造基础上组织结构优化的整体措施，主要有以下四个方面。

（1）应以满足客户需要为最终目标。铁路货运客户需求向个性化、快速化发展，同时，市场竞争日趋激烈，这就需要铁路相关部门关注客户满意度，以便发现客户价值的真正驱动因素，满足客户的快速化需求。

（2）组织结构的设计应与铁路货运系统相协调。进行业务流程再造后，设计的组织结构应与其相适应，全面考虑影响组织的各个方面因素。

（3）铁路货运物联网应用业务流程再造的技术基础是物联网技术，因此，业务流程再造一定要结合组织变革，充分利用物联网技术达到降低成本的目的。

（4）加强文化建设，增强铁路运输企业的凝聚力。扁平化管理强调企业和员工的"双赢"，因此，必须重视人的需求，开发人的潜能，在情感管理、人才管理和文化管理等多层次上进行管理。

2.4.4　铁路货运物联网应用对安全保障体系的影响及其应用基础

1. 铁路货运物联网应用对安全保障体系的影响

安全永远是铁路运输的主题。随着铁路高速、重载的飞速发展，铁路安全过去靠人工眼看耳听的方式，已经远远不能满足今天铁路货运发展的需要，因此，急需建立铁路安全保障体系，实时对在途车辆和铁路设施进行监测，使出现的故障能够及时得到处理。根据物联网技术的特点和铁路运输安全的要求，依靠物联网是解决铁路货运安全问题的最佳选择。传感网络将铁路货运运营状况发送到信息中心；信息网络完成信息数据的处理，及时判断安全状况，启动应急方案；运输网络及时将人员物资送到应急救援现场，获得应急反应的最佳效果，并把现场情况实时反馈主管及相关部门，为方案决策、后续跟进创造条件。

铁路货运物联网应用对铁路货运安全保障体系带来的影响主要包括如下三个方面。

（1）解决我国列车运输高速化带来的安全监控压力。基于上述铁路货运安全监控体系的阐述，物联网技术可以有效地实现铁路货运管理的源头监控和过程监控，电子标签的运用可以保证站段监控系统及时有效地收集货物在途信息、确定货物到达地点、运输种类及运输数量，了解货物在途状态，实现货物的在途查询和保障货物的运输安全。

（2）实现安全隐患的及时预警。通过物联网技术与超偏载检测装置、动态轨道衡相结合，构建货运计量和安全检测监控信息网络，实现超偏载检测装置、轨道衡等货运安全计量检测设备的信息收集与集中管理，为各级货运管理部门和作业部门提供电子化货运装载安全监测与管理信息服务，实现了对货物超偏载的智能评判。同时，建立报警车闭环监控和分级闭环管理体系，实现了对安全隐患的及时预警，从而进一步保证货物运输的安全。

（3）提高货场管理的安全效率。电子标签技术的运用，提高了货场存货量统计的快速性和准确性，实现了货场货物的实时管理，而且操作透明化大大改善了作业质量，减少了流转过程中可能的遗漏和差错。同时，它还实现了无纸操作，极大提高了管理水平。

2. 铁路货运物联网应用的货运安全基础——铁路货运物联网安全保障体系构建

针对目前铁路货运安全保障体系存在的问题，结合物联网的三层体系结构，可以考虑借鉴钟章队和倪明（2011）构建的铁路货运物联网应用的安全保障体系，其整体架构如图 2.10 所示。

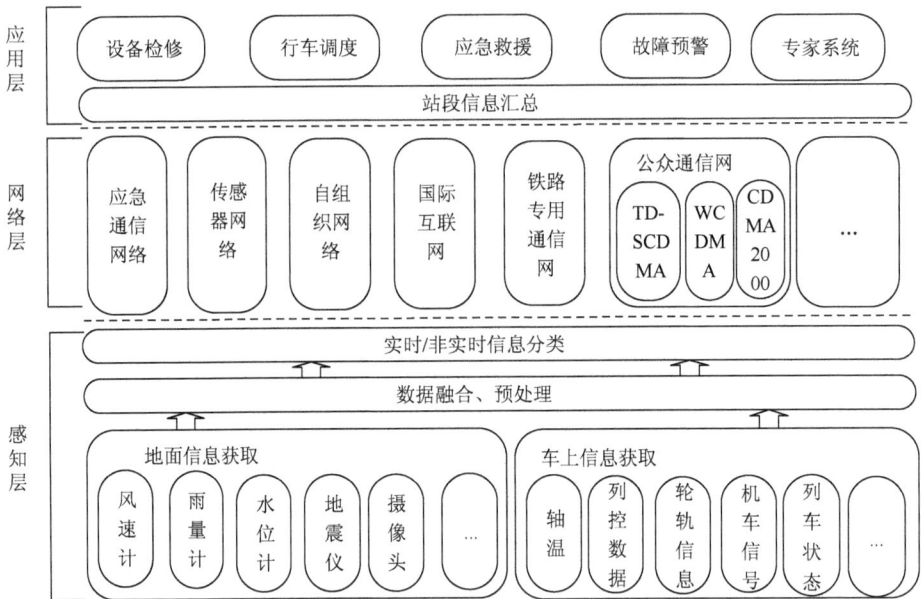

图 2.10　铁路货运物联网的安全保障体系基本架构

铁路货运物联网的安全保障体系是通过各种感知、识别手段获得海量数据的。地面信息获取方式可以通过风速计、雨量计、水位计获得铁路沿线的风速、降雨及水文信息，判定风速、降雨等是否会对铁路安全运行带来潜在影响；通过摄像头监测铁路沿线的动物和人员的活动情况，避免侵入物的撞击事故。车上信息获取可以通过温度传感器获得列车轴温信息；通过各种震动传感器获得轮轨的相应状态；通过接收列控信号对列车进行自动控制等。因为涉及的信息量非常庞大，所以数据传输前必须依赖具有计算能力的感知设备进行数据融合及相应的预处理，在不影响数据精度的前提下，尽可能地压缩数据容量。另外，根据各种数据的特性，还需要对所有获得的数据进行实时、非实时的类别划分，以保证不同传输要求的数据都能按需高效处理。

铁路货运物联网安全保障体系的网络层可以充分借助现有及新型的通信网络

传输数据，利用铁路专用通信网传输优先级最高的列控数据、各种预警和故障信息；利用传感器网络直接传输车上、地面传感器获得的海量历史数据。如果原有网络数据传输发生中断，可以依赖公众通信网、自组织网络进行中继传输；各种附加信息的传输还可以依赖国际互联网完成。

在铁路货运物联网安全保障体系的应用层，各站段将对各自收集到的信息进行二次汇总和处理。基于这些信息，可以建立各种智能系统。基于车载和地面设备的工作数据，可以分析故障发生的原因，从而建立智能的设备检修与故障预警系统。基于各种故障信息，可以及时进行应急救援，从全局角度调派人力和物力资源。基于各种行车数据和数据挖掘技术，可以进一步提出铁路运输调度优化建议。

2.5　本　章　小　结

本章首先介绍了物联网及铁路物联网应用的发展和研究概况，并阐述了物联网的定义、基本特征、体系结构及物流仓储物联网应用的感知层、网络层和应用层三层体系结构。其次，详细介绍了物联网应用的感知与标识技术、网络与通信技术、计算与服务技术、管理与支撑技术，简要介绍了物联网系统设计与安全体系等问题。再次，介绍了铁路运输组织、客货营销和经营管理三个核心业务的物联网应用，提出了铁路货运物联网应用采用感知层、网络层和应用层的三层技术架构，并进一步介绍了各层技术问题。最后，论述了铁路货运物联网应用对铁路货运运输形式、产品结构、业务流程、组织机构与安全保障体系等产生的影响。

本章的核心是通过对物联网的基本概念、物流仓储物联网应用三层体系结构及相关技术分析，提出了铁路货运物联网应用采用感知层、网络层和应用层的三层技术架构及相关技术和铁路货运物联网应用对铁路货运运输形式、产品结构、业务流程、组织机构与安全保障体系等产生的影响。

参 考 文 献

陈海明，崔莉，谢开斌.2013. 物联网体系结构与实现方法的比较研究. 计算机学报，36（1）：168～188

工业和信息化部电信研究院.2011. 物联网白皮书. 北京：工业和信息化部电信研究院

桂劲松.2014. 物联网系统设计. 北京：电子工业出版社

李学伟.2015. 铁路物联网关键技术与集装单元化管理模式研究（2013X009-BE）. 中国铁路总公司重点课题总结报告.

刘瑞扬.2002. 铁路车号自动识别系统 AEI 设备考察报告. 铁道车辆，40（1）：1～5

刘幺和，楚晓蕊，王莉.2011. 基于三段式的物联网设计方法. 计算机系统应用，20（7）：5～10

彭东辉.2004. 流程再造教程. 北京：航空工业出版社

沈海燕，史宏，须征文，等.2001. 铁路车号自动识别系统（ATIS）的实现及应用. 中国铁路，（6）：16～19

沈苏彬，杨震. 2015. 物联网体系结构及其标准化. 南京邮电大学学报（自然科学版），35（1）：1~18

沈苏彬，范曲立，宗平，等. 2009. 物联网的体系结构与相关技术研究. 南京邮电大学学报（自然科学版），29（6）：1~11

孙海云，张志荣，边可. 2015. 物联网环境下的单元化铁路运输产品的设计与开发研究. 铁道货运，（7）：1~5

汤建国. 2010. 青藏铁路基于 GPS 和 GSM_R 的列车运行控制系统分析. 交通运输系统工程与信息，10（2）：190~194

吴功宜，吴英. 2013. 物联网技术与应用. 北京：机械工业出版社

吴功宜，吴英. 2014. 物联网工程导论. 北京：机械工业出版社

吴清一. 2007. 集装单元化概论. 物流技术与应用，（1）：59~64

吴清一. 2013. 发展单元化物流，优化供应链体系. 物流技术与应用，（6）：108~111

徐利民，迟骋，贾永刚，等. 2012. 基于电子商务的铁路货运业务流程再造研究. 铁道货运，（12）：10~14

徐鹏，罗建强. 2004. 流程再造对组织结构的影响. 价值工程，（3）：104~107

杨光，耿贵宁，都婧，等. 2011. 物联网安全威胁与措施. 清华大学学报（自然科学版），51（10）：1335~1340

张飞舟，杨东凯，陈智. 2014. 物联网技术导论. 北京：电子工业出版社

张志刚，张志荣，杜鹏，等. 2014. 中铁快运物联网应用系统软件架构研究. 大连交通大学学报，35（6）：89~92

张志荣，王大伟，张志刚，等. 2014. 物联网环境下中铁快运物流管理运作模式. 大连交通大学学报，35（3）：106~109

张志荣，张龙江. 2011. 基于 RFID 的铁路物流电子识别系统. 大连交通大学学报，32（1）：106~109

钟章队，倪明. 2011. 基于物联网的铁路安全信息保障系统. 中国铁路，（11）：42~46

钟章队，谢健骊，李翠然. 2014. 铁路物联网. 北京：中国铁道出版社

朱洪波，杨龙祥，朱琦. 2011. 物联网技术进展及应用. 南京邮电大学学报（自然科学版），31（1）：1~9

朱新良. 2015. 物联网技术及安全问题. 上海理工大学学报（社会科学版），37（2）：190~196

Carrez F，Bauer M，Gauge T，et al. 2009. SENSEI reference architecture. EU FP7 Project，Deliverable Report：D3. 2.

Electronics and Telecommunication Research Institute . 2007. Requirements for support of USN applications and services in NGN environment//Proceedings of the ITU NGN Global Standards Initiative（NGN-GSI）Rapporteur Group Meeting. Geneva，Switzerland：11~21

ETSI. 2011. Machine-to-Machine communications（M2M）：Functional architecture. ETSI，Technical Specification：102 690 V1. 1. 1

International Telecommunication Union. 2005. The Internet of Things. http：//www.itu.int/pub/S-POL-IR. IT-2005/e

Koshizuka N，Sakamura K. 2010. Ubiquitous ID：Standards for ubiquitous computing and the Internet of Things. IEEE Pervasive Computing，9（4）：98~101

Ning H，Wang Z. 2011. Future Internet of Things architecture：Like mankind neural system or social organization frame work? IEEE Communications Letters，15（4）：461~463

Pujolle G. 2006. An autonomic-oriented architecture for the Internet of Things//Proceedings of the IEEE John Vincent Atana-soff 2006 International Symposium on Modern Computing. Sofia，Bulgaria：163~168

Sarma S，Brock D L，Ashton K. 2010. The networked physical world：proposals for engineering the next generation of computing，commerce & automatic-identification. MIT Auto-ID Center，White Paper，MIT-AUTOID-WH-001

Uckelmann D，Harrison M，Michahelles F. 2013. 物联网架构-物联网技术与社会影响. 别荣芳等译. 北京：科学出版社

Vicaire P A，Xie Z，Hoque E，et al. 2008. Physicalnet：A generic framework for managing and programming across pervasive computing networks. University of Virginia Technical Report CS-2008-28

Zorzi M，Gluhak A，Lange S，et al. 2010. From today's INTRAnet of things to a future INTERnet of Things：wireless and mobility related view. IEEE Wireless Communications，17（6）：44~51

第3章 铁路货运物联网应用的关键技术

3.1 引　　言

根据物联网目前主流的三层体系架构（杨光等，2011），铁路货运物联网应用采用了感知层、网络层和应用层的三层技术架构。针对各层技术问题，国内外学者进行了大量研究，提出了很多观点。孙其博等（2010）、桂劲松（2014）提出了由感知与标识技术、网络与通信技术、计算与服务技术和管理与支撑技术四大技术体系组成的物联网技术体系。郭苑等（2010）在研究了物联网的起源及智慧地球的基础上，认为物联网设计需要一套完整的方案，物联网设计方案的关键技术有：非接触式的 RFID 技术及专用于 RFID 的 EPC 技术、基于传感器感知信息的认知技术、解决网络中信息孤岛问题的云计算技术。徐颖秦和谢林柏（2011）提出了由感知、传输、处理及应用组成的四层技术体系结构，感知层的关键技术是各类物体的识别与信息获取；传输层的关键技术是 M2M、异构互联、3G 及协同技术等，处理层的关键技术是云计算、智能处理及模糊识别等；应用层的关键技术是信息共享及交互技术、存储技术等。杨倩（2010）在论述了由感知层、网络层及传输层组成的三层物联网技术架构的基础上，提出了物联网的关键技术有：基于传感器技术的无线传感网、标识技术、客户端软件、中间件、安全及隐私、云计算等智能处理技术、用户卡鉴权及安全技术等。吴功宜和吴英（2013）以一个覆盖全国的大型零售企业物联网典型应用为例，总结出支撑物联网研发包含自动感知、嵌入式、移动通信、计算机网络、智能数据处理、智能控制、位置服务、信息安全八项关键技术。

车号自动识别系统是我国铁路系统物联网应用的最早实践，沈海燕等（2001）对其主要构成、工作模式及关键技术进行了详细介绍，其中蕴含了三层技术架构问题。汤建国（2010）详细介绍了基于 GPS 和 GSM-R 的列车运行控制系统对青藏铁路列车运行控制系统的线跟踪。张志荣和张龙江（2011）提出了铁路物流系统电子识别系统的组成，包括货物电子标签、识别器、手持式识别器、中继器、主机、货物电子标签擦写器、数据传输信道及上位机应用软件等。马帅和杨柳涛（2015）将 ZigBee 技术运用于铁路集装箱追踪系统的电子标签+阅读器+上位机应用软件。刘迪和张志荣（2015）将北斗、ZigBee 和 Wi-Fi 技术运用到铁路集装箱运输物联网应用系统等。

铁路货运物联网应用涉及铁路运输生产、客货营销、铁路建设、安全监控等领域，结合物联网技术在铁路货运业务的应用特点，采用 2.3.2 节中论述的由感知层、网络层和应用层组成的三层物联网技术体系，每一层完成的分工不同、侧重解决的问题不同，每一层都有要解决的关键技术问题。综合来讲，就是将感知标识技术、网络通信技术、计算服务技术、管理技术和支撑技术，根据铁路货运物联网应用需要进行裁剪，形成不同的装置并应用其中。铁路货运物联网应用各层解决的主要问题有以下三个方面。

感知层主要解决货物的标识与感知问题，铁路货运业务流程复杂、中转环节多，需要根据不同应用场合的特点，设计几种不同形式的电子标签来实现货物的标识与感知。设计感知层设备时，要考虑的问题是电子标签的逻辑结构设计、主要感知器件的选型与设计，以及在电子标签信息传输中产生的信息碰撞问题的有效解决方法；感知层主要采用 RFID 技术、ZigBee 自组网技术、北斗通信技术及嵌入式技术等，基于这些技术设计的电子标签是感知层的关键设备。

网络层主要解决感知层电子标签感知到的货物数据传输问题。网络层主要采用无线自组网技术、IP 技术及卫星通信技术三种技术解决数据传输技术问题，采用嵌入式技术、低功耗技术及 Flash 存储技术等解决硬件技术问题。设计网络层设备的关键是网络层设备的逻辑结构及主要器件的选型与设计。在逻辑结构设计的基础上，采用传输技术及硬件技术设计车厢识别器、站场识别器、手持识别器等设备。

应用层主要解决在感知层、网络层基础上的数据应用问题，主要采用云计算技术、大数据技术来实现数据的分布式存储、数据挖掘及应用等，同时应用层还要解决安全设计及铁路电子地图匹配的关键问题。

本章分五小节，3.1 节对物联网各层技术及铁路货运物联网技术应用进行了综述；3.2 节介绍了基于物联网感知层技术设计的铁路货运 RFID、ZigBee、北斗或GPS 三类电子标签的逻辑结构、设计实例及其信息碰撞产生的信息丢失问题；3.3节通过实例介绍了车厢识别器、站场识别器、中继器、手持识别器等网络层设备设计问题；3.4 节阐述了应用层软件平台设计、海量数据存储及检索、标签数据上传算法、数据整理算法及系统安全设计；3.5 节对全章进行了总结。

3.2　铁路货运物联网应用的感知层技术

3.2.1　感知层技术应用概述

由 2.3.2 节描述的铁路货运物联网应用采用感知层、网络层和应用层的三层技术架构及图 2.4 物联网技术在铁路货物运输中应用结构可知，物联网在铁路货运中的应用就是根据铁路货运业务的现有作业规程，规划出物联网在铁路货运业务的具体技术架构和作业流程，并将具体的物联网各层技术应用到铁路货运产品运输形式的作业流程环节之中。

1. 电子标签分类与典型应用系统

感知层主要完成信息的标识、采集、转换处理、收集环境信息，通过通信模块传输到网络层和应用层。2.3.3 节对铁路货运物联网应用的感知层技术及如何应用进行了详细分析，其核心是根据铁路货运产品运输形式要求，选择设计相应的感知和识别装置。其中，感知装置电子标签的设计尤为重要，它决定了铁路货运物联网应用系统的体系架构。

铁路货运物联网应用采用的电子标签主要有 RFID、自组网 ZigBee 或 Wi-Fi 类标签、北斗或 GPS 标签三类，每种电子标签标识承运货物的信息，适用于不同货运集装单元和货运形式要求。

电子标签可以按不同方式分类。按供电方式划分为无源标签和有源标签；按感应距离划分为短距离标签和远距离标签（RFID 标签和 ZigBee 标签属于短距离标签，北斗或 GPRS 标签属于远距离标签）；按组网方式划分为自组网标签和非自组网标签（ZigBee 标签属自组网标签，RFID 标签属非自组网标签）。具体如表 3.1 所示。

表 3.1　电子标签分类表

种类 电子标签	供电方式		感应距离		组网方式	
	有源	无源	短距离	远距离	自组网	非自组网
RFID 类标签	√	√	√			√
ZigBee 类标签	√		√		√	
Wi-Fi 类标签	√		√		√	
北斗或 GPS 类标签	√			√	√	

我国铁路货运产品有普通货运产品、大宗直达货运产品、小件快捷货运产品、集装箱货运产品及特种货运产品五大类，运输形式有整车、零担、集装箱三种，铁路货运物联网应用是根据不同的铁路货运产品运输形式分别进行的。具体将哪类电子标签应用于哪种铁路货运产品运输形式中，应根据应用的场合确定。表 3.2 给出了由不同电子标签构成的铁路货运物联网应用系统及典型应用。

表 3.2 电子标签构成的铁路货运物联网应用系统表

序号	电子标签	系统组成	典型应用
1	RFID 类射频标签	RFID 有源或无源电子标签、RFID 标签识别器（包括无源 RFID 电子标签远距离阅读器）、中继器、传输接口、手持式识别器、通信电缆、以太网或 CAN 总线网络设备、电源组	实现集装单元的跟踪管理，包括集装单元的验货、装移等操作，进行实时监控。RFID 类电子标签在铁路货物运输中的典型应用是 RFID 车号识别
2	ZigBee 类自组网标签	ZigBee 货物电子标签、站场识别器、车厢识别器（ZigBee 电子标签阅读和 Wi-Fi 通信模块）、中继器、传输接口、手持式识别器、货物电子标签擦写器、通信电缆、以太网或 CAN 总线网络设备、电源组	实现集装单元的跟踪管理，包括集装单元的验货、装移等操作，进行实时监控。ZigBee 类电子标签在铁路货物运输中的典型应用是零担运输
3	北斗类电子标签 A：北斗Ⅱ+GPRS 通信定位类电子标签	北斗系列标签、GPRS 通信模块、通信管理机、上位机服务器、北斗无线网络及基于 GIS 的上位机机车管理软件	集装箱实时位置跟踪；在铁路货物运输中的典型应用是集装箱运输
4	北斗类电子标签 B：北斗Ⅱ定位模块+北斗Ⅰ模块通信的北斗定位类电子标签	北斗系列标签、通信管理机、上位机服务器、北斗无线网络及基于 GIS 的上位机机车管理软件	集装箱实时位置跟踪，机车实时位置跟踪；在铁路货物运输中的典型应用是集装箱运输；列车实时位置跟踪
5	北斗类电子标签 C：北斗Ⅱ定位模块+北斗Ⅰ通信模块及 Wi-Fi 模块+ZigBee 模块的铁路物流北斗电子标签	北斗系列标签、通信管理机、上位机服务器、北斗无线网络及基于 GIS 的上位机机车管理软件	集装箱实时位置跟踪；集装箱内盛运货物状态实时位置跟踪；机车实时位置跟踪；在铁路货物运输中的典型应用是集装箱运输；列车实时位置跟踪

2. 电子标签逻辑设计

感知层技术关键是电子标签设计，电子标签的性能直接影响系统的综合性能。根据表 3.1 和表 3.2 可知，铁路货运可采用的电子标签有 RFID、ZigBee、北斗识别三类，按供电方式划分为无源标签和有源标签。其中，RFID 类标签有无源标签和有源标签，其余均为有源标签。

无源电子标签的信息采集是通过与之对应的阅读器（读出装置）实现的。标签通过阅读器获取能量，供标签工作。无源电子标签体积小、重量轻、能耗低、成本低、免维护、成本低，但读/写距离较近，标签与阅读器需要匹配，标签内存容量较小，标签信息通常是固定唯一的。无源电子标签在阅读距离及适应物体运动速度方面略有限制，使用时根据需要进行选型设计。

有源标签自身带有电池供电，读/写距离较远、体积大、成本高。有源标签识读装置需根据所用标签自行设计。有源标签适应性强，可根据需要设计工作模式。有源标签及识读装置往往是电子电路、嵌入式技术、电池技术及无线技术等多种技术的集合，需要以控制单元为核心，实行软、硬件裁剪，适应不同种类接口、控制功能要求自行设计。有源标签包含主控制板模块、数据通信模块、存储模块、复位模块及电池、电源模块等，其主控制器构成逻辑如图 3.1 所示。

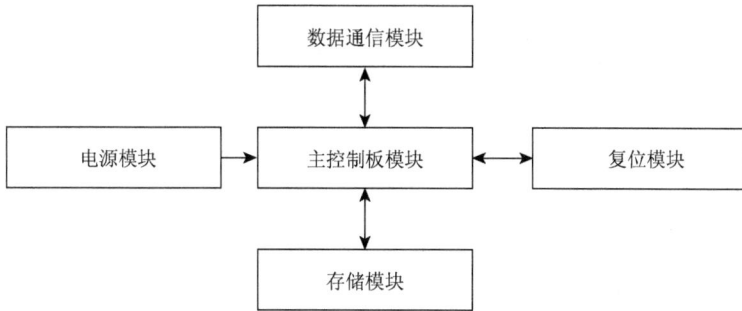

图 3.1　有源标签主控制器构成逻辑图

图 3.1 每个模块具有不同的功能，具体功能如下。

（1）主控制板模块：主要功能是负责协调整个标签的工作过程及逻辑控制等，由微处理器、时钟电路、"看门狗"电路及电源电路组成。微处理器一般采用低功耗的微处理器，便于功耗控制、节省电量，一般选择德州仪器（Texas Instruments，TI）公司的 MSP430 低功耗微处理器。

（2）数据通信模块：根据感知元件来确定不同的通信方式，主要功能是负责标签与外部设备的通信。根据实际需要可以采用不同的通信方式，主要的通信方式有：①RFID 射频通信，采用这种模式通信的，称为 RFID 类电子标签；②ZigBee 自组网通信，采用这种模式通信的，称为 ZigBee 类电子标签；③北斗或 GPS 通信，采用这种模式通信的，称为北斗或 GPS 类电子标签。通信方式并不是单一的，也可以是上述通信方式的组合。

（3）存储模块：负责存储数据，具备与微处理器通信的能力，支持多次擦写。

（4）复位模块：实时检测电子标签主控制器的工作状态，一旦发现"死机"情况，就立即把整个主控制板及通信模块复位，使电子标签主控制器能及时恢复工作，保证电子标签主控制器的稳定性与可靠性，主要由"看门狗"芯片及复位电路组成。

（5）电源模块：负责整个标签各个部件的供电，要求工作电压稳定、能够经受高低温的工作环境，同时，应具备电池保护功能，避免电池出现过度放电的情况。

3.2.2 标签设计

我国铁路货运产品有五大类，运输形式有整车、零担、集装箱三种，铁路货运产品运输形式不同，可采用不同的标签标识货物信息，对应不同的物联网应用系统。整车、零担多采用一维码、二维码、RFID 类标签、北斗或 GPS 类标签标识；集装箱及特种货物运多采用 ZigBee 类标签、北斗或 GPS 标签、传感器标识。按其供电方式可分为无源标签和有源标签。下面分别介绍无源标签和有源标签的具体设计问题。

1. RFID 类无源电子标签选型设计

RFID 是一种简单的无线系统，由标签、阅读器及天线三个部分组成。标签由耦合元件及芯片组成，每个标签具有唯一的电子编码，附着在物体上标识目标对象；阅读器与标签通信，读取标签信息的设备，可设计为手持式或固定式；天线包括标签和阅读器天线，负责在标签和读取器间传递射频信号。RFID 标签中存储着一个唯一的 ID 编码，应用中把标签 ID 与所标识的人/物绑定在一起，通过唯一不可复制的标签 ID 进行身份识别，具体的人/物信息主要通过上位机管理软件数据库来体现。

无源 RFID 系统的工作原理：阅读器发送一定频率的射频信号，当射频卡进入阅读器发射天线工作区域时，射频卡获得阅读器发射的能量产生感应电流后被激活；待电压达到一定值射频卡将自身编码等发送出去；阅读器对接收的信号进行解调和解码，然后送到后台主系统进行相关处理。无源 RFID 标签与阅读器通过耦合方式、通信流程、数据传输方法及频率范围等方式进行通信匹配，匹配成功才能进行通信。无源 RFID 标签的工作频率和有效识别距离如表 3.3 所示。

表 3.3　无源 RFID 标签的工作频率和有效识别距离性能参数表

指标＼频段	低频	高频	超高频	微波
频率	100～500 千赫兹	10～15 兆赫兹	433～950 兆赫兹	1 吉赫兹以上
常见频段	125 千赫兹、135 千赫兹	13.56 兆赫兹	433 兆赫兹、868～950 兆赫兹	2.4 吉赫兹、5.8 吉赫兹
系统性能	被动式	被动/主动式	被动/主动式	被动/主动式
通信距离	50 厘米以内	1.5 米以内	3～10 米	3～10 米
读取方式	电磁感应	电磁感应	微波共振	微波共振
数据传输率	低	高	较高	最高
技术标准	ISO18000-2	ISO18000-3	ISO18000-6	ISO18000-4

无源标签设计应考虑的问题有以下两个方面。

（1）无源标签设计的核心是根据应用环境选择 RFID 标签及阅读器。无源 RFID 标签的工作频率与有效识别距离密切相关，阅读器天线的性能尤为重要，其性能直接影响系统通信距离。

（2）合理控制 RFID 标签及阅读器工作状态的辅助装置设计。由于 RFID 标签、阅读器安装在不同的位置，二者之间是非接触式工作模式，同时 RFID 标签靠阅读器提供能量工作，合理设置二者的开关装置、保证在有效距离内实现信息传输尤为重要。这些辅助装置的设计与 RFID 标签及阅读器的性能、工作环境有关，如车号自动识别系统中感知层开机开关、开门开关、关门开关的设计，就是充分考虑车辆/机车电子标签的充电时间、识别距离、列车行驶速度等因素设计的。

总之，无源标签的设计要考虑标签的工作频率和有效识别距离，辅助装置的设计要考虑标签及阅读器性能等工作环境因素，从而保证标签与阅读器之间的通信。

2. 有源电子标签设计

有源标签包含 RFID 类有源标签、ZigBee 类自组网有源标签及北斗或 GPS 类有源标签，主控制器构成逻辑如图 3.1 所示。RFID 类有源标签工作方式与无源标签相似，但要根据实际应用环境设计具体的工作模式；ZigBee 类自组网有源标签要与传感技术结合，感知点数据通过 ZigBee 协议的自组网功能传至控制器并上传；北斗或 GPS 类有源标签利用 GPRS 或北斗通信模块上传位置信息，同时可以与 RFID 类标签、ZigBee 类标签集成，上传更多的信息。

下面分别介绍 RFID 类有源标签、ZigBee 类自组网有源标签及北斗或 GPS 类有源标签的具体设计问题。

1）RFID 类有源标签

由图 3.1 可知，RFID 类有源电子标签由电源、微处理器、RFID 芯片、存储及复位电路组成。有源标签相对于无源电子标签的优势是通信距离远，且通信稳定。在设计时要考虑主安装位置、供电情况、应用环境、工作模式等诸多因素。有源标签设计关键技术问题有以下四个方面。

（1）电源设计。设计时主要考虑的因素有容量、体积和能提供的最大供电电流。最大供电电流与选择的 RFID 芯片发射电流相匹配，要考虑 RFID 芯片的发射电流最大工况。所选用的电池要考虑一次性电池或者可充电电池，同时要能远程监控电池的使用状况，以保证标签正常工作。

（2）RFID 芯片。设计时主要考虑的因素有通信距离、通信方式、功耗和体积，一般选择通信距离远、体积小、功耗低的射频芯片。有源 RFID 的通信方式有单工和半双工两种类型。

（3）微处理器。设计时主要考虑的因素有低功耗、价格低，一般都采用 TI 的 MSP430 系列单片机或者其他低功耗的单片机。

（4）存储器。设计时主要考虑数据量、与微处理器缓存量匹配及可靠性等因素。

有源 RFID 芯片种类很多，但基本工作原理类似，一般选择基于片上系统（system on chip，SOC）技术设计的芯片。SOC 也可以称为片上系统，它与单片机不同的是，将很多系统的关键部件集成在一个芯片中，这样可以有效地缩短开发周期、降低研发成本。下面以 TI 公司的 CC1110 芯片为例，介绍有源 RFID 标签的设计问题。

CC1110 是由 TI 公司研发的一款低成本、低功耗、集成射频（radio frequency，RF）的无线 SOC 芯片。CC1110 芯片集成 1 个 8051 微处理器、1 个 RF 无线芯片及复位模块等。RF 射频工作频率主要使用 300～348 兆赫兹、391～464 兆赫兹和 728～928 兆赫兹（德州仪器，2009）。

CC1110 芯片有如下特点：①采用 SOC 技术，结构简单、便于开发、维护；②低成本；③体积小；④低功耗：工作时的电流损耗为 16 毫安，休眠模式和转换到主动模式的超短时间的性，特别适合在铁路系统的应用。

CC1110 有源电子标签主要逻辑部件如表 3.4 所示。

表 3.4　RFID 有源电子标签主要逻辑部件表

逻辑部件	名称及型号
主控制板模块	CC1110 芯片集成的增强型 8051MCU
数据通信模块	CC1110 芯片集成的无线收发芯片
存储模块	CC1110 芯片集成的 32K Flash
复位模块	CC1110 芯片集成的"看门狗"、复位电路
电源模块	采用一次性锂电池，供电电压 3 伏，最大电流 100 毫安。根据外壳体积的大小，一般可以选择的电池容量是 1.2 安时、2 安时

CC1110 有源电子标签原理图如图 3.2 所示。

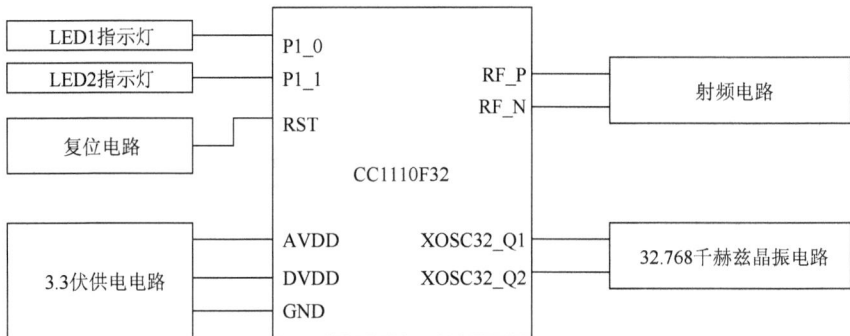

图 3.2　CC1110 有源电子标签原理图

CC1110 有源电子标签的工作原理如下：CC1110 芯片通过 AVDD、DVDD 及 GND 引脚与 3.3 伏供电电路连接，获得供电电源；通过 RST 引脚与复位电路连接，使复位电路能控制 CC1110 的复位；通过 XOSC32_Q1 和 XOSC32_Q2 引脚与晶振电路连接，为 CC1110 芯片工作提供需要的晶振脉冲；通过 RF_P 和 RF_N 引脚与射频电路连接，使数据能够通过射频电路以电磁波的方式发送；通过 P1_0 和 P1_1 引脚分别控制 LED1 和 LED2 指示灯。

2）ZigBee 类自组网电子标签设计

ZigBee 类自组网有源标签要与传感技术结合，将感知点数据通过 ZigBee 自组网协议传至控制器。ZigBee 类自组网有源标签设计与 RFID 类有源标签类似，主要区别是数据通信部分采用支持 IEEE 802.15.4 的 ZigBee 自组网模块，它可以将多个感知点数据通过 ZigBee 自组网的功能上传。这类标签的优势是数据通信稳定、一次性传输的数量较大。ZigBee 技术具备低功耗、低成本、低速率、支持大量节点、支持多种网络拓扑、低复杂度、快速、可靠、安全等优势。

ZigBee 类自组网有源标签通过无线组网与传感技术结合，实现对承运货物状态的实时监测。ZigBee 类电子标签在铁路货物运输中的典型应用是各类集装单元的识别，同时记录集装单元内承运货物的信息。

ZigBee 类电子标签设计的关键技术问题与 RFID 类有源标签类似，但要考虑与传感节点的连接问题、自组网的稳定性、电源供电能力等问题。下面以 CC2530 芯片为例，介绍 ZigBee 类电子标签的设计问题。

CC2530 是 TI 公司研发的一款低成本、低功耗、符合 ZigBee 规范的无线 SOC 芯片。CC1110 芯片集成 1 个 8051 微处理器、1 个符合 IEEE 802.15.4 规范模块（ZigBee 协议）及复位模块等（德州仪器，2009）。

CC2530 芯片有如下特点：①符合 2.4 吉赫兹 IEEE 802.15.4 规范的 RF 收发器；②接收灵敏度高、抗干扰性能强；③只需少量的外接元件，便于开发；④低功耗；⑤体积小。

CC2530 有源电子标签主要逻辑部件如表 3.5 所示。

表 3.5　CC2530 有源电子标签主要逻辑部件表

逻辑部件	名称及型号
主控制板模块	CC2530 芯片集成的增强型 8051MCU
数据通信模块	CC2530 芯片集成的 ZigBee 收发芯片
存储模块	CC2530 芯片集成的 32K Flash
复位模块	CC2530 芯片集成的"看门狗"、复位电路
电池、电源模块	采用一次性锂电池，供电电压 3 伏，最大电流 100 毫安。根据外壳体积的大小，一般可以选择的电池容量是 1.2 安时、2 安时

CC2530 有源电子标签原理图如图 3.3 所示。

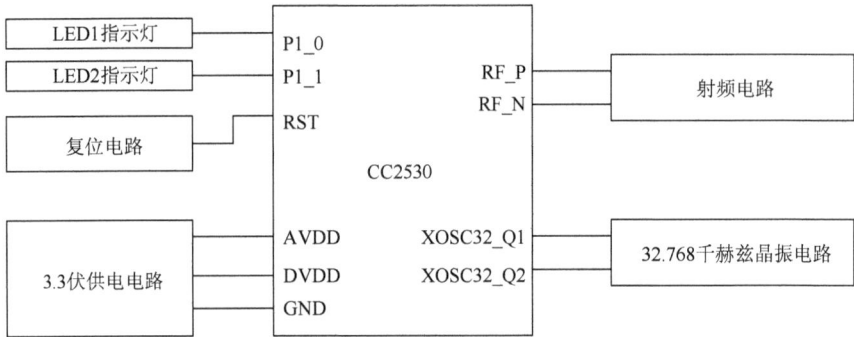

图 3.3　CC2530 有源电子标签原理图

CC2530 有源电子标签的工作原理如下：CC2530 芯片通过 AVDD、DVDD 及 GND 引脚与 3.3 伏供电电路连接，获得供电电源；通过 RST 引脚与复位电路连接，使复位电路能控制 2530 的复位；通过 XOSC32_Q1 和 XOSC32_Q2 引脚与晶振电路连接，为 2530 芯片工作提供需要的晶振脉冲；通过 RF_P 和 RF_N 引脚与射频电路连接，使数据能够通过射频电路以电磁波的方式发送；通过 P1_0 和 P1_1 引脚分别控制 LED1 和 LED2 指示灯。

3）北斗识别类电子标签设计

北斗识别类电子标签的数据通信模块采用北斗识别技术，主要特点是与北斗卫星网络进行通信及定位，具备定位精度高、地面辅助定位通信设备少、全天候、全日时、覆盖范围广等优势。

“北斗”卫星导航定位系统具有快速定位、简短通信和精密授时的三大主要功能。①快速定位：确定用户地理位置，为用户及主管部门提供导航服务。②简短通信：“北斗”卫星导航定位系统具有用户与用户、用户与地面控制中心之间双向数字简讯通信能力，可以单次或多次传输文本信息。③精密授时：“北斗”导航系统具有单向和双向两种授时功能，根据不同的精度要求，定时传送最新授时信息给客户端，供用户完成与“北斗”卫星导航定位系统间时间差的修正。北斗系统功能在铁路运输系统中的应用主要是快速定位和简短通信，解决铁路运输系统的安全、导航问题，提供监控救援，动态发布铁路运输等信息，从而实现信息交互与服务。

北斗识别类电子标签逻辑结构如图 3.1 所示。根据铁路货物运输的整车、零担和集装箱三种形式的要求，北斗识别类电子标签的数据通信模块有以下几种形式：①北斗Ⅱ+GPRS 通信定位类电子标签（图 3.4）；②北斗Ⅱ定位模块+北斗Ⅰ模块通信的北斗定位类电子标签（图 3.5）；③北斗Ⅱ定位模块+北斗Ⅰ通信模块及 Wi-Fi 模块+ZigBee 模块的铁路物流北斗电子标签（图 3.6）。

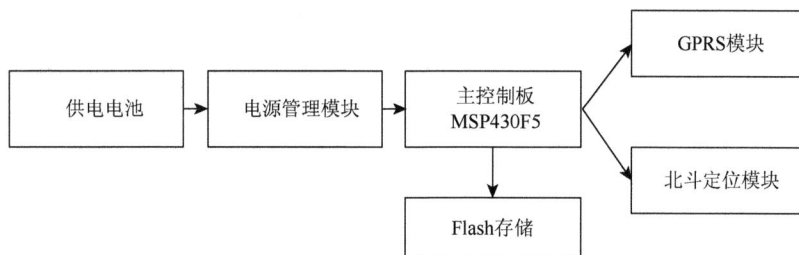

图 3.4　北斗Ⅱ+GPRS 通信的北斗定位电子标签逻辑图

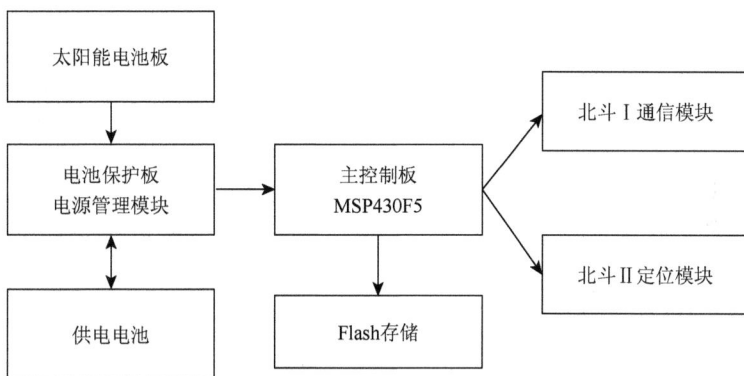

图 3.5　北斗Ⅱ定位模块+北斗Ⅰ模块的北斗定位电子标签逻辑图

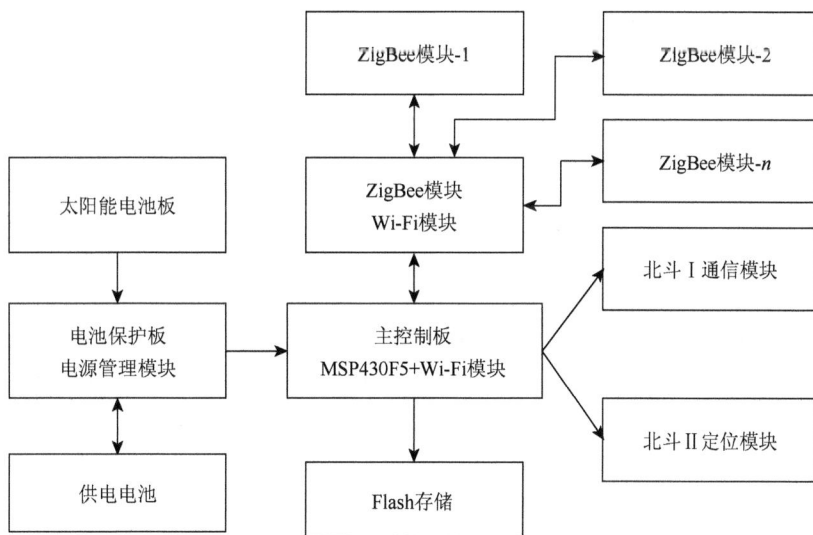

图 3.6　北斗Ⅱ定位模块+北斗Ⅰ通信模块及 Wi-Fi 模块+ZigBee 模块的铁路物流北斗定位电子标签逻辑图

北斗类电子标签设计的关键技术有：①北斗通信模块的体积；②北斗通信天线的灵敏度，应该选择灵敏高的天线；③根据工作功耗及设计工作时长计算配备的电池容量，选择符合要求的电池；④微处理器，设计主要考虑的因素有低功耗、价格低，一般都采用 TI 的 MSP430 系列单片机或者其他低功耗的单片机。

北斗识别类电子标签逻辑结构如图 3.1 所示，以北斗Ⅱ定位模块、北斗Ⅰ短报文通信模块及 TI 公司的 MSP430 5438 微处理器为核心处理单元为例，设计一个北斗类电子标签，原理如图 3.7 所示。

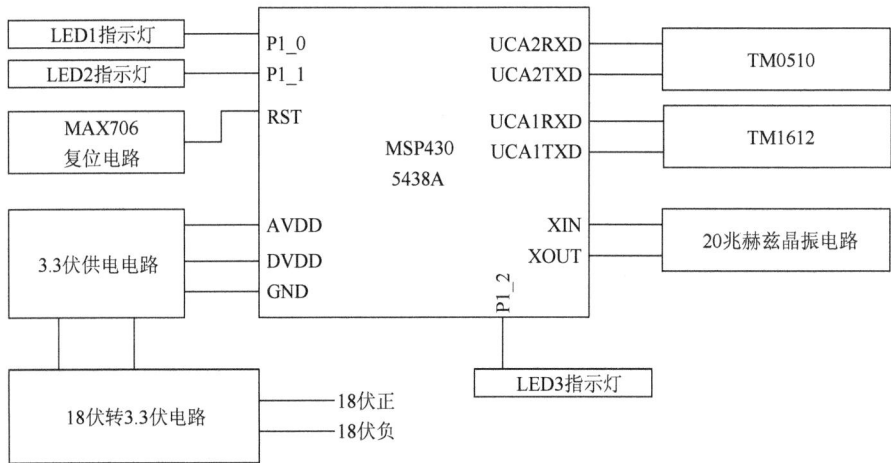

图 3.7　北斗电子标签原理图

北斗Ⅱ定位模块：用于定位功能，为电子标签提供位置信息，精度约 15 米；此模块不具备通信功能。

北斗Ⅰ通信模块：用于通信功能，把标签的信息通过北斗卫星网络传输到指挥中心；此模块也具备定位功能，但定位精度比较低，精度约 100 米，因此北斗Ⅰ通信模块主要是用来传输数据。

MSP430 5438 嵌入式处理器：作为核心控制处理器，在此处理器上运行嵌入式操作系统，协调整个电子标签的工作。MSP430 5438 是由 TI 公司研发的一款低功耗、多串口、16 位指令系统的微处理器。

主要逻辑部件如表 3.6 所示。

北斗电子标签的工作原理如下：MSP430 5438 嵌入式处理器通过 AVDD、DVDD 及 GND 引脚与 3.3 伏供电电路连接，获得供电电源；通过 RST 引脚与基于 MAX706 芯片设计的复位电路连接，使复位电路能控制 MSP430 5438 的复位；通过 UCA1RXD 和 UCA1TXD 引脚与北斗定位模块 TM1612 连接，获取 TM1612

表 3.6　北斗类电子标签主要逻辑部件

逻辑部件	名称及型号
主控制板模块	MSP430 5438A 微处理器
数据通信模块	北斗通信模块 TM0510：负责北斗网络的通信功能
	北斗定位模块 TM1612：负责通过北斗网络进行定位功能
存储模块	采用 MSP430 5438A 微处理器自带的 Flash
复位模块	MAX706 芯片
电源模块	采用外部供电 18 伏

的位置信息；通过 UCA2RXD 和 UCA2TXD 引脚与北斗通信模块 TM0510 连接，通过 TM0510 能够把相关数据发送到北斗卫星网络；通过 XIN 和 XOUT 引脚与晶振电路连接，为 MSP430 5438 嵌入式处理器工作提供需要的晶振脉冲；通过 P1_0、P1_1 和 P1_2 引脚分别控制 LED1、LED2 和 LED3 指示灯，用于工作状态指示。

3.2.3　感知层信息碰撞产生的信息丢失问题

如前文所述，感知层主要完成信息采集、信息转换处理和收集环境信息，通过通信模块传输到网络层和应用层。一般而言，信息采集标签与读取装置是对应的，感知层的核心问题是信息的采集与读取。

铁路货物运输中物联网技术应用采用的电子标签有：RFID 类的无源、有源标签，以及 Zigbee 类标签、Wi Fi 类标签、GPRS 或者北斗标签等。

Zigbee 类标签的工作频段分别为 868 千赫兹、915 千赫兹和 2.4 吉赫兹的三个频段，基于 IEEE802.15.4 协议标准组网传输信息。Wi-Fi 类标签的工作频段分别为 2.4 吉赫兹和 5 吉赫兹两个工作频段，基于 IEEE802.11 协议标准组网传输信息。GPRS、北斗标签通过专网传输信息。

RFID 类的无源、有源标签，工作频段分别为 868 千赫兹、915 千赫兹和 2.4 吉赫兹的三个频段，信息读取设备需依工作方式专门设计。

RFID 类标签的信息采集与读取由 RFID 类标签和阅读器组成，通过三种不同的通信形式——无线广播式、多路存取通信和多阅读器，同时给多个标签发送数据，如图 3.8 所示。目前，常用的是多路存取通信形式，无线广播式、多个阅读器同时给多个标签发送数据的情况很少遇到。

对 RFID 系统中常用的多路存取通信形式是：每个标签在发送数据帧之前，首先要进行载波监听，只有介质空闲时，才允许发送信息。因为标签的数量众多，物理特性各异且是单工载波监听，所以会产生由信息碰撞造成的通信数据丢失问题。

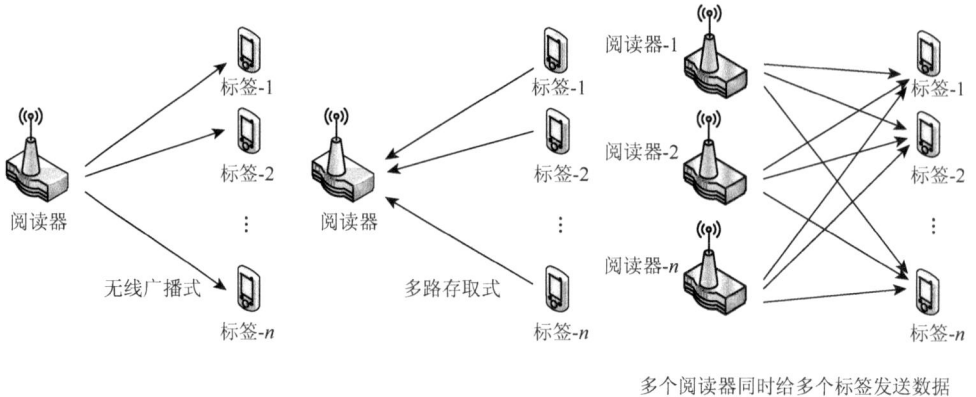

图 3.8 RFID 系统的三种通信形式

在 RFID 系统工作过程中的信息碰撞问题，大体可分为两大类：第一，多标签碰撞（王春华等，2011），是指多个标签同处在阅读器的作用场内。当有两个以上的标签同时发送数据时，就会出现通信冲突和数据相互干扰，即所谓的多标签碰撞。第二，多阅读器碰撞（陈颖和张福洪，2010），是指多个阅读器同时读写标签。标签无法正确解析阅读器信号，从而使阅读器无法接收到正确的标签信息。其中，多个标签碰撞问题极为常见（崔英花和赵玉萍，2010）。

现有研究表明，RFID 信息碰撞问题产生的原因与阅读器与标签之间的通信工作模式及针对相应工作模式的避退时间值有关。为了防止这些冲突的产生，RFID 识别系统中需要设置一定的相关命令，解决冲突问题，这些命令被称为防冲突命令或算法。

铁路货运物联网技术应用采用 RFID 类无源、有源标签的信息碰撞问题会产生信息丢失，具体应用中主要从多标签碰撞、多阅读器碰撞及识别模式三个方面解决漏卡及信息碰撞问题。

1. 标签碰撞与阅读器碰撞产生的信息丢失问题

在 RFID 系统中，标签碰撞与阅读器碰撞产生的信息丢失问题，主要采用防碰撞算法来减少。目前，防碰撞算法主要分为空分多路法（space division multiple access，SDMA）、频分多路法（frequency division multiple access，FDMA）、时分多路法（time division multiple access，TDMA）和码分多路法（code division multiple access，CMDA），分别利用时间、频率码元及空间来防止碰撞发生，使 RFID 识别系统中标签与阅读器之间数据完整地传输。在 RFID 系统中，标签防碰撞算法大多采用时分多路；阅读器防碰撞算法多采用调度算法和功率控制算法。RFID 系统防碰撞算法分类如图 3.9 所示。

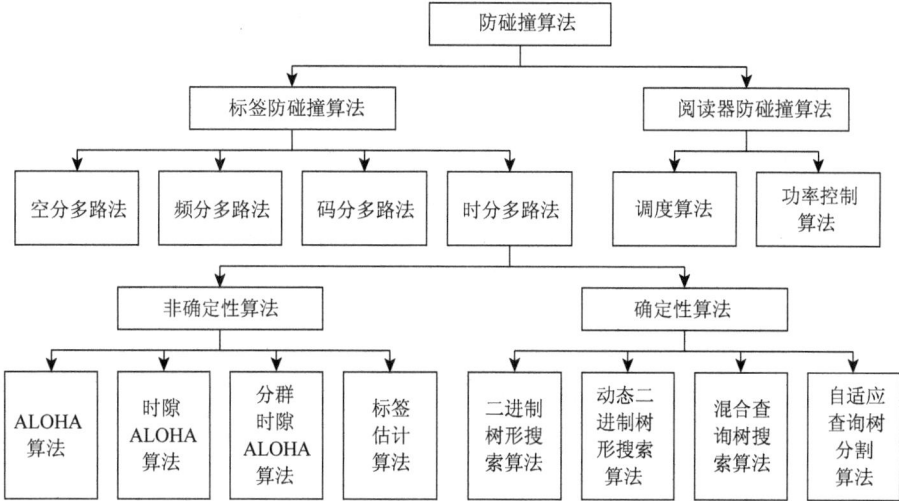

图 3.9　RFID 防碰撞算法分类

1）标签防碰撞算法

由图 3.9 可知，标签防碰撞算法中的时分多路法包含非确定性算法和确定性算法。非确定性算法又称标签控制法，阅读器没有对数据传输进行控制，标签的工作是非同步的，标签获得处理的时间不确定；确定性算法也称阅读器控制法，由阅读器观察控制所有标签。按照规定算法，在阅读器作用范围内，首先选中一个标签，在同一时间内阅读器与一个标签建立通信关系。

ALOHA 算法是一种典型的非确定性算法，其实现简单，且广泛用于解决标签的碰撞问题。根据具体实现方法不同，又可以进行细分为纯 ALOHA 算法、时隙 ALOHA 算法、分群时隙 ALOHA 算法等。

ALOHA 算法的基本思想是采取标签先发言的方式，当标签进入阅读器的识别区域内时就自动向阅读器发送其自身的 ID 号，在标签发送数据的过程中，如果有其他标签也在发送数据，就会发生信号重叠，从而导致冲突。阅读器检测接收到的信号有无冲突，一旦发生冲突，阅读器就发送命令让标签停止发送，随机等待一段时间后再重新发送，以减少冲突。

二进制树型搜索算法是一种典型的确定性算法，该类算法比较复杂，识别时间较长。根据具体实现方法不同，又有很多改进的二进制树型搜索算法。

二进制搜索算法的基本思路是，多个标签进入阅读器工作场后，阅读器发送带限制条件的询问命令，满足限制条件的标签回答，如果发生碰撞，则根据发生错误的位置修改限制条件，再一次发送询问命令，直到找到一个正确的回答，并完成对该标签的读写操作。对剩余的标签重复以上操作，直到完成对所有标签的读写操作。

二进制算法有两个明显的缺陷：首先，阅读器发送的查询指令和标签发送的相应命令都是完整的标签 ID 号，这样的通信量会很大，特别是当查询次数多时，会使系统的效率很低，如果能够只传送一部分，那么会很大提高系统的效率，降低通信所需要的时间；其次，当没有发生标签碰撞时，阅读器读取标签中存储的信息，会从根节点开始重新查询，这就浪费了以前查询所做的工作，如果能够从前面节点记录的查询命令，而不是从根节点开始查询的话，就会使查询的次数减少。二进制搜索算法需要对数据进行特殊的编码，过程稍复杂，并且容易泄露信息。

防碰撞算法的 ALOHA 算法和二进制搜索算法主要考虑的是阅读器与标签的阅读过程中标签碰撞问题，在此过程中影响的因素很多（张志荣等，2010），计算避退时间时如何将这些因素分层分析综合考虑进去，这也是解决有源 RFID 系统信息碰撞问题的关键所在。

2）读器防碰撞算法

目前，国内外研究 RFID 阅读器防碰撞算法主要分为基于功率控制和基于调度两大类解决方案。基于功率控制防碰撞算法的核心思想是通过减小阅读器之间的重叠区域来减小阅读器之间的碰撞，该类算法相对基于调度的方案来说比较少，主要有 RFID 网络的低能量局域聚类（low-energy localized clustering for RFID networks，LLCR）算法和 RFID 网络的加权局部聚类（weighted localized clustering for RFID networks，WLCR）算法两种；基于调度防碰撞算法是目前阅读器防碰撞算法的主要方法，有很多阅读器防碰撞算法都属于基于调度的方法，该类算法核心思想是防止阅读器同时给标签发送信号，以避免阅读器之间的碰撞。自 RFID 阅读器碰撞问题提出以来，RFID 阅读器防碰撞算法一直是防碰撞算法的主流防碰撞算法，主要有：Class I Generation 2 UHF 算法、ETSI EN 302 208 载波监听多路访问（carrier sense multiple access，CSMA）算法、Colorwave 算法、PuLse 算法、DiCa 算法、HiQ 算法（郭雷勇等，2009）。

综上所述，目前针对标签碰撞与阅读器碰撞产生的信息丢失问题，多采用某种确定避退时间算法来实现，这种算法是一般生产厂家出厂时就预装好的。对有源 RFID 类标签而言，还可以从工作模式上来解决有源 RFID 信息碰撞问题，以达到最大限度地提高有源 RFID 系统的运行效率和服务质量，进而驱动物联网 RFID 技术的大规模实际应用。

2. 从识别模式上解决漏卡及信息碰撞问题

感知层是把货物及相关信息采集下来，并传输到网络层和应用层。根据铁路货运及物联网技术应用的特点，货物是随车厢一起联动的，货物与车厢信息是通过地面读取设备来获取的。这样就构成了货物及相关信息采集、传输的车-地通信系统。

无源 RFID 类标签只能通过某种识读装置近距离（一般小于几十厘米）读取信息，有源 RFID 类标签则可通过某种识读装置在一定距离（一般小于几十米）内自动读取信息。由于 RFID 类标签快速运动中信息识别能力较差，结合 RFID、ZigBee、Wi-Fi 技术特点，张志荣和张龙江（2011）提出了基于 RFID 铁路物流系统电子识别的基本模型，即货物及相关信息的采集采用静态读取，将信息传至某一固定的识读装置，该装置再将汇集的信息传至地面固定识读装置，最终传至上位机应用系统。

基于 RFID、ZigBee、Wi-Fi 技术特点的货物及相关信息采集、传输的车地通信模型为：货物电子标签—车厢识别器—站场识别器分别通信方式，标签与车厢识别器、车厢识别器与站场识别器采用不同的工作频率、信息碰撞算法，从识别模式上解决漏卡及信息碰撞问题。

有源 RFID 类标签车地通信的工作模式有以下两种。

1）货物电子标签与车厢识别器之间采用的工作模式

（1）车厢识别器采用 433.2 兆赫兹频段不断广播巡检模式，它对货物电子标签轮寻点名，只有被点名的标签才会响应信息，其他标签不会发送信息，以避免碰撞。

（2）货物电子标签不断监听空间无线载波信号，当空间有点名信息时转入工作模式。平时在休眠和监听模式之间转换。

（3）当监听到空间有其他货标签发送的载波信号时，则按照算法确定再次监听时间，避免同时发送信息的碰撞。

（4）当监听的点名信号为自己的货物电子标签号且空间没有发送信号时，则转入发送状态，发送信息。

（5）当发送结束后，监听识别器的反馈信号。

（6）车厢识别器收到标签的信号后，发送关闭对应标签号信号。

（7）当标签收到对应关闭信号后，转入休眠状态，避免频繁发送减少流量避免碰撞。并采用这种应答方式确保标签信息确实被识别器收到。

（8）通信过程中的信息加有校验位，对于由于干扰或碰撞导致的通信出错的信息丢弃。

（9）由于通信距离可以确保在 70 米（工作范围 100 米），合适的工作距离确保有足够多的时间周期实现上述工作。

（10）车厢识别器与站场识别器采用 2.4 吉赫兹工作频率，发送货物电子标签信息。

2）车厢识别器与站场识别器之间采用的工作模式

由于车厢识别器是安装在列车上的，如何保证车厢识别器在快速通过站场识别器时通信数据的稳定传输，是要解决的关键问题。一般采用两种工作模式，具体如下。

（1）车厢识别器实时搜索站场识别器，同时识别接收信号强度指示（received signal strength indication，RSSI）的信号强度，按信号强度高优先连接的原则与站场识别器进行连接。

（2）车厢识别器采用高速用户数据协议（user data protocol，UDP）的方式与站场识别器进行通信，为降低无线收、发模式转换的时间，采用上行、下行数据单工的通信方式。

3.3　铁路货运物联网应用的网络层技术

3.3.1　网络层技术概述

由前文铁路货运物联网技术应用三层体系结构可知，网络层接收感知层传入的信息，并将这些信息进行分析、处理、存储等，传输至应用层，同时将应用层发布的各种调用、控制、决策信息，传输至感知层，主要采用三种技术路线：①无线自组网技术，如蓝牙、ZigBee 等，称为非 IP 技术；②IP 技术，其主要的倡导者是互联网工程任务组（internet engineering task force，IETF）和（IP for smart object，IPSO）产业联盟；③卫星通信技术。

网络层包括承载通信网络与数据预处理技术。承载通信网络又分为传输网和接入网，传输网与系统采用的传输网络结构相关，如互联网、CAN 工业总线、企业专网等；接入网与感知层采用的数据采集和接口技术相关，往往决定具体的技术。网络层的双向传送、路由和控制，是由各种接口技术实现的，如串口、并口、485、CAN 总线接口等。网络层的数据处理包括感知层上传的货物数据、经转换处理后上传至应用层的数据及双向通信数据。网络层包含数据预处理技术对传输的数据进行融合等，主要有异构网聚合、资源与存储管理、数据分析、数据挖掘、智能决策、智能控制、专家管理系统等。

网络层是有层次的拓扑结构，向上是主干网（移动通信网、互联网、专业网络、卫星网等），向下是感知层的无线感知网络。如果采用的是非 IP 技术，那么就需要一个网关与主干网连接；如果采用的是 IP 技术，则可以直接与主干网连接。

铁路系统输运业务具有地理跨度大、周转环节复杂等特点，单一的一种网络结构不能够解决问题，只有采用多种网络结构相混合，才能有效解决铁路系统的应用问题。

网络层通过车厢识别器、站场识别器、中继器、手持机等设备来具体实现，各类移动或固定数据采集识别器、中继器要与所采用的标签、上位机铁路物流业务管理软件相适应。网络层的各种装置是以控制单元为核心的多种技术的集合，图 3.10 为网络层主控单元构成的逻辑图。

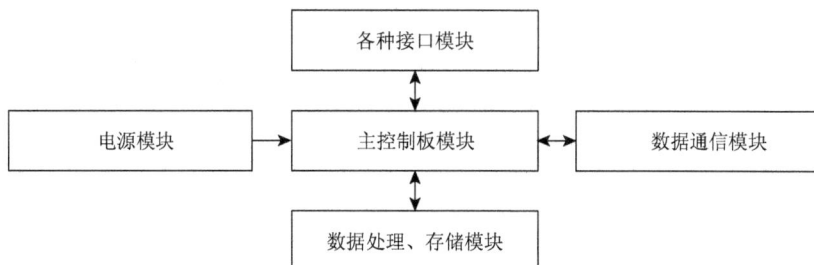

图 3.10　网络层主控单元构成逻辑图

1. 主控制板模块

主控制板模块主要负责整个主控单元的工作逻辑控制、数据采集及数据通信等，是由一个嵌入式的硬、软件系统组成的。根据需要可以支持 ucOS-II 操作系统、ucLinux 操作系统等嵌入式操作系统。

根据英国电气工程师协会（UK Institution of Electrical Engineer）的定义，嵌入式系统为控制、监视或辅助设备、机器或用于工厂运作的设备。与个人计算机这样的通用计算机系统不同，嵌入式系统通常执行的是带有特定要求且预先定义的任务。嵌入式系统是一个以应用为中心，以计算机技术为基础，软硬件可裁剪，适应应用系统对功能、可靠性、成本、体积、功耗等严格要求的专用计算机系统。

网络层主控单元采用嵌入式系统设计，能够有效地提高系统工作、研发效率及经济成本，根据铁路货运系统的实际需要，定制研发出符合铁路功能需求的嵌入式系统。

2. 各种接口模块

接口模块主要负责与其他设备、系统的接口处理，接口技术应符合国际、国内通用技术标准，如 IEEE802.11 等标准体系，使研制的主控单元具备通用性，常用的接口有：键盘接口；触摸屏接口；A/D 接口；D/A 接口；外部中断接口；编程接口等。

3. 数据通信模块

数据通信模块主要负责与网络层的数据通信控制、与感知层的通信，采用的通信技术标准主要有：IEEE 802.11a/g/b/n/ac、IEEE 802.15.4、IEEE802.3、GPRS、北斗技术、射频技术。数据通信模块的组成具体如表 3.7 所示。

表 3.7 数据通讯模块组成

序号	模块	技术标准	用途
1	Wi-Fi	IEEE 802.11a/g/b/n/ac	用于与感知层、短距离数据接收装置的通信
2	ZigBee	IEEE 802.15.4	用于与感知层的数据通信
3	以太网	IEEE 802.3	用于以太网的数据通信、与主干网络连接
4	GPRS	是 GSM 移动电话用户可用的一种移动数据业务	用于远距离的数据通信、与主干网络连接
5	北斗技术	北斗标准	用于偏远地区的数据通信、与主干网络连接
6	射频技术	ISO18000 2/3/4/6	用于与感知层的数据通信

根据不同的应用，选择不同的通信模块。

4. 数据处理、存储模块

数据处理负责与主控板模块的正确通信，采用特定的数据校验算法以保证数据的正确性和完整性。存储模块采用 Flash，其主要优点是支持掉电数据不丢失，保证数据的完整性。根据不同的数据类型，采用不同的校验算法；根据不同的数据传输率、数据存储容量，采用不同的 Flash 芯片。

5. 电源模块

负责整个网络层主控单元的各个部件供电，要求工作电压稳定、能够经受高低温的工作环境，主要分为如下两种类型。

（1）外部供电型：电源由外部供电设备提供，电源模块主要负责把外部的供电电压转换成主控单元需要的供电电压及符合要求的工作电流，即一个电源转换功能。

（2）自供电型：由太阳能板、蓄电池及电池保护器组成，电源模块主要负责采集太阳能的电能，通过电池保护器给蓄电池充电，保证给主控单元提供足够的电能，支持其正常工作。

3.3.2 车厢识别器

车厢识别器主要负责与电子标签通信并采集数据，把采集到的电子标签数据传输到站场识别器。车厢识别器安装在货物车厢上，因此应主要考虑供电问题、与站场识别器的通信稳定性等问题。

以 TI 公司的 MSP430 5438A 嵌入式处理器为例设计车厢识别器，主要逻辑部件如表 3.8 所示。

表 3.8　车厢识别器主要逻辑部件表

逻辑部件	名称及型号
电源模块	采用自供电型设计，由太阳能板、蓄电池及电源管理模块组成，负责给整个车厢识别器供电
主控制板模块	采用 TI 的 MSP430 5438A 微处理器
数据通信模块	（1）与电子标签通信模块：采用 TI 公司的 CC1110 为核心处理芯片 （2）与站场识别器通信模块：采用 Wi-Fi-RS232 透明传输模块，即该模块实现串口与 Wi-Fi 通信的透明传输；Wi-Fi 模块通过串口与 MSP430 5438A 微处理器芯片连接，为嵌入式系统板提供 Wi-Fi 通信能力
各种接口模块	无
数据处理、存储模块	采用 M25P80 芯片，该芯片能提供 8Mbytes 的存储空间，支持独立地址写入与扇区擦写；M25P80 通过 SPI 接口与 MSP430 5438A 微处理器芯片连接

SPI：串行外设接口，serial peripheral interface

原理如图 3.11 所示。

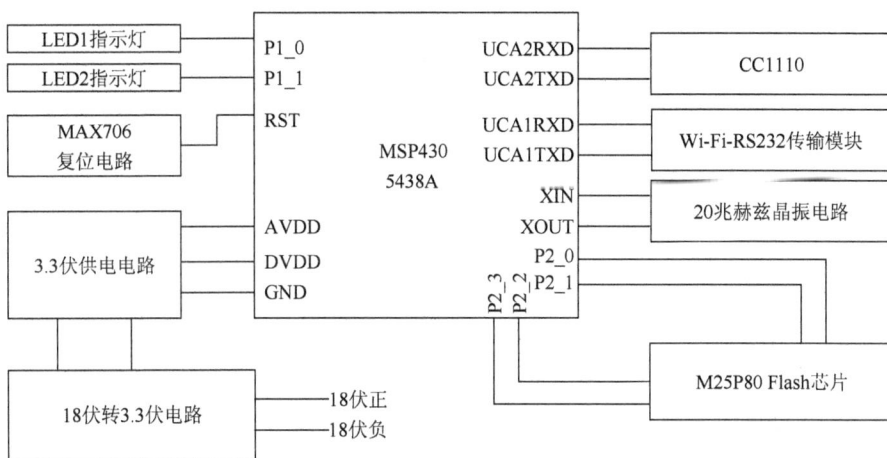

图 3.11　车厢识别器原理图

车厢识别器工作原理如下：MSP430 5438 嵌入式处理器通过 AVDD、DVDD 及 GND 引脚与 3.3 伏供电电路连接，获得供电电源；通过 RST 引脚与基于 MAX706 芯片设计的复位电路连接，使复位电路能控制 MSP430 5438A 的复位；通过 UCA1RXD 和 UCA1TXD 引脚与 Wi-Fi-RS232 传输模块连接，可以通过 Wi-Fi-RS232 传输模块发送 Wi-Fi 数据；通过 UCA2RXD 和 UCA2TXD 引脚与 CC1110 通信芯片连接，接收来自 CC1110 芯片接收到的无线数据；通过 XIN 和

XOUT 引脚与晶振电路连接，为 MSP430 5438 嵌入式处理器工作提供需要的晶振脉冲；通过 P2_0、P2_1、P2_2 和 P2_3 与 M25P80 Flash 芯片连接，采用模拟 SPI 的方式通信、存储数据；通过 P1_0 和 P1_1 引脚分别控制 LED1 和 LED2 指示灯，用于工作状态指示。

3.3.3　站场识别器

站场识别器主要完成两个功能：一是通过无线通信接口与车厢识别器通信，接收车厢识别器读取的电子标签数据；二是通过网络接口与监控中心计算机通信，把电子标签等数据主动上传到监控中心计算机。逻辑组成如图 3.10 所示。

以 TI 公司的 MSP430 5438A 嵌入式处理器为例设计车厢识别器，主要逻辑部件如表 3.9 所示。

表 3.9　站场识别器主要逻辑部件表

逻辑部件	名称及型号
电源模块	采用外部供电型设计，把站场上提供的交流电源转换成站场识别器工作需要的直流 5 伏和 3.3 伏
主控制板模块	采用 TI 的 MSP430 5438A 微处理器
数据通信模块	与车厢识别器通信模块：采用 Wi-Fi-RS232 透明传输模块，即该模块实现串口与 Wi-Fi 通信的透明传输；Wi-Fi 模块通过串口与 MSP430 5438A 微处理器芯片连接，为嵌入式系统板提供 Wi-Fi 通信能力
各种接口模块	（1）以太网传输接口模块 （2）CAN 总线通信接口模块 上述 2 个模块负责与监控中心计算机的通信
数据处理、存储模块	采用 M25P80 芯片，该芯片能提供 8Mbytes 的存储空间，支持独立地址写入与扇区擦写；M25P80 通过 SPI 接口与 MSP430 5438A 微处理器芯片连接

原理如图 3.12 所示。

站场识别器工作原理如下：MSP430 5438A 嵌入式处理器通过 AVDD、DVDD 及 GND 引脚与 3.3 伏供电电路连接，获得供电电源；通过 RST 引脚与基于 MAX706 芯片设计的复位电路连接，使复位电路能控制 MSP430 5438A 的复位；通过 UCA1RXD 和 UCA1TXD 引脚与 W5200 以太网模块连接，可以通过以太网模块发送网络数据；通过 UCA2RXD 和 UCA2TXD 引脚与 Wi-Fi-RS232 传输模块连接，可以通过 Wi-Fi-RS232 传输模块发送 Wi-Fi 数据；通过 XIN 和 XOUT 引脚与晶振电路连接，为 MSP430 5438 嵌入式处理器工作提供需要的晶振脉冲；通过 P2_0、P2_1、P2_2 和 P2_3 与 M25P80 Flash 芯片连接，采用模拟 SPI 的方式通信、存储数据；通过 P1_0 和 P1_1 引脚分别控制 LED1 和 LED2 指示灯，用于工作状态指示。

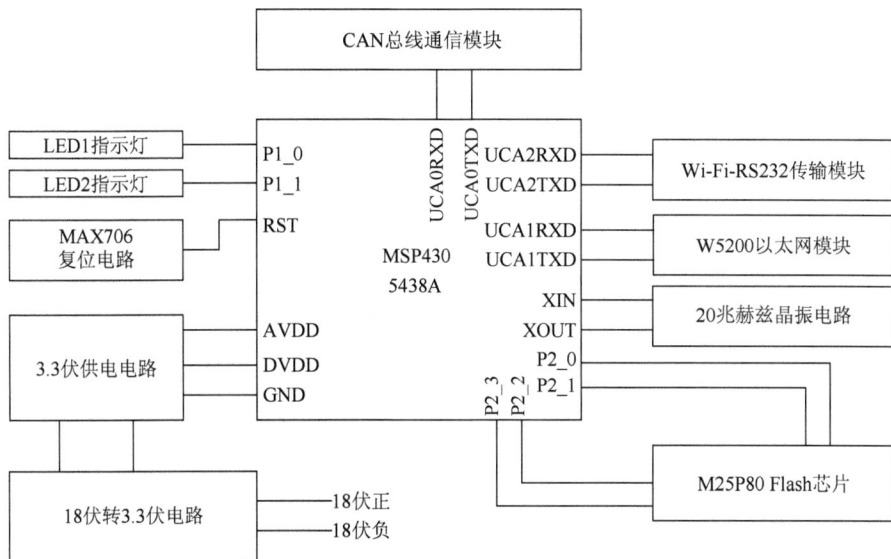

图 3.12　站场识别器原理图

3.3.4　手持识别器

　　手持识别器的功能与车厢识别器相同，主要负责与电子标签通信并采集数据，把采集到的电子标签数据传输到站场识别器。另外，手持识别器需要有显示模块，实时显示采集到的电子标签信息与通信状态信息。考虑到铁路系统应用的场合多样性，手持识别器应具备低温、高温、键盘操作简便等。逻辑组成如图 3.10 所示。

　　以 TI 公司的 MSP430 5438A 嵌入式处理器为例设计手持识别器，主要逻辑部件如表 3.10 所示。

表 3.10　手持识别器主要逻辑部件表

逻辑部件	名称及型号
电源模块	采用可充电锂电池
主控制板模块	采用 TI 的 MSP430 5438A 微处理器
数据通信模块	（1）与电子标签通信模块：采用 TI 公司的 CC1110 为核心处理芯片 （2）与站场识别器通信模块：采用 Wi-Fi-RS232 透明传输模块，即该模块实现串口与 Wi-Fi 通信的透明传输；Wi-Fi 模块通过串口与 MSP430 5438A 微处理器芯片连接，为嵌入式系统板提供 Wi-Fi 通信能力
各种接口模块	（1）液晶接口模块 （2）键盘接口模块
数据处理、存储模块	采用 M25P80 芯片，该芯片能提供 8 兆比特的存储空间，支持独立地址写入与扇区擦写；M25P80 通过 SPI 接口与 MSP430 5438A 微处理器芯片连接

原理如图 3.13 所示。

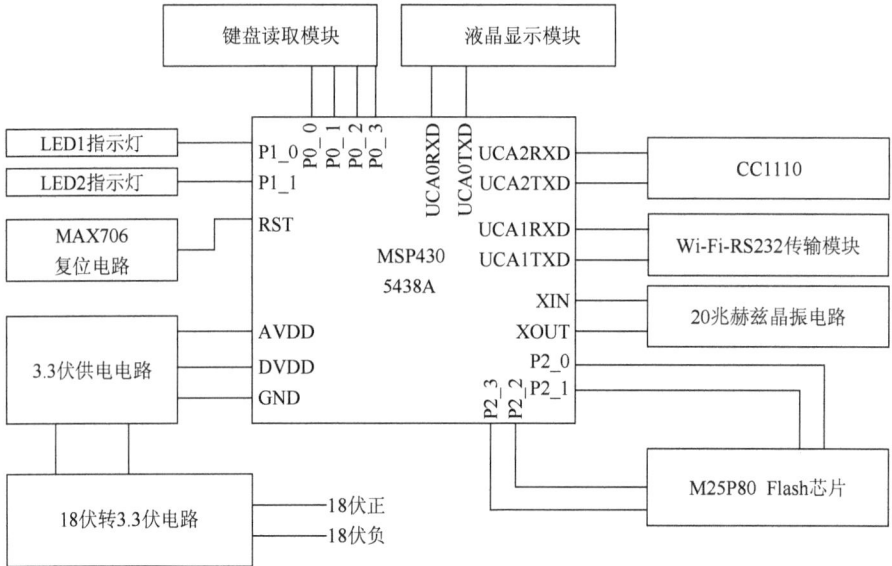

图 3.13　手持识别器原理图

手持识别器工作原理如下：MSP430 5438A 嵌入式处理器通过 AVDD、DVDD 及 GND 引脚与 3.3 伏供电电路连接，获得供电电源；通过 RST 引脚与基于 MAX706 芯片设计的复位电路连接，使复位电路能控制 MSP430 5438A 的复位；通过 UCA1RXD 和 UCA1TXD 引脚与 Wi-Fi-RS232 传输模块连接，可以通过 Wi-Fi-RS232 传输模块发送 Wi-Fi 数据；通过 UCA2RXD 和 UCA2TXD 引脚与 CC1110 通信芯片连接，接收来自 CC1110 芯片接收到的无线数据；通过 XIN 和 XOUT 引脚与晶振电路连接，为 MSP430 5438A 嵌入式处理器工作提供需要的晶振脉冲；通过 P2_0、P2_1、P2_2 和 P2_3 与 M25P80 Flash 芯片连接，采用模拟 SPI 的方式通信、存储数据；通过 P0_0、P0_1、P0_2 和 P0_3 引脚与键盘读取模块连接；通过 UCA0RXD 和 UCA0TXD 引脚与液晶显示模块连接；通过 P1_0 和 P1_1 引脚分别控制 LED1 和 LED2 指示灯，用于工作状态指示。

3.3.5　中继器

中继器主要负责三个功能：①延长 CAN 总线的通信距离；②CAN 总线链路需要分支时，用中继器进行分支；③实现 CAN 总线与以太网接口的数据转换。中继器介于站场识别器与传输接口之间，负责通信信号的增强或者不同数据接口的转换。逻辑组成如图 3.10 所示。

以 TI 公司的 MSP430 5438A 嵌入式处理器为例设计中继器,主要逻辑部件如表 3.11 所示。

表 3.11　中继器主要逻辑部件表

逻辑部件	名称及型号
电源模块	采用外部供电型设计,把站场上提供的交流电源转换成站场识别器工作需要的直流 5 伏和 3.3 伏
主控制板模块	采用 TI 的 MSP430 5438A 微处理器
数据通信模块	无
各种接口模块	①CAN 总线接口模块;②以太网接口模块
数据处理、存储模块	无

原理如图 3.14 所示。

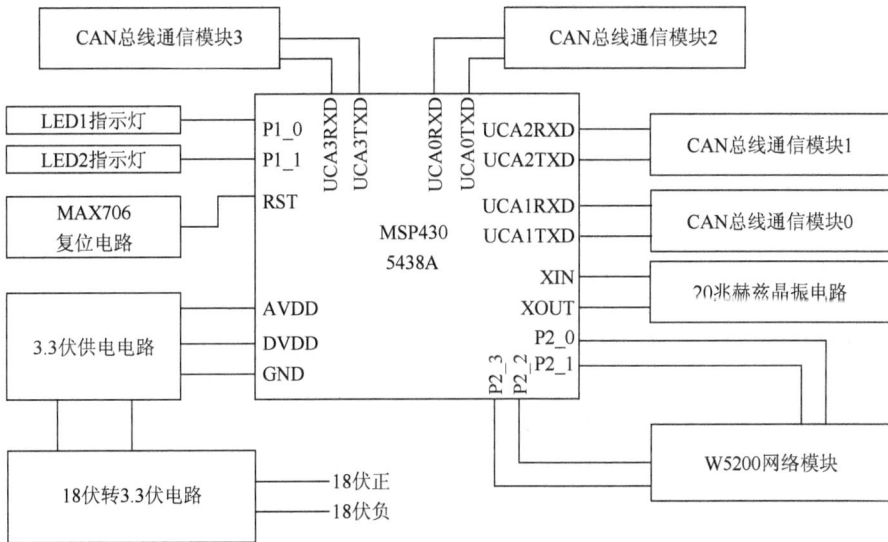

图 3.14　中继器原理图

中继器工作原理如下:MSP430 5438A 嵌入式处理器通过 AVDD、DVDD 及 GND 引脚与 3.3 伏供电电路连接,获得供电电源;通过 RST 引脚与基于 MAX706 芯片设计的复位电路连接,使复位电路能控制 MSP430 5438A 的复位;通过 UCA1RXD 和 UCA1TXD 引脚与 CAN 总线通信模块 0 连接;通过 UCA2RXD 和 UCA2TXD 引脚与 CAN 总线通信模块 1 连接;通过 UCA0RXD 和 UCA0TXD 引脚与 CAN 总线通信模块 2 连接;过 UCA3RXD 和 UCA3TXD 引脚与 CAN 总线通信模块 3 连接;通过 P2_0、P2_1、P2_2 和 P2_3 与 M25P80 Flash 芯片连接,采用模拟 SPI 的方式通信、存储数据；通过 XIN 和 XOUT 引脚与晶振电路连接，为 MSP430 5438A 嵌入式处理器工作提供需要的晶振脉冲；通过 P1_0 和 P1_1 引脚分别控制 LED1 和 LED2 指示灯，用于工作状态指示。

3.3.6 传输接口

传输接口主要负责站场识别器、中继器与监控中心计算机的数据接口，接口形式有两种：①CAN 总线与 RS232 数据转换接口；②以太网与 CAN 总线数据转换接口。监控中心计算机通过传输接口与站场识别器进行通信。逻辑组成如图 3.10 所示。

以 TI 公司的 MSP430 5438A 嵌入式处理器为例设计传输接口，主要逻辑部件如表 3.12 所示。

表 3.12　传输接口主要逻辑部件表

逻辑部件	名称及型号
电源模块	采用外部供电型设计，把站场上提供的交流电源转换成站场识别器工作需要的直流 5 伏和 3.3 伏
主控制板模块	采用 TI 的 MSP430 5438A 微处理器
数据通信模块	无
各种接口模块	①CAN 总线接口模块；②以太网接口模块；③RS232 接口模块
数据处理、存储模块	无

原理如图 3.15 所示。

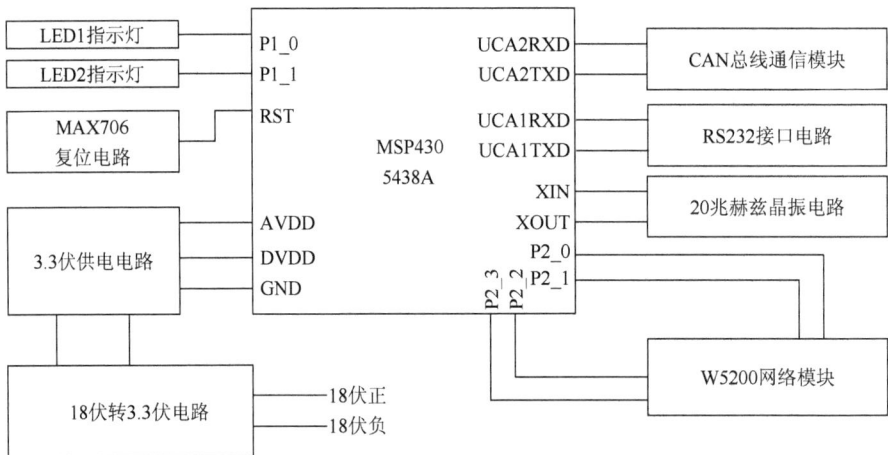

图 3.15　传输接口原理图

传输接口工作原理如下：MSP430 5438A 嵌入式处理器通过 AVDD、DVDD 及 GND 引脚与 3.3 伏供电电路连接，获得供电电源；通过 RST 引脚与基于 MAX706 芯片设计的复位电路连接，使复位电路能控制 MSP430 5438A 的复位；通过 UCA1RXD 和 UCA1TXD 引脚与 RS232 接口电路连接；通过 UCA2RXD 和 UCA2TXD 引脚与 CAN 总线通信模块；通过 P2_0、P2_1、P2_2 和 P2_3 与 W5200 网络模块连接，进行网络通信；通过 XIN 和 XOUT 引脚与晶振电路连接，为 MSP430 5438A 嵌入式处理器工作提供需要的晶振脉冲；通过 P1_0 和 P1_1 引脚分别控制 LED1 和 LED2 指示灯，用于工作状态指示。

3.4　铁路货运物联网应用的应用层技术

3.4.1　应用层技术概述

由铁路货运物联网技术应用三层体系结构可知，应用层位于物联网三层体系结构中的顶层，是直接面对用户的一层。铁路货运物联网应用层的功能主要有两个方面：①"数据"，应用层要对感知层感知的数据进行处理和管理；②"应用"，在对数据处理的基础上，必须将这些数据与铁路货运业务应用结合，才能对铁路货运业务有实际的应用意义。电子标签是感知层的数据源，这些标签数据被网络层的车厢识别器采集，通过站场识别器、中继器等网络层设备传输到监控中心计算机上，监控中心计算机就属于应用层，它完成所有感知层数据的分析、处理即标签数据的分析、处理。可以采用云计算技术和大数据技术完成"数据"和"应用"功能。

采用云计算技术主要是在铁路货运业务的各个环节中，为各级用户提供一个虚拟化、资源共享的数据管理应用平台，在具体应用中，用户只需要使用各种"服务"即可，而不需关心具体的技术细节。云计算是由集群计算、效用计算、网格计算、服务计算等技术发展而来（邹复民等，2013），与传统的网格计算技术不同的是，云计算支持多用户、多任务、多层次的服务。

云计算主要有三个层次的服务：基础设施即服务（infrastructure as a service，IaaS）；平台即服务（platform as a service，PaaS）；软件即服务（software as a service，SaaS）（周玉新，2015）。针对铁路货运业务，并结合 3.3 节中网络层设备的设计，将这三个服务具体细化为：①IaaS：站场识别器、传输接口、车站本地监控服务器等设备提供的基础数据服务；②PaaS：路局级建设的货运数据服务平台，分布在各个路局级的服务器，提供平台级的服务；③SaaS：针对铁路运输研发的软件系统或者服务，直接面对最终用户的服务。

　　铁路货运业务的物联网系统会产生数量庞大、种类繁多的数据，如何快速地分析数据并获取信息是应用层要解决的关键问题。在云计算提供的三个服务层次基础上，采用大数据技术对海量的货运数据进行整合、交换和分析，挖掘货运数据的规律及货运客户特点等，为铁路货运业务智能化提供数据基础。大数据的概念目前没有一个明确的定义，很多机构、学者对于大数据的定义都有各自的理解阐述，但有一个共识：大数据的关键是在种类繁多、数量庞大的数据中，快速获取信息（刘智慧和张泉灵，2014）。

　　由上述可知，云计算提供的是基础数据服务及分布式数据架构，大数据则是对基础数据的分析和挖掘等。云计算是大数据技术实现的技术基础，云计算的分布式数据系统是大数据处理的基础，也是大数据分析的支撑技术。大数据的处理流程主要是数据采集、数据处理与集成、数据分析和数据解释四个阶段，在铁路货运物联网中大数据四个处理流程与云计算的三个层次服务的关系如图3.16所示。

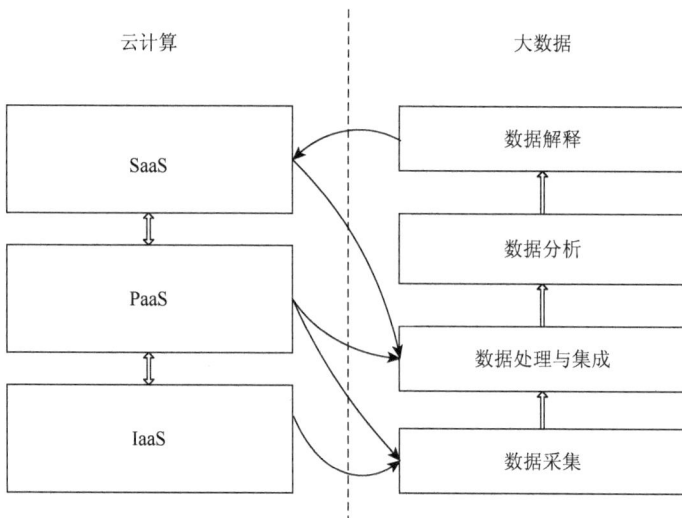

图 3.16　云计算与大数据逻辑关系

　　由图3.16可知，云计算的 IaaS 和 PaaS 为大数据的数据采集处理提供支撑；云计算的 SaaS 和 PaaS 为大数据的数据处理与集成提供支撑；大数据的数据分析是在数据处理与集成完成后进行的，而数据解释是在数据分析的基础上进行的。

　　铁路货运物联网应用层是在结合铁路货运运输形式、产品结构、业务流程、组织机构和安全保障体系等的基础上，采用云计算、大数据技术的设计软件平台，在海量的货运数据中进行数据挖掘及检索等。另外，还要解决标签上传算法、铁路电子地图匹配及系统安全等问题。

3.4.2　软件平台设计

由前文所述可知，感知层完成了铁路货运数据的采集，网络层完成了货运数据的传输，下一步就是应用层要解决的问题，应用层要解决货运数据如何应用及面对最终用户的接口。物联网应用根据铁路货运业务的需求分成多个子应用，应用层软件平台设计应采用云计算技术及大数据技术，采用云计算三个层次的架构并结合铁路货运物联网系统的具体应用，软件平台采用如图3.17所示的逻辑结构。

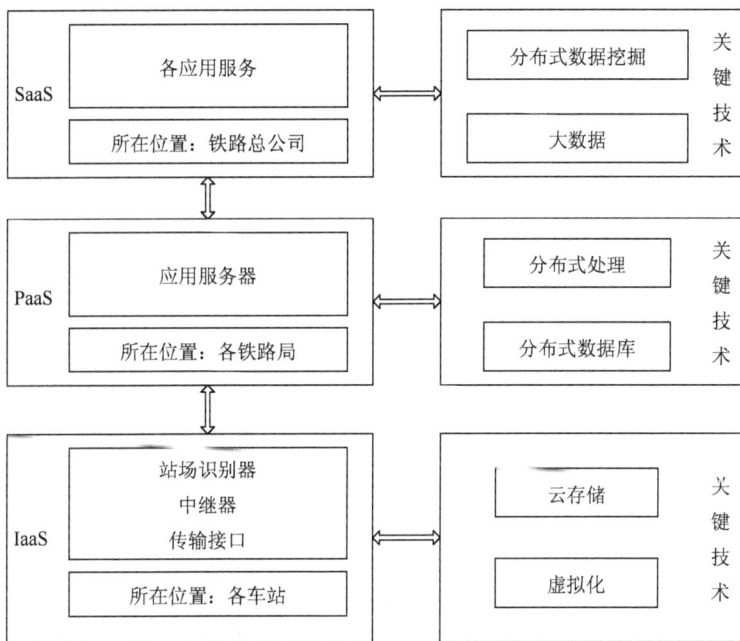

图 3.17　软件平台逻辑组成图

IaaS 是由安装在各车站的站场识别器、中继器、传输接口及车站本地监控服务器等提供的服务，其关键技术是云存储及虚拟化技术；PaaS 是由安装在各铁路局的应用服务器等提供的平台级服务，其关键技术是分布式处理及分布式数据库技术；SaaS 是由安装在铁路总公司的应用服务器等提供的具体应用级的服务，其关键技术是基于大数据的数据分析技术。

1. IaaS 设计

IaaS 设计主要采用嵌入式软件开发技术，采用实时多任务操作系统 uCOS-II

作为主要的软件工作平台，在此软件平台的基础上对站场识别器、中继器、传输接口等基础设施的硬件设备进行软件接口及相应的软件数据处理，最终提供基础设施的软件及数据服务，逻辑结构如图3.18所示。

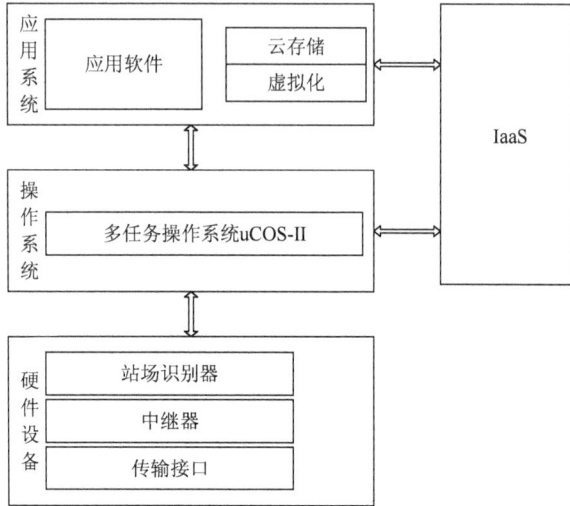

图3.18　IaaS逻辑结构设计

由图3.18可知，IaaS由硬件设备、操作系统、应用系统三部分组成。其中，硬件设备已经在前文中设计完成，本部分主要对操作系统及应用系统进行软件设计。

嵌入式操作系统采用实时多任务操作系统uC/OS-II。uC/OS-II是由Micrium公司研发的一款可移植、可固化的、可裁剪的多任务实时内核，可以被应用到多种微处理器和数字处理芯片（Labrosse，2003）。uC/OS-II是专门为嵌入式应用技术设计的，只要有标准C语言的交叉编译器、下载工具等软件工具，就可以把uC/OS-II操作系统嵌入到目标电子产品中。uC/OS-II具有执行效率高、占用内存小、实时性能强和可扩展等优势。

嵌入式系统分为硬件系统、嵌入式操作系统和应用软件系统三个层次。硬件系统主要是相关的硬件设备，如车厢识别器、站场识别器等；嵌入式操作系统是在硬件系统设备的基础上管理、使用这些硬件资源，同时为应用软件提供系统操作服务；应用软件是在嵌入式操作系统的基础上，完成各种具体应用的程序、任务等。由此可见，嵌入式操作系统处于系统的中间层，逻辑结构如图3.19所示。

应用软件系统的应用程序主要包括数据采集任务、数据存储任务、数据发布任务及虚拟服务任务，分别负责数据的采集、存储、发布及虚拟服务等功能。其中，存储任务主要完成云存储的功能；虚拟服务任务主要是把软、硬件等外部通

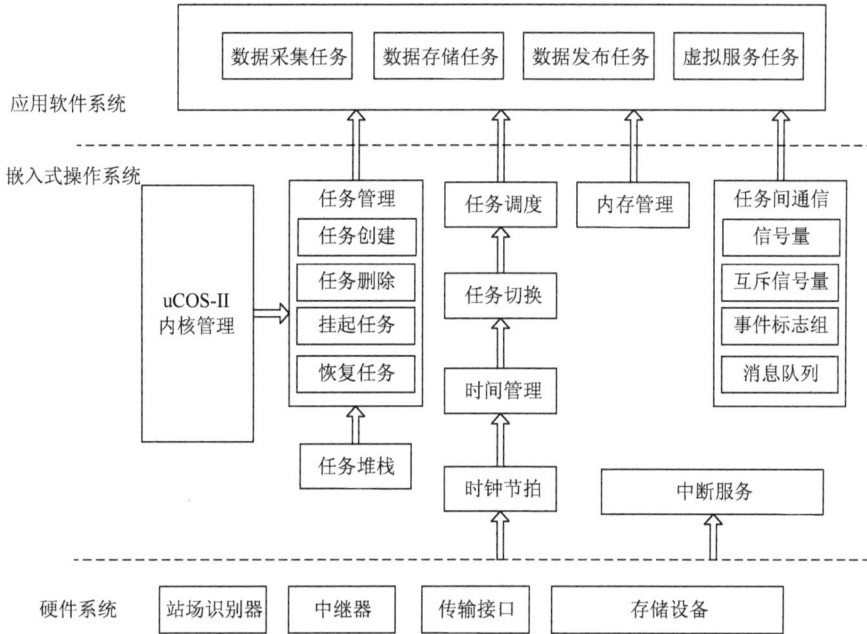

图 3.19　多任务调度功能实现软、硬件逻辑结构

信的接口进行虚拟化,为 PaaS 层或者其他应用系统提供虚拟化的服务,使这些调用 IaaS 层的应用程序不需要具体了解具体的技术细节,只需调用 IaaS 层提供的虚拟化服务即可。

IaaS 层硬件的主要处理对象是站场识别器、中继器、传输接口等,这些设备的硬件设计都是采用嵌入式技术设计的,因此,如果要对这些硬件设备进行程序设计,就需要选择一个适合嵌入式软件开发的程序设计语言。C 语言是一门通用计算机编程语言,主要用于嵌入式程序及操作系统程序设计,是一种能以简易的方式编译、处理低级存储器、产生少量的机器码,以及不需要任何运行环境支持便能运行的编程语言。

2. PaaS 设计

PaaS 设计采用 Web Service 技术、XML 及分布式技术,作为 IaaS 与 SaaS 之间的通信平台层,该平台服务安装在各路局的服务器上,属于分布式的拓扑结构,因此,要采用分布式处理及分布式数据库技术。

PaaS 设计的关键问题是建立分布式数据查询平台,采用 Web Service 技术将分布在车站 IaaS 层提供的各异构数据库连接起来,并采用 XML 作为数据交互的语言,为 SaaS 层及其他应用程序提供统一的分布式数据查询平台(周巧婷,2009),平台逻辑结构如图 3.20 所示。

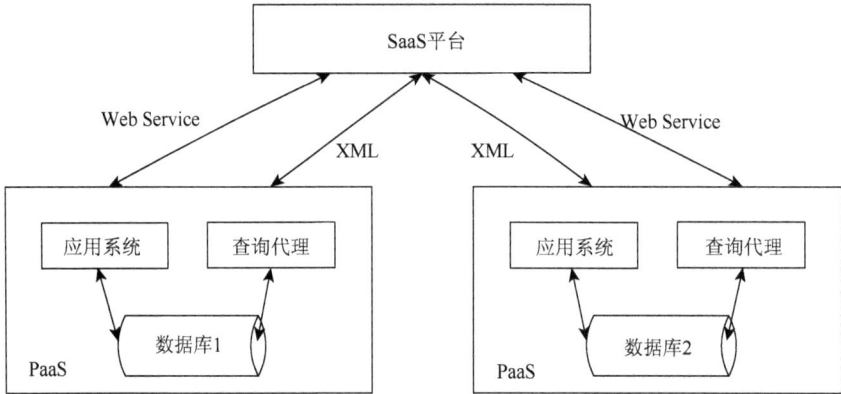

图 3.20　分布式数据查询平台

由图 3.20 可知，查询过程是通过标准化的 Web Service 接口为每个应用程序提供全局型的查询服务，接收应用程序的查询请求，将查询结果返回给应用程序。查询代理对异构数据源进行屏蔽，它将数据源中的数据转换为标准的 XML 格式数据，也提供统一的 Web Service 接口与查询中心进行交互。查询代理接收 SaaS 查询中心发送的查询请求，对数据源进行查询，并将查询结果返回给 SaaS 查询中心。该结构的各个业务应用程序之间关联性低，有利于新应用程序及数据源的接入，而不影响其他系统的运行。

Web Service 是一个平台独立、低耦合、自包含、基于可编程的 Web 应用程序，可使用开放的 XML 标记语言来描述、发布、发现、协调和配置，用于开发分布式互操作。Web Service 技术能得运行在不同机器上的不同应用无须借助附加的、专门的第三方软件或硬件，就可相互交换数据或集成。依据 Web Service 规范实施的应用之间，不依赖任何语言、平台或内部协议，都可以实现跨平台的数据交互。Web Service 的体系结构是基于 Web Service 提供者、Web Service 请求者、Web Service 中介者三个角色，以及发布、发现、绑定三个动作构建的。体系结构如图 3.21 所示。

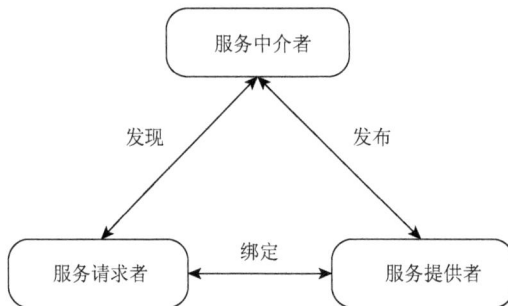

图 3.21　Web Service 的体系结构

PaaS 设计采用 C#.NET 作为程序设计语言，.NET 技术中用于 Web Service 开发的主要工具是 ASP. NET。从技术上说，ASP. NET 提供了一些超出 ASP 以前版本的优点（如代码和 HTML（标准通用标记语言下的一个应用）的分离，与脚本语言相比较，对"真正"的编程语言，如 C#的支持）。

3. SaaS 设计

SaaS 设计采用 C#设计、大数据技术，通过 Web Service 技术与 PaaS 进行服务与数据的交互，完成对最终用户开放的软件服务平台。

由前文可知，SaaS 是直接面对最终用户提供的应用服务层，因此，应用层设计要遵循人性化、可维护等设计原则。应用层设计的关键问题是架构设计和开发工具选择。

1）架构设计

应用层系统架构采用 B/S 架构，即浏览器/服务器模式，是 Web 兴起后的一种网络结构模式，Web 浏览器是客户端最主要的应用软件。这种模式统一了客户端，将系统功能实现的核心部分集中到服务器上，简化了系统的开发、维护和使用。客户机上只要安装一个浏览器就可以使用。B/S 架构具有如下三个方面的优势。

（1）维护和升级方式简单。B/S 架构的软件只需要管理服务器就行了，所有的客户端只是浏览器，不需要做任何维护。无论用户的规模有多大，有多少分支机构，都不会增加任何维护升级的工作量，所有的操作只需要针对服务器进行。

（2）跨平台性好。B/S 架构的软件运行的条件仅仅是浏览器，因此，无论是什么操作系统，只要有浏览器就可以运行，就很好地解决了跨平台的问题。

（3）成本低。只要有安装浏览器的计算机就可以运行应用软件，因此，可以选择的计算机及操作系统由很多，如 Windows、Linux 等，不局限于一个型号的计算机、一个类型的操作系统，因此能有效地降低成本。

2）开发工具选择

开发工具的选择直接影响到应用层软件的开发效率及可维护性，因此，要选择开发效率高的、可复用组件多的开发工具。可以采用 Microsoft 的 C#.NET 2010 和 framework 4.0 作为开发工具，开发应用层的各种应用软件。

.NET 由微软研制的一款实现 XML、Web Services 等技术的研发平台。.NET Framework 是在.NET 平台上运行系统的基础框架系统，任何. NET 程序都必须依赖于 Framework 框架系统。

3）建立云计算平台

为了解决大数据的存储和分析问题，云计算的解决方案应运而生。云计算综合了分布式计算、并行计算、网格计算、网络存储技术、虚拟化技术和负载均衡等传统计算机技术。实质上，云计算就是通过虚拟化技术将相应的硬件资源和软件资源构建为虚拟化资源池，通过网络的方式，按照自身需要获取其中的资源（张建勋等，2010）。

因为铁路货物运输具有多样性、数量大的特点，所以需要建立一个云平台为整个系统提供数据支撑。

建立云计算平台的步骤如下：第一，规划，这是构建云计算解决方案重要的第一步。在规划时，需要对当前数据中心设备和运行流程创建完整的文档，描述数据中心现有设备之间的关系并考虑未来可能要部署的新设备。第二，整理数据中心的完整设备信息。数据中心包括大量的服务器和设备，首先要收集这些硬件资产的信息和这些资产之间的关系，资产之间的关系对应计划非常重要。第三，绘制业务数据流。在将设备逻辑关系化后，确定可以自动化部署的部分，基本可以确定数据中心的基础架构如路由器、交换机、数据库服务器等。业务数据流如图 3.22 所示。第四，组织架构。自动化部署涉及很多复杂的步骤，包括物理基础架构、操作系统网络基础架构、应用程序部署等，以及与其他部门的协调。在很多组织中，架构设计对业务是非常关键的。第五，标准化。很多组织的 IT 环境是异构的，这使云计算平台的实施变得更加复杂。因此，最好的方法就是数据中心的设备都使用标准的硬件配置，使硬件类型最少化。

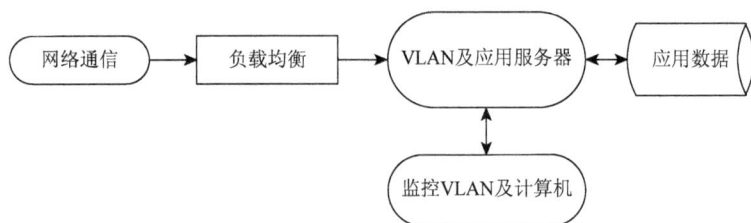

图 3.22　业务数据流图

VLAN：虚拟局域网，virtual local area network

3.4.3　数据采集及海量数据存储技术

铁路货运系统物联网系统中的传感设备有 3.2 节、3.3 节论述的 RFID 电子标签、ZigBee 电子标签、车厢识别器及站场识别器等多种传感设备，这些设备在处理铁路货运业务中产生大量的数据，这就要求铁路货运系统物联网系统需要对这些数据进行及时、高效的采集与存储。

根据铁路运输组织的特点和货运目的的要求，为了提高系统处理效率，各类电子标签需记录的数据有所不同，总体上分为货物标的信息和交接站信息。

（1）货物标的信息：承运单号、货物名称、件数、承运车次、发送地、经由地、到达地。

（2）交接站信息：交接地点信息、交接车次、交货信息、接货信息、交接日期。

为提高大量的货物电子信息在各环节的处理效率，在处理货物电子信息的过程主要有数据采集、数据上传、数据存储、数据分类处理及数据分类存储五个阶段，货物电子信息的处理过程如图 3.23 所示。

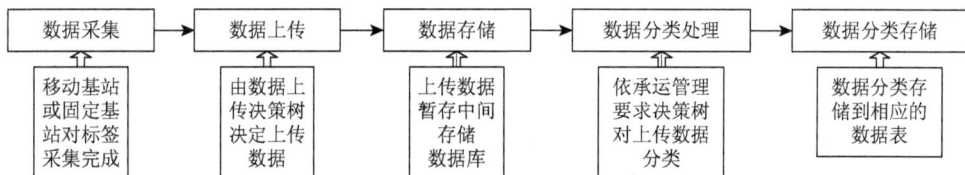

数据采集	→	数据上传	→	数据存储	→	数据分类处理	→	数据分类存储
移动基站或固定基站对标签采集完成		由数据上传决策树决定上传数据		上传数据暂存中间存储数据库		依承运管理要求决策树对上传数据分类		数据分类存储到相应的数据表

图 3.23　货物电子信息的处理过程

数据采集：由移动基站或车厢识别器完成对标签的数据采集。移动基站为手持识别器，完成交接站信息采集；车厢识别器为安装于车厢内的固定识别器，完成货物电子标签的信息采集。

数据上传：通过移动基站、站场识别器、中继器及传输接口上传采集的标签数据。为避免无效数据上传，通过构建避免无效数据上传的数据上传决策树决定上传哪些数据。

数据存储：通过上位机软件的数据存储模块，把采集到的上传数据暂存于各车站、各路局及总公司的服务器中间存储数据库，以备后续处理。

数据分类处理：针对中间存储数据库暂存大量的上传数据，根据相应承运管理的要求，将数据从中间存储数据库抽取、转换后进行分类处理。利用决策树理论和数据仓库构建数据抽取、转换和加载（extract-transform-load，ETL）工具，构建从中间存储数据库抽取、转换并加载的各项规则和具体方法。

数据分类存储：把经过分类处理后的分类数据存储到相应的数据表中。

在上述五个阶段中，应主要解决数据上传阶段的数据上传决策树构建问题、数据分类处理阶段的数据快速分类处理问题，以及数据分类存储阶段的海量数据存储问题。

1. 标签数据上传决策树构建

通过移动基站或固定基站采集的标签数据，根据相应承运管理的要求构建相应的上传决策树，如图 3.24 所示。

针对所采集的电子标签数据，首先，要对各种电子标签的数据进行有效性判断，如因各种环境干扰而产生电子标签乱码数据等。其次，对非乱码的电子标签数据进行上传有效性判断，对满足上传规则要求的标签数据进行上传。

数据上传规则的制定根据铁路货物运输形式的不同，制定不同的规则。针对零担和集装箱货物电子信息主要考虑来自装货、在途、卸货三个方面的因素，数据上传规则遵循数据发生异动变化上传的原则，有些异动变化数据要满足某种条件才可上传，其他未异动数据不上传，从而减少系统的上传数据量。

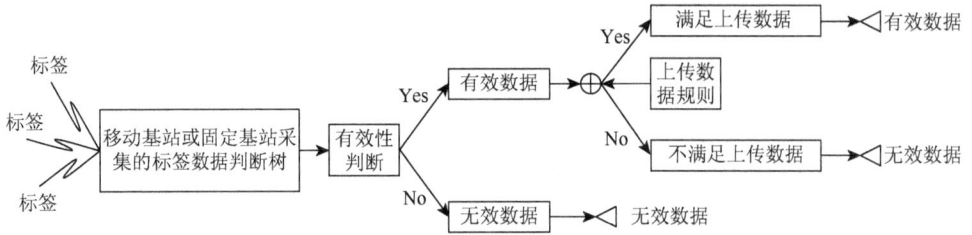

图 3.24　上传货物电子信息逻辑决策树

2. 数据分类处理

数据分类处理就是对暂存在中间存储数据库中的大量数据，根据相应承运管理的要求及大数据技术要求的规则，通过数据挖掘 ETL 技术，将数据从中间存储数据库抽取、转换并批量加载到相应承运管理要求的数据库数据表中。从移动基站或固定基站上传的是一条条记录，数据量很大，如果直接存表，数据处理速度会变慢，还会导致批量数据丢失。把数据从中间存储数据库存储到目标数据库的相应数据表中的数据处理过程，如图 3.25 所示。

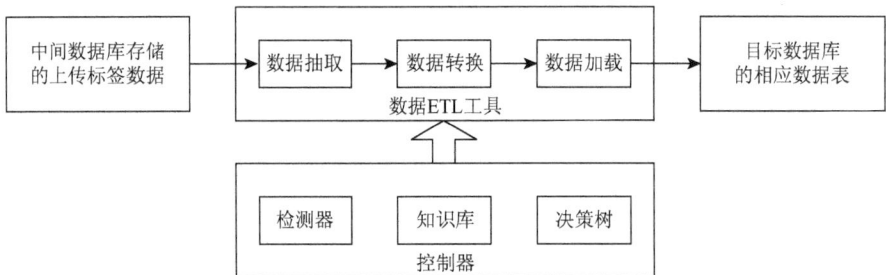

图 3.25　上传数据从中间存储数据库到目标数据库的相应数据表的数据处理过程图

数据挖掘 ETL 是指数据抽取、转换、加载的过程，是按照一定的要求将数据进行转换和清洗，最后将高质量的数据加载到数据库中。

检测器主要用来定期收集系统 CPU、I/O 和 DB Cache 三个方面的数据。通过命令调用操作系统相关命令获取 CPU 和 I/O 数据，而 DB Cache 则通过具体数据库的操作命令来获取参数的值。

知识库是知识工程中结构化、易操作、易利用、全面有组织的知识集群，是针对某一领域问题求解的需要，采用某种知识表示方式在计算机存储器中存储、组织、管理和使用的互相联系的知识片集合。

此处的知识库主要有两大功能：其一是用来存储系统资源数据（包括中间和目标数据库）和对应的 ETL 策略，由于 ETL 抽取方法非常多，并且针对不同的 ETL 任务其方法有所不同，本部分 ETL 策略采用的是源数据分割的方法；其二是存储历史 ETL 运行数据。

决策树是判断给定样本与某种属性相关联的决策过程的一种表示方法,广泛应用于数据挖掘和机器学习等领域,用来解决与分类相关的问题。

此处采用建立 ETL 策略决策树算法,对测试属性的每个已知值创建一个分枝,并据此划分训练集。这种信息理论方法使得一个对象分类所需的期望测试数目达到最小,并确保找到一棵简单的树,具有较好的稳定性。

3. 海量数据存储技术

铁路货运系统物联网系统中的多种传感设备如电子标签等,在数据存储及分类存储过程中会产生大量数据,即"海量数据",在进行分类处理后如何有效地存储这些数据,是要解决的关键问题。铁路物联网系统中的数据被存储在车厢识别器、站场识别器等嵌入式设备和上位机服务器两种类型的设备中,因此,海量数据的存储涉及嵌入式设备的存储和上位机服务器的存储问题。

(1)嵌入式设备的数据存储。采用嵌入式数据库 Berkeley DB 作为存储数据的数据库系统应用到铁路货运物联网系统的嵌入式设备中。Berkeley DB 具备体积小、功能齐备、可移植性、健壮性等特点(许薇,2008)。Berkeley DB 是由 sleepycat software 开发的嵌入式数据库,主要特点是可以连接到嵌入式程序内部和应用程序共用同一地址空间,这样避免了与嵌入式应用程序之间通信的进程开销,因此,Berkeley DB 具有很高的运行效率,适合应用到基于嵌入式技术设计的车厢识别器、站场识别器和手持识别器的软件系统中。

(2)上位机服务器的数据存储。在云计算的 PaaS 层和 SaaS 层的上位机服务器的软件系统中,安装 Microsoft 发布的 SQL Server 2008 作为数据存储数据库。SQL Server 2008 支持结构化和非结构化的数据,可以对数据进行检索查询并生产分析和报告。在铁路货运物联网系统中,SQL Server 2008 数据库采用分布式结构安装在各铁路局及铁路总公司的服务器上。

在铁路货运物联网系统中,电子标签、车厢识别器及站场识别器等系统运行过程中会产生大量的数据,如货物编号、货物名称、始发站、目的站、发货人、收货人、中转站、途径车站等信息,可以看出,这些信息都是规范的,可以用结构化的语言进行描述。因此,采用 SQL Server 2008 存储这些数据是恰当的。

3.4.4　数据处理与集成技术

数据的处理与集成主要是对采用海量数据存储技术存储的数据,进行适当的去除噪声数据等处理。铁路货运物联网中的数据具有多样性、数据种类及结构复杂的特点,如果把这些数据直接传递给大数据技术进行数据挖析,会给数据分析工作造成极大的困难。因此，数据的处理与集成需要把这些结构复杂的数据转换为结构简单或者是方便处理的数据，为数据分析阶段提供数据基础。通常是通过聚类分析的方法，对数据进行过滤，把错误或无用的数据过滤掉，防止对数据分析的结果产生不利影响，然后把聚类分析后的数据提供给数据分析过程，保证数据分析的准确性。

采用聚类分析技术中基于划分的 K-means 算法，进行数据处理与集成。K-means 算法的基本思想（吴凤慧等，2011）为：给定 n 个数据点 $\{x_1, x_2, \cdots, x_n\}$，找到 K 个 $\{a_1, a_2, \cdots, a_k\}$ 的聚类中心，使每个数据点与其最近的聚类中心距离的平方和最小，把这个距离平方和成为目标函数，记为 W_n，其数学表达式为

$$W_n = \sum_{i=1}^{n} \min_{1 \leq j \leq K} \left| x_i - a_j \right|^2 \tag{3.1}$$

以 Hadoop 开源软件平台为例，实现式（3.1）的 K-means 算法，其基本思路是每一次迭代都启动一个 Map-Reduce 过程，直到数据收敛结束，如图 3.26 所示。

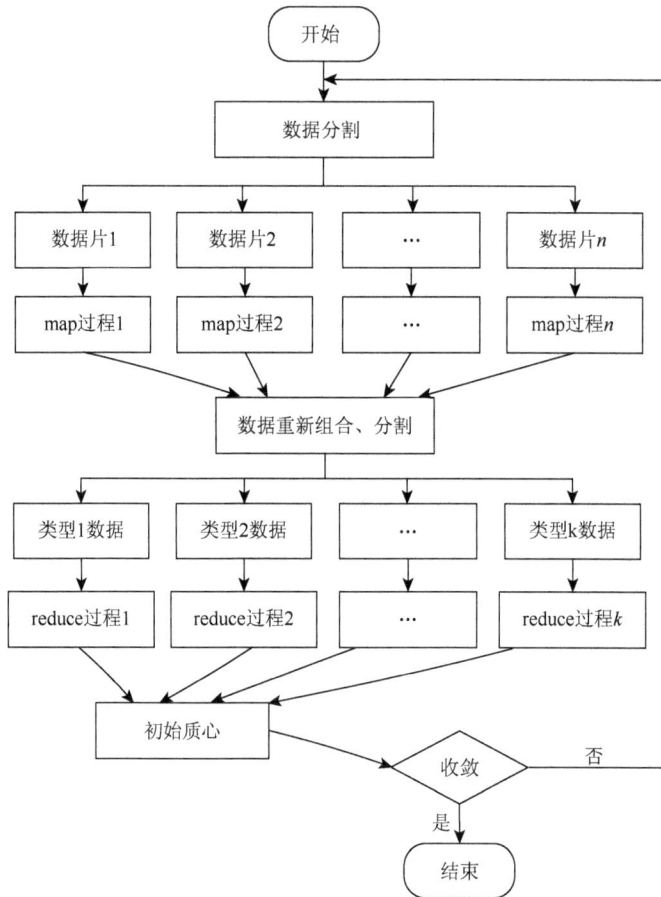

图 3.26 K-means 算法在 Hadoop 平台上的实现过程

由图 3.26 可以看出，K-means 算法在 Hadoop 平台上的实现过程是（周婷等，2013）：步骤一，选择 K 个点作为类的初始质心；步骤二，在第 c 次迭代中，对任意一个样本，求其到 K 个质心的距离，将该样本归到距离最短的质心所在的类；步骤三，重新计算每个数据类的均值；步骤四，计算标准测度函数，当函数收敛时，算法终止，否则回到步骤二。

3.4.5　基于大数据的数据分析技术

由前文所述，铁路货运物联网系统通过云计算技术及海量存储数据技术，完成了数据在技术层面的传输、存储及检索处理，之后如何有效利用这些数据、分析这些数据形成对铁路货运业务相关部门提供相关的决策数据及对货运客户的个性化服务数据是要解决的关键问题，可以采用大数据技术解决这一问题。

由图 3.16 可知，大数据主要有数据采集、数据处理与集成、数据分析和数据解释四个处理阶段，其中数据采集、数据处理与集成阶段主要由云计算提供技术支撑完成，在此基础上需要进行数据分析。数据分析阶段是大数据处理的关键阶段，主要任务是对海量的货运数据进行分类汇总和分析，然后进行数据挖掘。数据分析阶段可以采用 Google 2004 年提出的 MapReduce 数据分析模型，MapReduce 模型是一个分布式并行系统并具有高度抽象性（丁伶敏和吕建友，2014），通过编写简单的代码来解决复杂的数据挖掘工作。MapReduce 模型是通过云计算平台进行数据挖掘，从而获得铁路货运数据的研究结果。MapReduce 模型数据分析过程如图 3.27 所示。

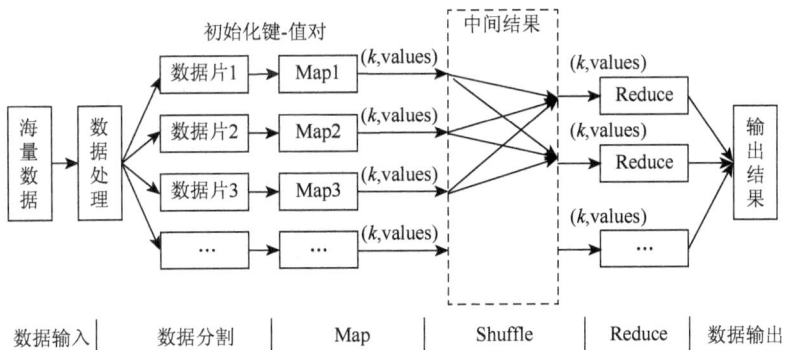

图 3.27　MapReduce 数据分析过程

由图 3.27 可以看出，MapReduce 模型的核心思想是分块化处理，主要由 Map 和 Reduce 两部分组成。处理过程：①将数据源分为若干部分并为每部分分配一个初始的（k，value）值，然后发送给 Map 任务处理；②Map 任务对初始的（k，value）值进行处理，产生中间结果（k，value）值；③中间结果 Shuffle 将中间结果（k，value）值组成一个集合，以数据集合的方式传送给 Reduce；④Reduce 处理中间结果（k，value）值，把相同的 value 值合并，然后形成小范围的 value 值集合。

Appach 采用 Java 编程语言开发了 Hadoop 开源软件平台，实现了 MapReduce 模型。Hadoop 平台已经完成了 Map、Shuffle 和 Reduce 三大任务的具体实现，用户如果需要查看这三大任务的技术细节问题，只要提供相应的参数直接调用 Map、Shuffle 和 Reduce 三大任务处理函数即可。因此，在铁路货运物联网系统中，仅需要提供初始的键-值（k，value）即可，其余的数据分析、数据挖掘工作都由 Hadoop 平台完成。3.4.3 节、3.4.4 节完成了对铁路货运数据的采集、数据处理与集成设计，把经过这些步骤处理后的数据提供给 Hadoop 平台中的 Map 函数即可进行数据分析，最后由 Deduce 函数进行数据分析后结果输出。

数据分析结果经过数据解释过程处理后，把分析结果传输到云计算的 SaaS 层以服务的方式供用户使用。

3.4.6　系统安全设计

铁路货运物联网系统应用层主要采用云计算及大数据技术，从云计算的三层体系结构及分布式处理都存在系统安全设计的问题。主要从下面的六个方面进行安全设计。

（1）终端安全：采用防病毒软件、入侵检测及防火墙等技术，保证终端安全。

（2）通信安全：采用身份鉴别技术。在运行过程中系统自动授权用户访问权限，有效保证合法用户的使用权，对用户的访问权限进行控制，避免跨界访问。

（3）数据安全：在数据的通信过程及存储过程中，采用隔离、备份等措施保证数据的安全。

（4）SaaS 层安全：采用质量管理措施，进行系统漏洞分析，保证 SaaS 层安全。

（5）PaaS 层安全：主要是运行安全和接口安全。

（6）IaaS 层安全：主要是采取措施保证虚拟化安全、硬件设备物理安全及网络安全。

3.4.7　铁路货运物联网应用的铁路电子地图匹配问题

铁路货运物联网应用的上位机软件系统常常需要显示承运货物、列车等具体位置。这就需要将北斗或 GPS 电子标签上传的位置信息与铁路电子地图匹配，并在上位机软件上显示。如果单独使用北斗或 GPS 电子标签上传的位置信息定位，由于信号强度、外界和北斗或 GPS 接收电路内部的噪音及路线周围障碍物（如隧道、建筑物等信号盲区）等因素的干扰，北斗或 GPS 信息有可能丢失，从而影响定位精度，有时甚至无法获得定位信息。要实现承运货物、列车等具体位置的正确显示，需要解决上位机铁路电子地图构建问题、列车正常行驶且非信号盲区，以及信号盲区的北斗或 GPS 电子标签上传的位置信息与铁路电子地图匹配问题。

1. 铁路电子地图构建

铁路货运物联网应用的上位机软件的铁路电子地图，可以用 GIS 平台来构建。GIS 系统具有采集、管理、分析、输出各种地理信息的能力，并支持空间数据的管理。但是，北斗或 GPS 定位精度一般为 5~30 米，铁路线路多为空间曲线，GIS 系统是将地图的表格型数据（来自数据库、电子表格或在程序中直接输入）与北斗或 GPS 定位数据直接拟合转换为地理图形显示，然后对显示结果进行浏览。通过这种方式，工作人员无法获得承运货物、列车等的精确位置。由此来看，设计一个适合于铁路货运物联网应用上位机软件显示的铁路电子地图尤为重要。

铁路电子地图构建可采用高精度标准电子地图与高精度北斗或 GPS 电子标签修正形成具有铁路路段标记点的电子铁路地图。

高精度标准电子地图数据量过于庞大，直接用于承运货物、列车等具体位置，将使得上位机软件数据处理量过大，导致软件运行缓慢或无法运行。为此，应根据铁路线路实际图纸简化，形成仅包含铁路线路和铁路相关基础设施的简化数据库。然后，利用高精度北斗或 GPS 电子标签采集数据形成铁路路段标记点，最终形成具有铁路线路、铁路路段标记点和铁路相关基础设施铁路电子地图。

高精度北斗或 GPS 电子标签采集铁路路段标记点的数据就是用高精度北斗或 GPS 电子标签随列车的车厢识别器采集铁路线和铁路路段标记点的经纬度数据及高度、速度、方向等数据，再把这些数据转换成 GIS 软件要求的文本文件格式，这些数据包括火车站数据、铁路线数据及铁路路段标记点数据，最终铁路电子地图数据库，具体完成过程如下。

第一，创建火车站、铁路线及铁路路段标记点经纬度的数据库，再创建火车站表、铁路线表、铁路路段标记点表等相应的数据表。这项工作主要由高精度北斗或 GPS 电子标签完成。

第二，将标签随列车采集的铁路线的经纬度数据读入，并识别出火车站数据、铁路线数据及铁路路段标记点数据。因为经纬度数据是以度分为单位的，所以要转换成以度为单位，再入库。

第三，依据读入的火车站数据、铁路线数据及铁路路段标记点数据，把线路中各个直线段的编号、节点坐标、直线长度等信息记录下来就构成了整个 GIS 线路地理数据库，并形成经纬度的铁路电子地图。

第四，铁路电子地图的铁路路段标记点距离要大于北斗或 GPS 电子标签的识别精度，北斗或 GPS 电子标签的识别精度大于 20 米，铁路路段标记点距离一般为 500 米，铁路电子地图的铁路路段标记点距离大于 500 米，铁路交叉口路段标记点要以此点为圆心，如果半径大于 500 米的要做特殊处理。

2. 非信号盲区铁路电子铁路地图匹配

目前，不少学者对于地图匹配提出了若干种算法，如基于最短距离算法、相关性算法、基于模糊逻辑算法等（殷燕如和刘金乐，2011），主要有邻近区、段的连接、点到折线的距离、曲线匹配等（钟海丽等，2003）。

铁路货运承运货物、列车等具体位置与铁路电子地图匹配的基本思想是：将承运货物、列车等位置数据与数字地图中的道路网信息联系起来，与电子地图中的道路位置信息相比较，通过适当的模式识别和匹配算法，确定出车辆最可能的行驶路段及在该路段中的最大可能位置（李睿和邱宽民，2006）。

由于铁路列车始终在轨道上行驶，不需要进行道路模式识别，这样利用铁路电子地图 GIS 线路和铁路路段标记点数据，运用以最短距离为准则的半径搜索算法对北斗或 GPS 电子标签上传的承运货物、列车等位置坐标点数据进行匹配，使列车行驶轨迹与铁路电子地图 GIS 线路重合。

根据空间解析几何知识，空间两点 $P_i(x_i, y_i, z_i)$、$P_j(x_j, y_j, z_j)$两点距离 D_{i-j} 为

$$D_{i-j} = \sqrt{(x_i - x_j)^2 + (y_i - y_j)^2 + (z_i - z_j)^2} \tag{3.2}$$

图 3.28 为列车位置坐标点与 GIS 电子铁路地图上铁路路段标记点路段匹配算法示意图，图中 L_1、L_2、L_3 为三条铁路 GIS 线路，P_1、P_2、P_3、P_4、Q_1、Q_2、Q_3 点分别为铁路电子地图的铁路路段标记点数据。

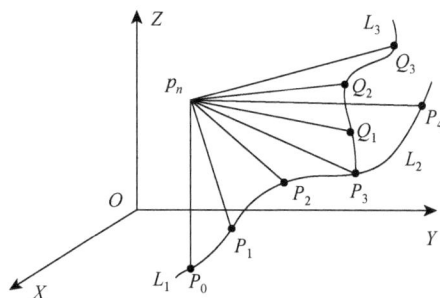

图 3.28　地图匹配算法示意图

假设列车延线路 L_1 行驶，P_n 为北斗或 GPS 电子标签上传的承运货物、列车等的位置点坐标，P_0 为前一时刻经匹配得到的位置点坐标。具体匹配过程如下：①如果北斗或 GPS 电子标签上传的速度信息大于某一设定值（300 千米/小时），则认为此数据为非真，等待下一个数据；②如果北斗或 GPS 电子标签上传的为正常值，延 L_1 在前寻 n（设 5）个坐标点，如果 5 个坐标点中有铁路交叉口路段标记点，则分别延 L_2、L_3 前寻 3 个坐标点；③根据式（3.2）分别计算 P_n 上到所选铁路电子地图的铁路路段标记点距离 D_{i-j}；④依据距离最短的准则比较离 D_{i-j} 最小者，得到新的匹配位置点，假设为 P_4 点；⑤在铁路电子地图中将 P_4 作为列车当前位置显示。

3. 信号盲区铁路电子铁路地图匹配

列车在行驶过程中会发生北斗或 GPS 电子标签上传信息缺失或数据偏差较大的情况，种情况可使用基于数据融合的位置推算算法估计承运货物、列车位置。

在上述情况下，可利用北斗车载终端机上传的历史信息和铁路电子地图的铁路路段标记点数据估计当前位置。

设上一时刻经匹配的列车位置为 Q_2，速度为 v，首先根据列车位于 Q_2 时刻的方向判断列车延 L_3 方向行驶，然后利用该时刻的速度 v 和时间间隔 t 计算出直线行走距离 $s=v\times t$，根据 GIS 铁路线路数据库，沿 L_3 方向逐点搜索，找到与 Q_2 的距离为 s 的点 Q_n 作为新的列车位置点。

如果列车经过一段时间 T，北斗或 GPS 电子标签上传信息仍然缺失，在北斗或 GPS 电子标签无信号信息的情况下，则可认定此时列车故障（全车无电），列车区间停车，所停位置为上一时刻经匹配的列车位置 Q_2。

3.5　本　章　小　结

本章以铁路货运物联网应用的三层技术架构，分别论述了感知层、网络层和应用层涉及的一些具体问题。感知层主要讨论了 RFID、ZigBee、北斗或 GPS 三类电子标签的设计问题及信息碰撞可能产生的信息丢失问题；网络层分别论述了车厢识别器、站场识别器、手持识别器、中继器及传输接口等网络层设备的具体设计及工作原理；应用层主要讲述了软件平台设计、数据采集及海量数据存储技术、数据处理与集成技术、基于大数据的数据分析技术等铁路货运物联网系统中的数据处理与应用问题。总之，每一层都有要解决的关键技术。

（1）感知层关键技术问题。感知层主要解决铁路货运业务的感知问题，关键设备是电子标签。电子标签硬件设计的主要内容是通信芯片及其他电子元件的选型，不同的电子标签选择不同的通信芯片，如 RFID 标签选择 RFID 芯片为通信芯片、ZigBee 标签选择 ZigBee 芯片为通信芯片。

（2）网络层关键技术问题。网络层主要解决物联网系统中的数据传输问题，关键设备是车厢识别器、站场识别器及手持识别器等数据传输设备。研制这些设备的关键问题是通信网络的选择，根据不同的应用场合选择不同的通信网络，如 Wi-Fi 网络、ZigBee 网络等。确定选择的通信网络后，选择与其对应的网络芯片作为具体硬件设备的通信部件。

（3）应用层关键技术问题。应用层主要围绕"数据"和"应用"两个方面的内容来进行的，主要解决铁路货运物联网系统中产生的海量数据的存储、挖掘及应用等。采用云计算技术对系统进行分层化管理，提供分层化的服务，在云计算的基础上采用基于大数据技术的 MapReduce 模型和 Hadoop 平台对数据进行处理、分析与挖掘等。

本章仅就铁路货运物联网应用三层技术架构中的一些关键问题进行了论述，物联网应用是一个复杂的系统工程，不仅涉及电子、通信、计算机软硬件、物流管理技术、铁路运输组织管理等若干学科和领域，还与工程实施、运行机制及营运模式等诸多因素息息相关。

参 考 文 献

陈颖，张福洪. 2010. RFID 传感网络中多阅读器碰撞算法的研究. 传感技术学报，23（2）：265～268

崔英花，赵玉萍. 2010. 基于标签估计的动态最优多分支搜索防碰撞算法. 高技术通信，2010，20（8）：771～777

德州仪器. 2009. CC1110. 数据手册. http://www.ti.com.cn/cn/lit/ds/symlink/CC1110-CC1111.pdf[2016-01-05]

德州仪器. 2009. CC2530. 数据手册. http://www.ti.com.cn/cn/lit/ds/symlink/CC2530.pdf[2016-01-05]

丁伶敏，吕建友. 2014. 探讨云计算中大数据的 MapReduce 处理方法. 智能处理与应用，4（9）：86～88

桂劲松. 2014. 物联网系统设计. 北京：电子工业出版社

郭雷勇，谭洪舟，高守平，等. 2009. RFID 系统阅读器反碰撞算法分类与研究. 计算机技术与发展，19（9）：13～16

郭苑，张顺颐，孙雁飞. 2010. 物联网关键技术及有待解决的问题研究. 计算机技术与发展，20（11）：180～183

李睿，邱宽民. 2006. 基于 GPS 和 GIS 的列车定位系统研究. 铁道通信信号，42（12）：60～61

刘迪，张志荣. 2015. 基于北斗的铁路集装箱运输物联网应用系统研究. 中国铁路，（8）：42～46

刘智慧，张泉灵. 2014. 大数据技术研究综述. 浙江大学学报（工学版），48（6）：957～972

马帅，杨柳涛. 2015. 基于 ZigBee 技术的集装箱自动监测系统. 上海船舶运输科学研究所学报，38（1）：69～72

沈海燕，史宏，须征文，等. 2001. 铁路车号自动识别系统（ATIS）的实现及应用. 中国铁路，（6）：16～19

孙其博，刘杰，黎羴，等. 2010. 物联网：概念、架构与关键技术研究综述. 北京邮电大学学报，33（3）：1～9

汤建国. 2010. 青藏铁路基于 GPS 和 GSM_R 的列车运行控制系统分析. 交通运输系统工程与信息，10（2）：190～194

王春华，许静，彭关超，等. 2011. 改进的 RFID 标签识别防冲突算法. 计算机工程与应用，47（31）：104～107

吴功宜，吴英. 2013. 物联网技术与应用. 北京：机械工业出版社

吴凤慧，成颖，郑彦宁，等. 2011. K-means 算法研究综述. 现代图书情报技术，（5）：28～35

许薇. 2008. 嵌入式数据库的海量存储技术研究. 微计算机信息，24（30）：119～120

徐颖秦，谢林柏. 2011. 物联网关键技术和主要问题探讨. 工业仪表与自动化装置，（2）：10～12

杨光，耿贵宁，都婧，等. 2011. 物联网安全威胁与措施. 清华大学学报（自然科学版），51（10）：1335～1340

杨倩. 2010. 物联网关键技术及应用. 电信科学，(8A)：139～142

殷燕如，刘金乐. 2011. 基于 GPS 列车定位系统的快速地图匹配算法研究. 铁道通信信号，47 (11)：60～62

张建勋，古志民，郑超. 2010. 云计算研究综述. 计算机应用研究，27 (2)：429～433

张志荣，张龙江. 2011. 基于 RFID 的铁路物流电子识别系统. 大连交通大学学报，32 (1)：106～109

张志荣，张龙江，杜鹏. 2010. 基于 RFID 煤矿井下人员定位防碰撞研究. 辽宁工程技术大学学报，29 (3)：490～493

钟海丽，童瑞华，李军，等. 2003. GPS 定位与地图匹配方法研究. 小型微型计算机系统，24 (1)：109～113

周巧婷. 2009. 基于 XML 与 Web Service 的分布式数据查询系统的设计与实现. 科技资讯，(20)：17～18

周婷，张君瑛，罗成. 2013. 基于 Hadoop 的 K-means 聚类算法的实现. 计算机技术与发展，23 (7)：18～21

周玉新. 2015. 云计算及其发展趋势浅析. 科学家，3 (10)：17～18

邹复民，蒋新华，胡惠淳，等. 2013. 云计算研究与应用现状综述. 福建工程学院学报，11 (3)：231～242

Labrosse J J. 2003. 嵌入式实时操作系统 μ C/OS-2. 邵贝贝，等译. 北京：北京航空航天大学出版社

第4章 铁路货运的典型物联网应用系统

4.1 引　言

近年来，我国铁路货运体系的改革如火如荼，总体的发展方向是铁路货运物流化、电子商务化。中国铁路总公司借鉴发达国家服务创新、组织变革、信息化的实践经验，结合我国的实际情况，于2012年9月20日开始了铁路货运电子商务系统试运行（郭丽红和金福彩，2013），并于2013年6月推出了货运受理和运输组织方式、清理规范货运收费、大力发展"门到门"全程物流服务等举措（邱少明，2013）。这些改革适应了货运市场化、网络化、信息化的需求，但由于受过去长期计划经济的影响，我国铁路货运改革任重而道远。

铁路货运体系的改革，使传统铁路货物组织方式面临新的挑战。郭玉华（2010）通过分析传统铁路货运与现代物流关系，提出了铁路货运铁路大宗货物运输的物流化、构建铁路物流平台及物流中心站作为提供物流服务的重要基地、建设联合运输物流体系、实施信息化战略等措施。苏顺虎（2010a）提出了以作业技术和信息管理现代化为重点，改善和优化货运场站管理；以货运组织流程再造为重点，加快推进"集中受理、优化装车"货运组织改革的铁路多经企业发展现代物流的建议。

物联网如何应用于铁路货物运输中取决物联网技术、铁路货运的类型、产品及其单元化铁路货运三个方面。物联网技术前文已经论述，主要包括感知与标识、网络与通信、计算与服务及管理与支撑技术等；目前，我国铁路货运的类型分为整车、零担和集装箱，货运产品主要由普通货运产品、大宗直达货运产品、小件快捷货运产品、集装箱货运产品及特种货运产品五大类构成；单元化铁路货运是铁路货运与物联网的结合点。就像吴清一（2013）所说"物联网和单元化物流的结合点是采用RFID技术装备的智能化集装单元器具。关注物联网就必须重视单元化物流的发展，也必须大力推动智能化集装单元技术的研究和智能化托盘共用系统的建设"。

由此可知，物联网在铁路货物运输中应用的实质就是，将物联网的感知、网络技术应用到不同的铁路货运类型及其产品中。感知层采集、传输、接收各类铁路货运产品的单元化货运信息；网络层上下传输各类信息；应用层具体用于各类铁路货运产品管理之中。本章以单元化铁路货运为基础，论述铁路货运整车、零担和集装箱运输的物联网应用问题。

　　整车铁路货运的物联网应用采用铁路车号自动识别系统和铁路运输管理信息系统相结合的方式来实现。铁路车号自动识别系统采集全路系统的车号资源，被铁路运输相关部门使用，是铁路信息化基础性工程（贾斌，2005），但该系统存在着车号未识别、地面识别设备的覆盖率不够、车速过高时无法识别车号等问题（马小宁等，2015）。

　　零担铁路货运涉及的货运产品繁多，有的按不同速度等级分为特快、快速和普快班列；有的针对大宗货物，开行了大宗货物直达班列，并实行了重载化、直达化、客车化组织等（宗岩，2014）。零担铁路货运最典型的案例就是中铁快运的铁路行包运输服务网络。中铁快运拥有独立的信息化平台，可实现货物收发站、中转站及客户之间的信息交换、共享和安全运行（陈京亮，2011），但仍存在无法对货物实时准确定位跟踪、为客户提供货物详细在途信息及丢货率高等问题。目前采用的方法是货物条码、货单及铁路运输管理信息系统方式，物联网技术的应用可以很好地解决这些问题。张志荣等（2014）对于物联网技术用于中铁快运中的基于物联网的管理运作模式、物联网技术架构模型（张志荣和张龙江，2011）及应用系统软件架构（张志刚等，2014）等做了系统研究，同时实践证明了其可行性。

　　集装箱运输的物联网应用研究较多，典型的应用有基于箱号识别与铁路运输管理信息系统的集装箱信息系统（container information system，CIS）（铁道部信息技术中心，2004）、基于 ZigBee 和 RFID 技术在铁路集装箱追踪系统等。基于 ZigBee 和 RFID 技术在铁路集装箱追踪系统的工作原理类似，即电子标签+阅读器+上位机应用软件。这种方式地面要布设大量基站，应用成本很高，且存在箱号漏读问题（马帅和杨柳涛，2015；薛小平等，2009；颜理等，2009）。还有一种基于北斗、ZigBee 和 Wi-Fi 技术的铁路集装箱运输物联网应用系统（刘迪和张志荣，2015）。我国铁路集装箱运输的箱型有国际通用集装箱和各种类型的专用集装箱（或特种集装箱），不同的箱型采用不同的电子标签构建物联网应用系统。

　　目前，我国铁路货运体系向物流化转化的环节之一是铁路物流中心的建设。物联网技术应用于铁路物流中心仓储管理，涉及作业流程设计、物联网架构、电子电路、通信网络、计算机软硬件等诸多领域，是一项非常复杂的系统工程。加之我国铁路物流中心刚刚起步，一些学者提出了一些物联网应用的设想（刘锦武等，2014），铁路物流中心与一般物流中心的功能具有概念的继承性，同样物联网应用也具有一定的继承性，最重要的是与铁路业务的具体结合。

　　本章分八小节，4.2 节、4.3 节、4.4 节、4.7 节详细介绍了铁路车号识别、中铁快运、铁路集装箱运输及铁路物流中心仓储管理等典型应用系统的物联网技术架构、各层技术、系统构成、工作原理、相关技术问题及实验等问题；铁路货运是靠机车牵引实现的，4.5 节介绍了如何利用北斗卫星定位系统，来构建铁路机车动力资源定位系统，实现对机车的全面管理；4.6 节全面地介绍了基于物联网技术的高铁综合维修监控管理流程、物联网技术架构及系统构成等，从而可以将物联网技术全面应用于高铁工务、机务、电务的综合维修管理之中；4.8 节对本章进行了总结。

4.2 基于 RFID 的铁路车号自动识别系统

RFID 技术是 20 世纪 90 年代开始兴起的一种自动识别技术。目前，该技术在世界范围内已得到了广泛应用。20 世纪末，美国国家铁路开始安装基于 RFID 的铁路车辆识别的产品。我国在引进、消化该公司产品的基础上开发出了拥有自主知识产权的产品。2002 年，原铁道部颁布了《铁路机车车辆自动识别设备技术条件》（TB/T3070-2002）标准，该标准同时兼容于 ISO-10374 国际标准及北美铁路协会（Association of American Railroads，AAR）铁路自动识别标准。

铁路车号自动识别系统是铁路信息化建设的一项十分重要的基础性工程，是铁路运输管理信息系统的一个组成部分。我国铁路车号自动识别系统工程于 1999 年 10 月正式启动，2001 年 7 月 1 日开始启用局间货车清算。后经原铁道部"九五""十五"期间投入，在全国铁路系统的机车、货车安装电子标签、在所有区段站、编组站、大型货运站和分界站安装地面识别设备，已形成了覆盖全路的车号自动识别网络（沈海燕等，2001）。铁路车号自动识别系统是一个对全国铁路车辆、列车、机车的运行位置信息进行自动采集和报告的系统，可提供对车辆、列车、机车进行动态追踪管理的实时、准确的基础信息。由该系统所采集到的车号资源，正在被铁路运输相关部门使用，这为全路的信息化奠定了坚实的基础（贾斌，2005）。

4.2.1 铁路车号自动识别系统的物联网技术架构

铁路车号自动识别系统系统符合物联网三层的技术架构，即感知层、网络层、应用层。

1. 感知层

感知层将车辆/机车信息采集、转换处理上传至网络层和应用层。感知层包括车辆/机车电子标签、车轮传感器（开机开关、开门开关、关门开关）、车号自动识别阅读器。

车辆/机车电子标签安装在机车、货车底部的中梁上，标识车辆的性质、车种、车型、顺序系列、结构特征、制造时间等信息；车轮传感器包括传感器实现。车轮传感器由传感器一系列安装于路轨的磁钢及控制开关组成，用于控制标签车号自动识别阅读器之间的通信；车号自动识别阅读器是与车辆/机车电子标签匹配的识读装置。

2. 网络层

网络层接收感知层传入的信息，并将这些信息传输至应用层，同时将应用层发布的各种信息传输至感知层。网络层包括无线网、有线网，以及信息处理和存储软件。

无线网用于标签与车号自动识别阅读器之间的通信；有线网用于控制信息、车号信息的传输；信息处理和存储软件用于车号信息的处理和存储。

3. 应用层

铁路车号自动识别系统的应用层软件为集中控制管理系统（centralized processing system，CPS），包括各种控制接口、数据传输、相应的管理和运行平台软件。

铁路车号自动识别系统的物联网技术架构如图 4.1 所示。

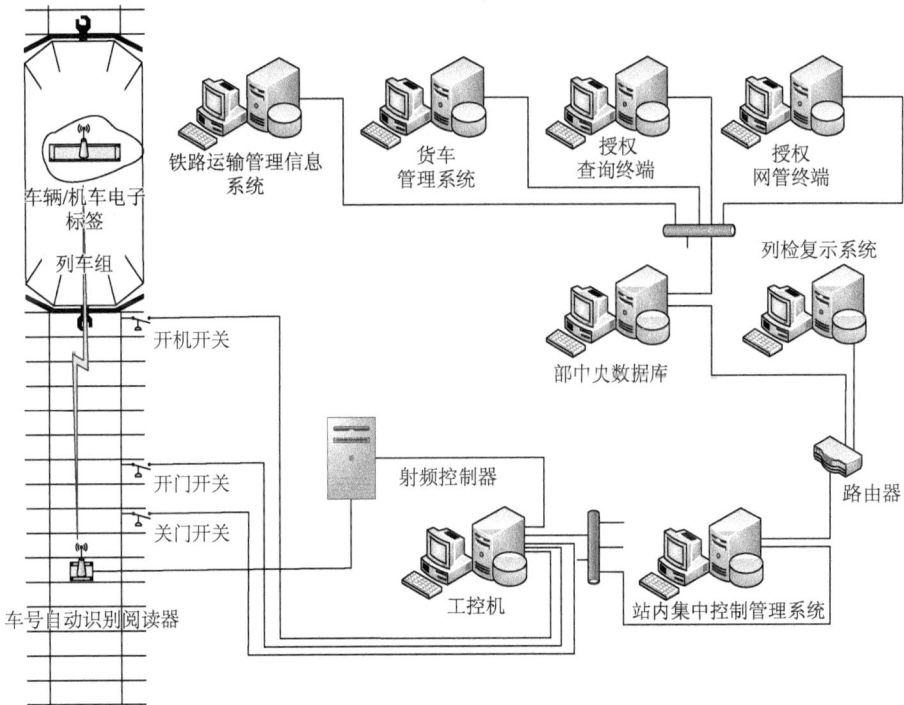

图 4.1　铁路车号自动识别系统物联网技术架构

4.2.2　铁路车号自动识别系统组成

铁路车号自动识别系统的建设目标是在全路所有货车、机车安装标签，在全路所有编组站、区段站、大型货运站的出入口、分界站安装地面识别系统，通过地面识别系统自动、实时地采集经过的铁路货车、机车标签信息，集中控制管理系统将采集的信息形成报告体系，上传至车号管理系统。最终，实现全路货车局级资产管理，技术站到发列车的自动核对，为铁路运输管理信息系统提供详实信息，点到点成本精确计算等，铁路车号自动识别系统包括以下几部分（沈海燕和石宏，2005）：车辆/机车电子标签、地面识别系统、车站集中控制管理系统、复示设备、信息跟踪查询终端设备、标签编程系统、原铁道部中央数据库管理系统等。

（1）车辆/机车电子标签：安装于机车、货车底部的中梁上，相当于每辆车的"身份证"。

（2）地面识别系统：由地面识别系统天线、车轮传感器（磁钢）及射频（radio frequency，RF）收发信机单元、计算机（工控机）、防雷组件、不间断电源（uninterruptible power supply，UPS）等组成。

（3）车站集中控制管理系统：车站信息中心机房配置专门计算机，把地面识别设备传来的信息进行处理、存储，并按通信协议和规程转发给铁路局和原铁道部相关应用部门，以及列检复示（主要是给车辆部门提供设备状态信息及给铁路货车技术管理信息系统（Hmanagement information system，HMIS）系统提供现车信息）等。

（4）复示设备：集中控制管理系统管理设备的数据信息，为车辆管理和设备维护提供可靠信息。

（5）信息跟踪查询终端：该设备可以进行网络查询，给集中控制管理系统的管理设备提供网络的列车、车辆识别信息等数据，进行车辆追踪查询，实现列车、机车、车辆、集装箱运用管理。

4.2.3　工作原理

车辆/机车电子标签安装在机车、货车底部的中梁上，相当于每辆车的"身份证"。当列车即将进站时，列车的第一个轮子压过开机开关时开始计数，当大于等于 6 时开启微波射频器，该装置在没有列车通过时保持关闭状态。该装置开启后，安装在轨道的轨道间车号自动识别阅读器开始工作，发射微波载波信号；当电子标签接收到车号自动识别阅读器发射的微波载波信号时，电子标签激活；电子标签进入磁场后，凭借感应电流获得能量。当电压、电流达到某一设定值时，在微处理器控制下，将电子标签内的预设车辆信息经编码器编码，通过调制器控制微带天线，连续不断地发射。

车号自动识别阅读器读取信息，经工控机将接收到的已调波信号进行解调、译码、处理和判别后送入车站机房的集中控制管理系统。当列车最后一节车厢的轮子压过关门磁钢时，关闭射频装置，准备下次车辆到来时工作。集中控制管理系统对多台识别设备进行管理，按照铁路运输管理信息系统的通信协议和规程转发给运输管理信息系统等管理系统和列检复示系统，供各个有关部门使用。

标签编程系统供车辆厂、段，在标签安装前将分配的车辆信息写入标签内存储器，还可用于防止错号、重号。

铁路车号自动识别系统工作时有两种工作状态：待机状态和接车状态。

（1）待机状态：设备检测、过车数据传送。①系统与集中控制管理系统保持实时通信、时间校对，接收集中控制管理系统的查询报文并根据查询要求发送应答报文或者过车报文；②与集中控制管理系统电源保持通信，检测 UPS 状态。当UPS 故障或者状态改变时向集中控制管理系统发送 UPS 的状态报文。

（2）接车状态：当有列车通过时，系统处于接车状态，采集过车信息，形成过车数据。①地面识别系统设备上电工作，系统完成自检→列车到来，车轮传感器工作→启动射频收发信机工作→经天线发射微波信号；②标签受微波信号激励后，将调制了标签数据信息的已调制信号发送至天线→地面识别系统读出设备接收标签反射的信号→读出计算机对调制信号进行解调、译码、处理→计轴、计辆、测速、标签定位→列车过后，关闭射频收发信机，停止发射微波信号，将过车数据（含标签信息）形成过车报文传至集中控制管理系统、列检复示系统、HMIS系统→系统转入待机状态，准备接下一趟列车。

4.2.4　铁路车号自动识别系统功能

铁路车号自动识别系统功能主要包括以下三点：①接收车号信息采集点的信息报文并逐级向上转发；②建立信息报文的原始数据库供同级应用系统使用；③按规定将维护信息转发给同级相关系统。

铁路车号自动识别系统可为铁路运营管理提供车辆、列车、机车的实时、准确的基础信息，主要有：①分界站货车出入统计信息；②铁路局货车接入交出信息；③铁路局有偿使用车及费用；④铁路货车实时统计信息；⑤分界站货车出入图形显示；⑥分界站出入与确保匹配信息；⑦分界站出入部属货车与十八点统计比较等信息。

铁路车号自动识别系统是铁路信息化建设的基础性工程，是铁路运输管理信息系统的一个组成部分。铁路车号自动识别系统在铁路系统应用很广，具体可应用到铁路的如下领域：①列车调度指挥管理系统；②货车管理系统的"5T"监测系统；③列车编组调度管理系统，包括机车、货车往返调度、编组系统，货车超、偏载监测系统；④轨道衡系统，包括动态轨道衡、静态轨道衡；⑤内部车辆资产管理等其他系统；⑥货车追踪系统等系统；⑦客车追踪、识别（加铁路电子标签）及其他系统（分叉道口车辆识别）；⑧通过电子标签、RFID、全球定位等技术，实现对列车、船舶、集装箱的唯一身份标记，用于公路、海运、空运集装箱联运等。

铁路车号自动识别系统在铁路系统应用时间长、覆盖范围广，为铁路运行提供列车、车辆、集装箱实时追踪管理的基础信息，保证了铁路总公司、各铁路局、车站各级列车的实时管理、车流的精确统计和实时调整等。但是也存在许多问题需要改进，如车号未识别、地面识别设备的覆盖率不够、车速过高时无法识别车号等（马小宁等，2015）。随着 GIS、GPS 卫星定位技术、"北斗"卫星导航系统及移动无线传输网络技术的发展，铁路车号自动识别系统与这些技术进一步融合，形成了"车—地—天"一体的双向数据传输网络安全平台，为铁路运行提供了更好的列车、货车实时追踪及现车管理。

4.3　基于物联网的中铁快运应用系统

铁路货运中的行包运输（零担货运的主要运输形式）是铁路小件货物运输的主要方式，按运输组织模式可分为行李车运输和行包行邮专列运输两种（苏顺虎，2010b）。中铁快运作为国内最大的铁路行包运输服务公司，目前采用基于 Internet 链路的虚拟专用网（virtual private network，VPN）组网技术，建立了拥有 55 个子系统、各部门共享的物流信息化平台。中铁快运虽然实现了货物收发站、中转站及客户之间的信息交换、共享和安全运行（陈京亮，2011），但仍存在无法对货物实时准确定位跟踪、无法为客户提供货物详细在途信息、丢货率高等亟待解决的问题。

基于物联网的中铁快应用系统是通过信息传感设备，按照约定的协议，将承运物品信息与中铁快运物流信息化平台互通互联，进行信息通信与交互，可以实现对货物的智能化识别、定位跟踪及监控管理，进而可有效避免人为因素造成的货物漏检、漏装、装错车、下错站、丢货等情况发生，这对于促进铁路物流信息化建设，提升中铁快运核心竞争力具有重要现实意义。

本节首先利用价值链理论对中铁快运业务管理流程进行了分析；其次，针对中铁快运现行业务流程环节中存在的薄弱环节及物联网技术应用的特点，提出了中铁快运物联网应用的管理模式及技术架构；最后，对中铁快运物联网应用系统进行试验验证。

4.3.1　基于价值链理论的中铁快运业务管理流程分析

根据迈克尔·波特（2005）的价值链理论，企业的价值创造活动可分为基本活动和辅助活动两类，基本活动是企业的基本增值活动；辅助活动即支持整个价值链的活动，其各项活动分别与每项具体的基本活动有着密切联系。运用价值链的观点分析中铁快运可以从内部价值链、纵向价值链、横向价值链三个角度进行。内部价值链是反映中铁快运基本业务活动和支持性活动的价值链。纵向价值链分析可以从"铁路局—物流企业—顾客—社会"四个节点及其关系进行分析。横向价值链分析是对铁路企业自身内部因素和外部环境的综合分析，分析企业的优劣势、面临的机会和威胁，着眼于能够为企业取得相对竞争优势的战略（苏顺虎，2009）。中铁快运价值链是通过其快递服务过程中的各作业活动为客户创造价值的，因而本节分析主要着眼于内部价值链分析。

1. 中铁快运核心内部价值链分析

对中铁快运内部价值链进行分析，可以得到中铁快运最基本的价值链，然后分解为独立的作业，找出价值增值作业和非增值作业，从而提高增值作业的效率。基于上述理论及通用的企业价值链模型，可画出中铁快运内部价值链，如图 4.2 所示。

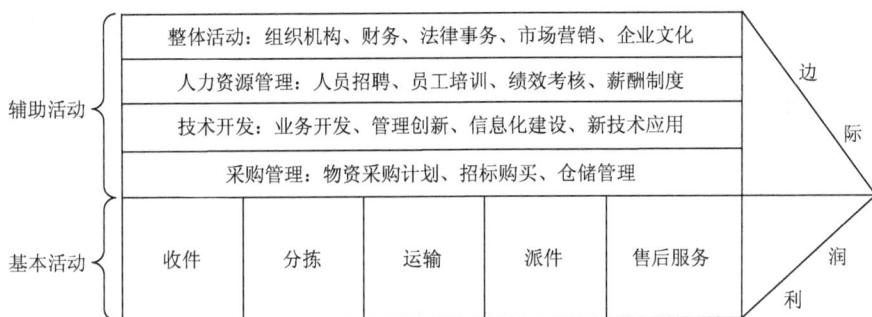

图 4.2　中铁快运内部价值链

从图 4.2 中可知，中铁快运核心业务流程主要包括收件、分拣（包括分发处理和接收处理）、运输、派件和售后服务五个环节，它们构成了中铁快运价值链的主要活动，为中铁快运创造价值，即构成核心价值链。

2. 中铁快运内部价值链的基本活动构成

中铁快运货物运输业务主要包括客户的需求受理、发送业务、途中运输业务和到达交付业务四个环节，其内部价值链的基本活动由收件、分拣、运输、派件和售后服务五个方面构成，具体如下。

（1）收件。收件主要包括预约取件、收件准备、接收取件信息、验收快件、运单填写和快件包装等活动。运单填写是需要提高的价值增值作业，因为客户填写的托运单是后续工作的基础数据单，运单信息的完整性至关重要。在现行流程中，运单填写都是手工录入的，并且运单和票据在不同的工作人员中手动传递，难免产生信息不对称、票据丢失等现象。

（2）分拣。分拣主要包括快件入库、分拨、出库、留库件处理及快件操作信息上传等方面。分拣作为技术要求最高的环节，是快件快速而准确传递的保证。

在现行流程中，操作信息的管理是基于相对规范的手工作业及电脑半自动化管理实现的。在列车到达之前，接车人员并不知道即将到达的货物数量和具体货物信息，沿途各个中转站经常出现货物积压。货物出入库时手工扫码，经常出现漏扫。无法通过网络传输的货物信息及相关数据，通常采用人工的方式将货物票据信息录入信息系统，二次录入容易造成信息的不一致。

（3）运输。运输是快递作业活动中最重要的环节。在现行流程中，中铁快运物流管理系统，无法对在途货物进行实时控制，货物没到目的地就已经下车、过了目的地仍然留在车上、途中丢失等现象经常发生，甚至出现货物装错车、漏装的情况，并且出现错误后无从查找原因和责任人。由此可见，运输环节有很大的增值空间。

（4）派件。派件是快递服务流程中的最后环节，是中铁快运服务质量的重要体现。派件主要涉及顾客服务，提高物流企业员工的服务意识，树立良好的企业形象，主要优化辅助性活动价值链中的人力资源管理。

（5）售后服务。售后服务是中铁快运快递服务的延续，是保持或提高消费者可察觉收益的活动。它主要包括以下四个方面：衡量客户满意度、规划客户服务系统、快件的跟踪查询服务、接受并妥善解决各种快递服务投诉等。

3. 中铁快运核心价值链可增值的环节

基于上述中铁快运核心价值链分析，可发现中铁快运现行物流业务流程中可增值环节为：①收件环节避免运单填写和传递的手工操作，保证货物信息一致；②分拣环节减少货物出入库时条形码的漏检、沿途各中转站货物积压、货物信息二次录入，实现沿途各站点货物信息的共享；③运输环节实现货物运输全程无缝跟踪，降低丢货率，提高客户满意度。

鉴于此，把物联网技术注入中铁快运物流管理流程中，对其核心业务价值链进行优化，提高增值环节作业效率，显然是十分必要的。

4.3.2 基于物联网的中铁快运管理模式

基于物联网的中铁快运管理模式的构建是根据铁路货物运输的特点，遵循现代物流运作的基本规律，分析诊断中铁快运的核心业务流程，充分利用信息技术，以最终用户为中心，使现行流程向精简化、核心化、高效化、信息化流程转变的过程。

1. 中铁快运现行核心业务流程分析

对中铁快运现行业务流进行研究并指出其中存在的弊端，是下一步搭建中铁快运物联网应用系统的技术架构的必要准备工作。经过对中铁快运实地调研，得出中铁快运现行核心业务流程，具体如图4.3所示。

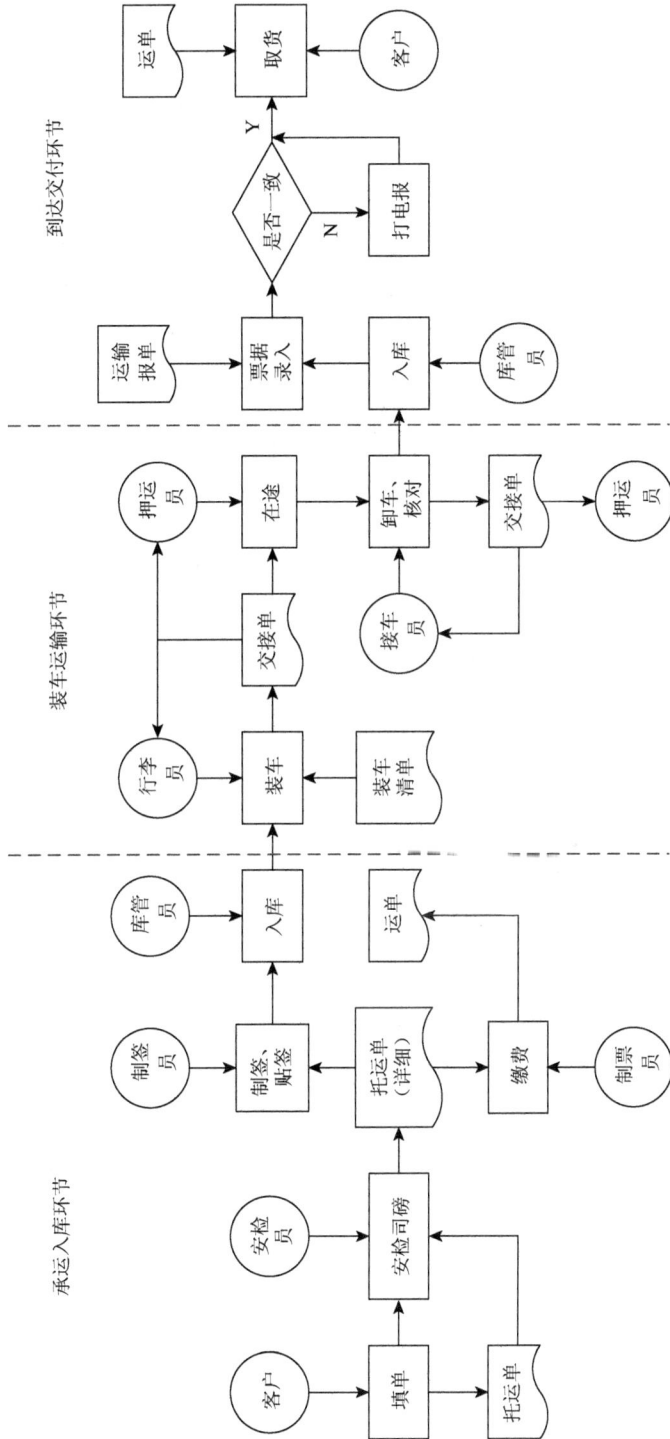

图 4.3　中铁快运核心业务流程图

（1）承运入库环节。客户营业厅办理托运，在引导员协助下填写托运单，作为后续工作的基础数据单。若需要打包装或是货物规格不符合规定必须打包装的，由包装员将箱号、施封锁号记录在托运单上。之后，进行安检称重，由安检司磅员填写记录同一品名的货物总重和件数，并填写在托运单相应位置，托运单（乙联）附在货物上，客户持托运单（甲联）到制票处缴费并打印相应票据（包括行李票、包裹票、运单），交给客户两联留作为提货及报销凭证，其余自己留存供后续环节使用。同时，制签员制货签、贴货签，完毕后与库管员办理交接入库。该环节同一运单需要不同操作员填写和传递，因此容易出现票据丢失、损坏，出入库经常出现因纸质条形码货签破损、漏检导致丢货。

（2）装车运输环节。装车行李员打印交接证、计划清单，将待发货物、相关票据与列车行李员交接。装车完毕后，在交接证上签章确认，行李员和押运员双方各留一份交接证。押运员在列车运输途中完成巡视货仓、整理货物、核对货票等具体工作。列车进站，接车行李员根据押运员提供的交接证核对货物和运输报单，进行卸车作业并接收运输报单，完毕后接车行李员在押运员提供的交接证上签章确认，交接双方各执一份。在此过程中，经常出现货物漏装、装错车、下错站、过站未下车等情况。而且出错后，信息无法跟踪，导致丢货和延时交付。

（3）到达交付环节。接车行李员将终到本站的货物、运输报单、装卸交接证交予库管员，双方签字确认。库管员把相应单据送至录入人员处进行到达录入和信息核对，若发现错误须及时向上级打电报划清责任，所有卸车信息采集完成后进行卸车确认并通知客户取货，客户凭运单到业务厅办理取货后确认交付。该环节需要核对货物信息、二次手动录入货物信息、出错后级级打电报确认等烦琐操作，事故处理效率低，运作成本高。

2. 基于物联网的中铁快运物流管理模式

基于物联网的中铁快运管理模式是在现行管理模式的基础上，以物联网技术为牵引，注重用户价值增加的现代化物流管理模式。其特点主要有：①物流通道透明。从信息采集、传递、处理、存储一切以数字信息化形式运转，整个物流流通过程的信息能见度很高。②运作效率快。以数字形式出现的电子标签的智能控制、无线传输、高速局域网等使得信息传递速度加快。③客户满意度高。实现货物全程信息共享，客户可随时掌控货物当前状态。

基于物联网的中铁快运核心业务流程，如图4.4所示。

（1）承运入库环节。用存储货物编号的电子货签（可重复使用）替换传统的纸质条形码货签，客户在引导员协助下用计算机填写托运单，提交后安检司磅员进行验货、称重，生成详细的托运单。之后，分别提交到制签处和制票处，

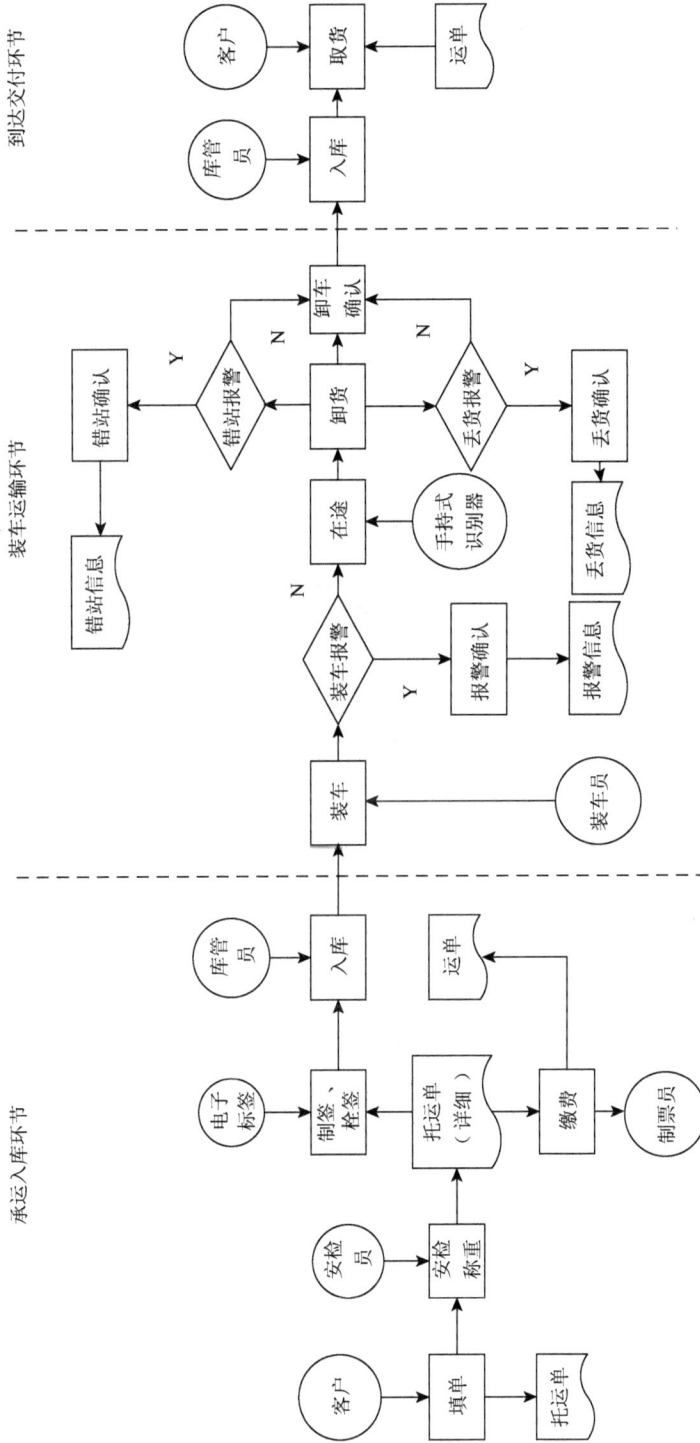

图 4.4 基于物联网的中铁快运核心业务流程图

制签员制作电子标签、拴签入库。同时，客户到制票处缴费，生成运单。单据不再手动传递，从货单录入、包装、安检司磅、制签收费每个操作环节的货物信息都是通过网络传输，最后生成统一的运单，避免了单据货物的信息不对称。

（2）装车运输环节。装车行李员根据装车计划单进行装车，车厢识别器与电子标签保持通信，上位机系统通过站场识别器循环采集车厢内货物在途信息（货物编号、通信时间、状态、车厢编号、上车时间、下车时间、电量、分站号）。若发生装错车或者漏装的情况，列车开出后，当前车站上位机会自动报警并显示报警信息。列车到站进行装卸作业，若发生途中丢货，当前车站上位机会报警指示。列车开出，若发生下错车的情况，当前车站上位机会报警指示，否则，进行卸车确认并记录卸车货物信息。同时，电子标签可以收到上位机的指示信息进行到站指示，避免了传统装车运输环节因人为因素造成货物漏装、装错车次、途中丢货、下错站等情况发生后，信息无法跟踪造成责任推诿的弊端。同时，实现了对货物的全程无缝跟踪，客户可随时掌控货物当前状态、位置、运动轨迹，最大限度地迎合了顾客的需求，最大限度地降低事故发生率。

（3）到达交付环节。货物到站入库后，有需要通知取货的货物，通知客户取货。客户凭身份证、运单等有效凭证领取货物，若信息匹配成功进行领货处理并打印领货单。最终，客户签字确认取走货物。该过程精简高效，真正实现了基于物联网的智能、安全、一体化货运管理。

3. 新旧流程对比分析

通过对中铁快运现行业务流程和应用物联网后的流程对比分析，得到承运入库、装车运输和到达交付三个关键环节。承运入库是行包业务的第一环节，从客户填写托运单到将货物安检入库，主要包括收件和分拣两项基本活动；装车运输是从货物装上车到货物到达目的地卸车的全过程，与运输环节相对应；到达交付是行包办理业务的最后一个环节，从货物到目的地与接车行李员交接到最后交付客户为止，对应基本活动中的派件。

对承运入库环节进行对比分析。原业务流程存在问题：拴制的纸质标签容易破损和丢失；运单在不同人手中来回传递；库管人员需要对入库货物逐一用手持机进行扫描，浪费时间的同时还加大了工作量。在物联网环境下，电子标签安全性较高，可以重复使用；无需人为对货物扫描就可以通过电子标签将货物信息传递到信息管理系统，方便快捷。通过对流程进行比较分析，得到预约取件批数、件数、托运单个数、货物量、包装烦琐程度、制栓标签安全性、货物安检速度、分拣货物的繁重程度、扫描货物信息方便程度、库存利用情况等指标。

对装车运输环节进行对比分析。原业务流程存在问题：在列车行驶过程中，沿途各站对列车的运行状况不清楚，行李员靠电话与各站行包房联系，告知下车货物量、能安排多少货物上车等情况；行李员在列车运行期间需要不断整理货物，核对货物信息。在物联网环境下，车厢识别器与电子标签保持通信，对货物下车有提示作用；对货物中途丢失、漏装、装错车有报警指示作用；物流企业和客户能随时掌握货物当前状态、位置、运动轨迹。通过对装车运输环节的分析，得到员工工作强度、设备满足需要的程度、接受新设备的态度、中途上车的站、卸货站数、装货站数、满载率、中铁货物量占总量的比率、清点货物的频率、装卸车烦琐程度、货物信息传递的复杂程度、添加新设备的可能性、完善信息传递系统的可能性、列车的货运量、工作的轻松程度等指标。

对到达交付环节进行对比分析。原业务流程：需要核对货物信息，手动录入货物信息。在物联网环境下，货物信息自动上传到信息管理系统。通过对到达交付环节的分析，得到到达货物量、到达批数、分拣速度、扫描货物信息方便程度、通知货主取货烦琐程度、配送批数、配送件数等指标。

4.3.3 中铁快运物联网应用系统的技术架构

根据 2.3 节铁路货运物联网技术架构及 3.2 节铁路货运物联网应用的感知层技术，中铁快运物联网的应用系统应采用三层物联网技术架构，感知层可用有源或无源电子标签标识货物信息。中铁快运承运货物品种较多，如单个物品都用电子标签标识货物信息，成本较高，也无法实现。因此，中铁快运的物联网应用，应用单元化铁路货运加电子标签标识货物信息的形式，即条码标识承运货物信息，电子标签标识承运单元信息，电子标签标绑定承运货物、承运单元。同时，这种方式也符合未来物流发展方向。

1. 基于物联网的中铁快运管理系统的技术架构

基于物联网的中铁快运管理系统为感知层、网络层及应用层的三层物联网技术架构。

感知层：一维码、二维码、无源 RFID 标签、有源电子标签及相应的识读设备（车厢识别器、站场识别器、手持识别器等）。一维码、二维码标识承运货物信息，用手持式识别设备识读；无源 RFID 标签标识承运单元信息，绑定承运货物、承运单元，可用手持式识别设备或车厢识别器识读；有源电子标签标识承运单元信息，绑定承运货物、承运单元，可用手持式识别设备或车厢识别器自动识读；无源 RFID 标签、有源电子标签标的识读设备有所差异，无源 RFID 标签识读设备识读距离较近，有源电子标签识读设备识读距离较远，所获取的货物信息都是通过无线通信方式上传；车厢识别器负责获取承运单元信息并上传站场识别器，同时可与站场识别器、手持识别器双向通信；站场识别器接收车厢识别器传输的信息并上传。

网络层：无线网、以太网、CAN 总线、网关、局域网（车站）和铁路专网及相应的设备（车厢识别器、站场识别器、手持式识别器、中继器、传输接口等）。无线网主要是指标识货物信息识别和上传的无线通信，此处一定要考虑信息碰撞问题，目前多采用某种避退时间算法及电子标签—车厢识别器—站场识别器—CAN 总线（或其他总线）体系的双向通信工作模式来解决，电子标签与车厢识别器及车厢识别器与站场识别器无线通信采用不同频段，避免干扰；以太网、CAN 总线、网关、局域网（车站）和铁路专网是指火车站、路局、铁路总公司之间货物运输信息传输使用的网络，实际应用中一定尽量使用已有的网络，避免资金浪费；中继器是信息传输的信号放大设备，传输接口与计算机相连的数据转换设备。

应用层：各种控制接口、传输接口、相应的管理和运行平台软件。例如，现有的中铁快运信息管理系统、铁路运输管理信息系统、车站综合管理信息系统的数据传输与控制接口，基于物联网的中铁快运货物跟踪管理系统应用软件等。

2. 基于物联网的中铁快运管理系统组成

根据图 4.4 基于物联网的中铁快运核心业务流程和采用物联网的三层技术架构，结合张志荣和张龙江（2011）提出的基于 RFID 的铁路物流系统电子识别系统，基于物联网的中铁快运管理系统是以计算机为核心，以电子识别技术为基础，建立一整套软硬件结合的完整监控体系，利用先进的无线通信和局域网，解决铁路物流的信息采集、传输、加工、共享等问题。实现对货物的全程实时监测跟踪，实现信息共享。

基于物联网的中铁快运管理系统技术架构如图 4.5 所示。该系统由电子标签、车厢识别器、站场识别器、手持识别器、中继器、主机、电子标签擦写器及数据传输信道组成。

工作原理概述：存储货物标识信息的电子标签与车厢识别器实时通信，列车进站后车厢识别器通过无线通信方式与站场识别器、中继器、上位机进行双向通信，把采集到的货物信息上传到车站计算机；车站计算机把接收的各类货物信息进行分析处理，形成各种文件，供管理人员使用。车站计算机也可将各类货物信息通过站场识别器传至车厢识别器，供货运押车人员使用。同时，途中运输环节押车员利用手持识别器对货物信息进行二次识别，保证对货物信息的无缝跟踪。各类货物信息通过公网或专网实现火车站、路局、铁路总公司逐级上传，通过铁路总公司、路局、火车站实现各类货物运输信息共享。另外，还设有专用的电子标签擦写器，保证电子标签的重复使用。

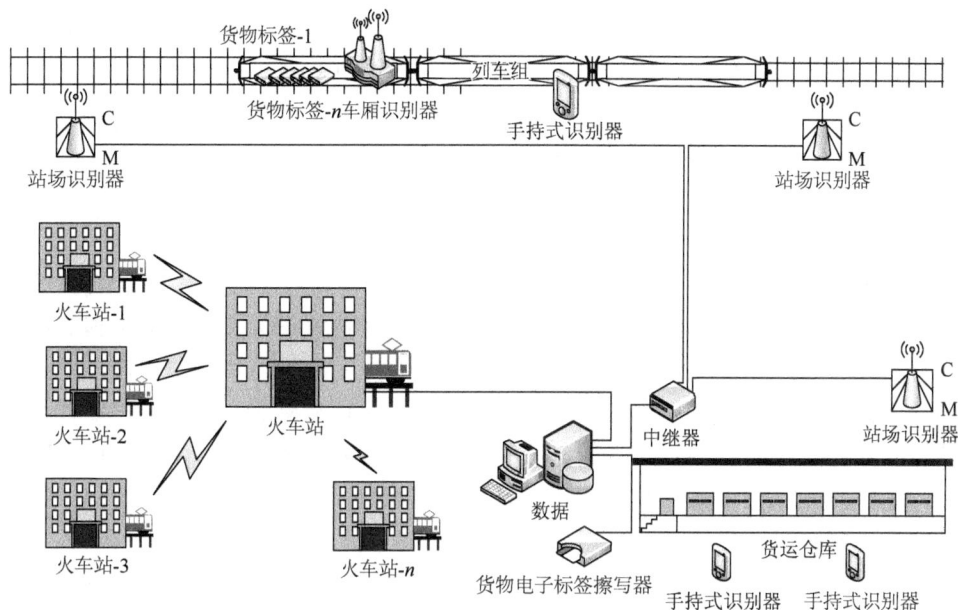

图 4.5　基于物联网的中铁快运管理系统技术架构图

4.3.4　有源电子标签的中铁快运应用系统若干技术问题

由 3.2.1 节可知,不同类型电子标签将构成不同类型的铁路货运物联网应用系统。无源电子标签由于其自身特性所限,传输距离近、承载信息量少,用于中铁快运的物联网应用有诸多限制。本节以 TI 的 CC1110 为有源电子标签芯片,说明有源电子标签标中铁快运物联网应用系统设计过程中的若干问题。

有源电子标签标的中铁快运物联网应用系统的构成如图 4.5 所示,该系统由电子标签、车厢识别器、站场识别器、手持识别器、中继器、CAN 总线、传输接口、主机、电子标签擦写器及数据传输信道组成。

无线通信多采用电子标签—车厢识别器—站场识别器—CAN 总线(或其他总线)体系的双向通信工作模式。系统的工作原理如 4.3.3 节所述。

系统设计过程中的主要问题有:有源电子标签标的无线通信工作模式问题、网络层无线数据的存储与传输速率匹配问题、标签数据上传算法及上位机软件开发中上传标签数据整理算法问题,以及铁路货运物联网应用的铁路电子地图匹配问题。其中,后两个问题已在第 3 章中论述过,这里不再赘述。

1. 有源电子标签无线通信工作模式确定

有源电子标签的中铁快运应用系统的无线通信采用电子标签—车厢识别

器—站场识别器—CAN（或其他总线）总线体系的双向通信工作模式及某种避退时间算法，以避免标识货物信息识别和上传产生信息碰撞丢失信息。其中，电子标签与车厢识别器一种通信频率（433 兆赫兹），车厢识别器与站场识别器是另一种通信频率（2.4 吉赫兹或 5.8 吉赫兹）。在电子标签与车厢识别器无线通信中还需考虑避退时间算法问题。

　　1）电子标签避退时间算法及工作模式确定

　　RFID 是利用电磁感应、无线电波或微波进行非接触双向通信，以达到数据交换的目的。有源电子标签的中铁快运应用系统的大量电子标签组成了传感节点，车厢识别器是一个汇聚节点，各传感节点需要在一定时间内将数据传输至汇聚节点。因此，数据传输呈现出一种"多对一"的汇聚传输模式，传输过程中容易出现信息碰撞问题。在 RFID 系统中，信息碰撞现象是在所难免的，电子标签冲突问题的实质是多信道接入问题。在铁路物流系统中，具有货物数量多、处于动态变化中的特点，信息碰撞问题也显得尤为突出。

　　RFID 防碰撞算法主要包括 ALOHA 算法和二进制树形算法，目前比较成熟、应用比较广泛的是 ALOHA 算法，本书 3.2.3 节对其进行了详细论述。利用 MATLAB 软件进行系统退避时间的仿真和实验验证，在仿真程序中，选择电子标签数量为最大，即 2000 张，足够满足实际应用的要求，在最佳退避区间内，成功读取的次数最大值为 7500 次左右，2000 张卡全部读取的概率为 99.96%。在实际的应用中，还可以通过延长限定时间，提高成功读取的次数，进一步减小漏读的概率。总之，选择合理的退避区间，在限定时间足够大的前提下，漏读的概率几乎为零，由此可以避免漏读的情况（张志荣等，2010）。

　　虽然漏读情况出现的概率很低，但还是存在可能性的，为了避免信息碰撞，可以从系统的无线通信工作模式上进行弥补，即电子标签与车厢识别器之间的工作模式采用巡检式工作方式。将电子标签分成若干组，通过对射频卡的巡检，采用广播点名的方式，车厢识别器发送指令将成功发送信息的电子标签关闭或休眠，这就提高了处理大量动态电子标签的效率，从而充分提高了信道利用率。具体工作方式如图 4.6 所示。

　　具体工作过程如下：①车厢识别器采用 433 兆赫兹频段不断广播巡检模式，它对电子标签轮巡点名，只有被点名的标签才会响应信息，其他标签不会发送信息，避免碰撞。②电子标签不断监听空间无线载波信号，当空间有点名信息时转入工作模式。平时在休眠和监听模式之间转换。③当监听到空间有其他货标签发送的载波信号时，则按照算法确定再次监听时间，避免同时发送信息的碰撞。④当监听的点名信号为对应自己的电子标签号时，且空间没有发送信号，则转入发送状态，发送信息。⑤当发送结束后，监听识别器的反馈信号。⑥车厢识别器收到标签信号后，发送关闭对应标签号信号。⑦当标签收到对应关闭信号后，转

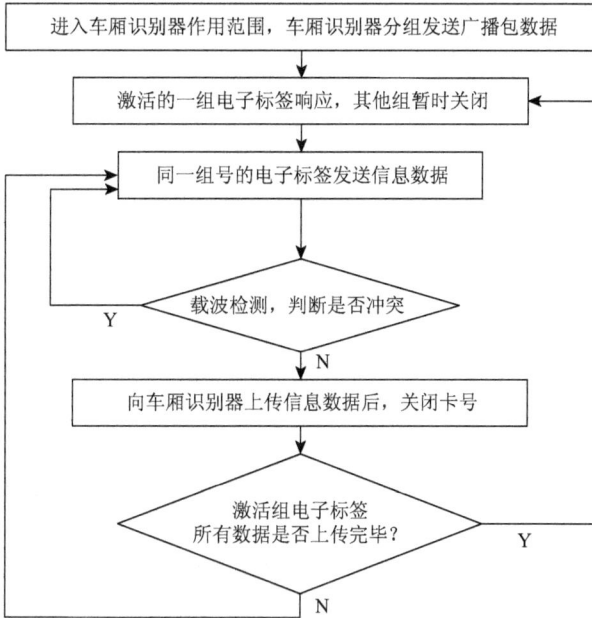

图 4.6　射频卡巡检方式流程图

入休眠状态,避免频繁发送减少流量,从而避免碰撞,并采用这种应答方式确保标签信息确实被识别器收到。

通信过程中的信息加有校验位,把由于干扰或碰撞导致的通信出错信息丢弃。

由于通信距离可以确保在 70 米(工作范围 100 米),合适的工作距离确保上述工作可以有足够多的周期实现多次。

车厢识别器与站场识别器之间的工作模式:车厢识别器与站场识别器,通过 Wi-Fi 通信方式、2.4 吉赫兹或 5.8 吉赫兹工作频率,发送电子标签信息。

由于车厢识别器是安装在列车上的,如何保证车厢识别器在快速通过站场识别器时通信数据的稳定传输,是要解决的关键问题。采用如下工作模式:车厢识别器实时搜索站场识别器,同时识别 RSSI 信号强度信号,按信号强度高优先连接的原则与站场识别器进行连接。

车厢识别器采用高速 UDP 的方式与站场识别器进行通信,为降低无线收、发模式的转换时间,采用上行、下行数据单工的通信方式。

2)电子标签—车厢识别器—站场识别器工作模式实验

如何保证车厢识别器在有限通信距离内对电子货签的有效识别,以及列车高速通过时,如何实现车厢识别器和站场识别器的高质量无线通信是上述应用模型可行的关键。

（1）子标签与车厢识别器有效识别距离测试实验。实验平台如图 4.7 所示。

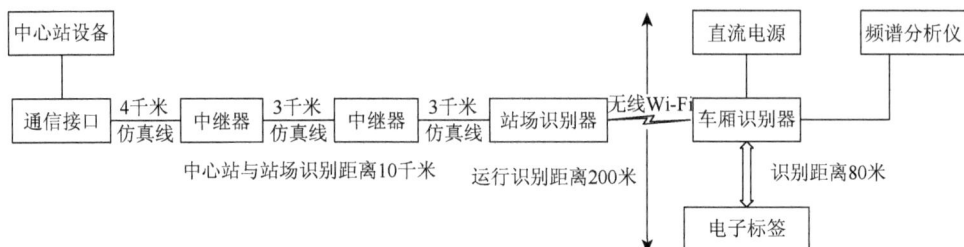

图 4.7　电子标签与车厢识别器有效识别距离实验平台设备布置图

实验方法：依次把 80 张、150 张、200 张货物标签放在距离车厢识别器 80 米处，利用测试软件分别记录读取电子货签的时间和漏读的卡数。结果如表 4.1 所示。

表 4.1　电子标签与车厢识别器有效识别距离实验结果与分析表

卡数/张	80	150	200
读取时间/秒	4.52	5.10	5.63
漏读卡数/张	0	0	0

通过实验数据得出：电子货签与车厢识别器的有效识别距离≥70 米，且不存在因电子标签信息碰撞造成的漏读。

（2）列车运动中，车厢识别器与站场识别器的通信质量测试实验。

实验方法：本试验以汽车为运动载体，分别将 100 张、200 张、300 张、400 张电子标签及车厢识别器放置到车厢内，每种情况下，汽车分别以 40 千米/小时、80 千米/小时、100 千米/小时速度运动通过 160 米的识别区，中心站测试软件分别记录每次实验的上卡时间和漏读卡数。结果如表 4.2 所示。

表 4.2　列车运动中，车厢识别器与站场识别器的通信质量实验结果与分析表

速度 卡数	40 千米/小时		80 千米/小时		100 千米/小时	
	漏卡数	上卡时间/秒	漏卡数	上卡时间/秒	漏卡数	上卡时间/秒
100	0	4.62	0	4.55	0	4.72
200	0	5.63	0	5.53	0	5.63
300	0	5.78	0	5.37	0	5.78
400	0	5.88	0	5.98	0	5.78

通过实验数据证明：当列车速度≤100 千米/小时，且车厢最大载卡量≤400

张时，站场识别器可在 6 秒内完成对电子标签的识别。

2. 网络层无线数据的存储与传输速率匹配问题

如前文所述，网络层的无线数据都要经过存储与传输的过程，主要是指电子标签与车厢识别器之间、车厢识别器与站场识别器之间，在存储与传输的过程中，都存在一个无线传输的速率与存储的速率匹配问题，数据通信模块的无线传输速率与存储模块的存储速率在实际的应用中并不是完全一致的，主要是由存储速率低于无线传输速率造成的。如果不能解决这个问题，会使数据在传输与存储过程中丢失。

解决无线传输速率与存储速率不匹配的方法有以下两种。

（1）采用高速缓存的方法。存储模块端设置 1 个高速缓存，缓存的存储速率远远大于无线传输速率。主控制板在接收到无线数据后，首先把数据存储到高速缓存中，然后在空闲时，把高速缓存中的数据再转存到存储模块中。这种方法的优点是不影响无线数据的传输速率；缺点是高速缓存的容量有限，不能一次性存储大量的数据，具体选择多大容量的高速缓存，需要根据实际需要来确定。

（2）采用无线数据传输同步控制的方法。采用这种方法的前提条件是无线数据的传输规则是按记录的特定格式传输的，网络层的数据通信模块都是采用这种格式传输的。具体实现过程是：①发送端的数据通信模块发送一条记录后，等待接收端的数据通信模块的反馈"存储完毕消息"，如果没有接收到反馈"存储完毕消息"则一直等待，直到接收到反馈"存储完毕消息"后，再发送下一条记录；②接收的数据通信模块接收到一条记录后，马上进行存储，存储完毕后给发送端反馈一条"存储完毕消息"，然后继续等待接收下一条记录，直到数据接收完毕。

3. 中铁快运物联网应用系统的软件架构

中铁快运物联网应用系统的软件架构是从物联网体系结构视角建立的物联网应用模型，它将应用程序的不同功能单元封装为独立模块，通过模块之间定义良好的接口和通信协议联系起来。中铁快运物联网应用系统的软件架构如图 4.8 所示（张志刚等，2014）。

系统软件主要分为物联网感知层、网络层和系统应用层。

物联网感知层主要感知物品信息并通过物联网技术对感知终端进行组网，汇聚感知数据，实现感知层数据接入网络。物联网感知层由货物标签、车厢识别器和站场识别器组成，负责采集数据并提供物联网数据传输接口；货物标签与车厢识别器之间采用 RFID 无线技术、防冲突检测机制，车厢识别器实时采集货物标签数据；车厢识别器采用 Wi-Fi 技术，以强度优先的连接原则与站场识别器建立连接，建立连接后采用 UDP 的方式进行数据传输。

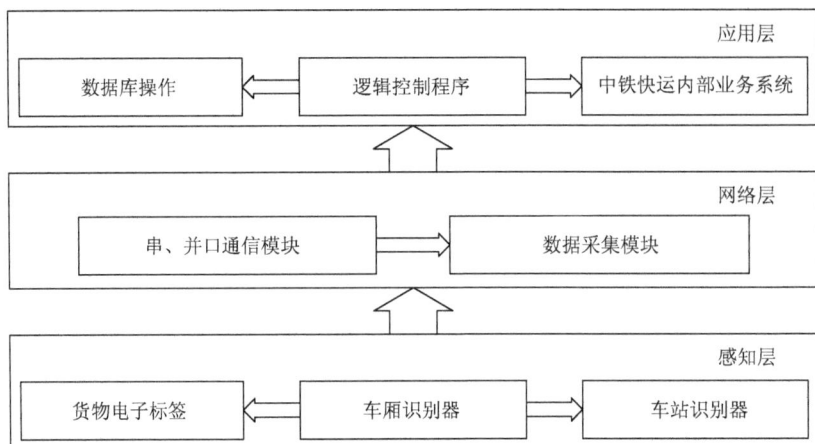

图 4.8　中铁快运物联网应用系统的软件架构

　　网络层由站场识别器、中继器、传输接口及车站级服务器组成，负责接收来自物联网感知层的数据并实时传输到系统应用层；站场识别器通过 CAN 总线或者以太网的方式与中继器、传输接口通信；采用 CAN 总线通信方式时，站场识别器为被动呼叫方式等待系统应用层的提取数据呼叫命令；采用以太网通信方式时，站场识别器为 C/S 架构模式下的服务器端。

　　系统应用层接收来自网络传输层的数据，实时显示货物的状态、生成各种统计报表并且存储。系统应用层采用的多线程处理机制，主要由数据感知层、数据分析层、数据存储层和数据发布层组成，包括采集数据线程和逻辑处理线程，其中采集数据线程为主线程，逻辑处理线程为副线程，副线程由主线程控制启动，启动后与主线程并发运行。数据感知层通过传输接口或者以太网采集站场识别器的数据，然后通过数据队列的方式传给数据分析层；数据分析层实时分析采集到的数据，进行界面显示和相关的报警操作；数据存储层负责存储相关数据。其中，定义了连接中铁快运内部业务系统的接口，实现物联网应用系统与企业内部系统的集成，达到异构数据互联的目的，避免形成"信息孤岛"。力求系统功能简洁可靠，且能满足客户个性化需求。

　　中铁快运物联网应用系统的应用层各层之间采用 C/S 与 B/S 相结合的软件架构；物联网感知层与网络传输层采用 C/S 架构；网络层与系统应用层采用 C/S 架构；系统应用层之间采用 B/S 架构。

4.3.5　基于北斗、地理围栏模式的中铁快运物流管理系统

　　根据图4.4基于物联网的中铁快运核心业务流程及2.3节铁路货运物联网应用

的三层技术架构，基于北斗、地理围栏模式的中铁快运物流管理系统组成如图 4.9
所示。

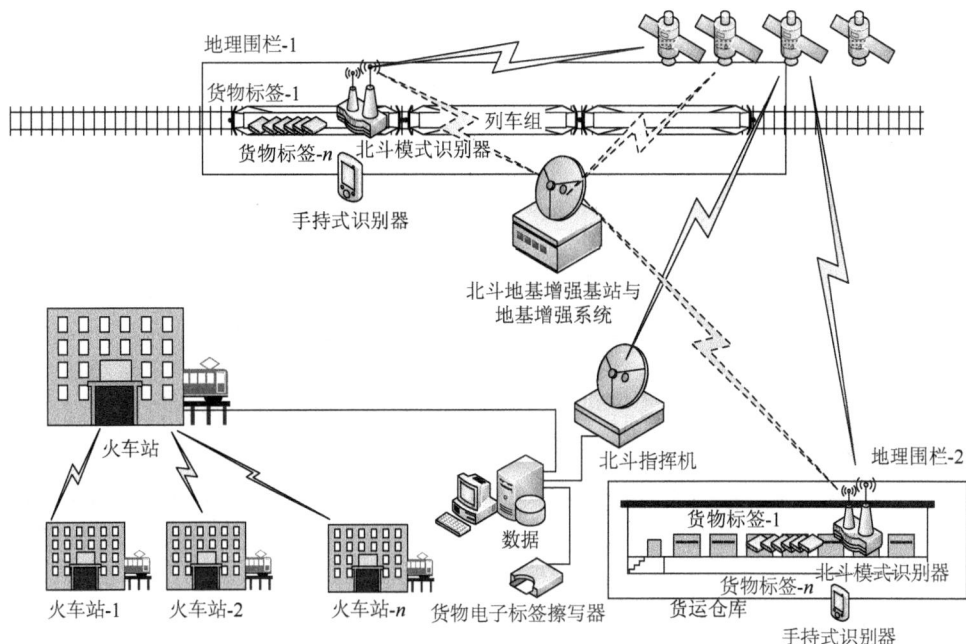

图 4.9　基于北斗、地理围栏模式的中铁快运物流管理系统技术架构图

　　基于北斗、地理围栏模式的中铁快运物流管理系统由电子标签、北斗识别器、
手持识别器、主机、电子标签擦写器及数据传输信道组成。

　　工作原理概述：比较图 4.5 与图 4.9 可以看出，二者的差异主要是标签信息的
接收与传输方式有所不同。图 4.9 中存储货物标识信息的电子标签与北斗模式识
别器实时通信，当列车载货车厢进入地理围栏-1 区域后，北斗模式识别器通过无
线通信方式（可以是 GPRS、北斗短报文等）、北斗指挥机、上位机进行双向通信，
把采集到的货物信息上传到车站计算机；车站计算机把接收的各类货物信息，进
行分析处理，形成各种文件，供管理人员使用。车站计算机也可将货运仓库（地
理围栏-2）各类货物信息传至北斗模式识别器，供货运押车人员使用。同时，途
中运输环节押车员利用手持识别器对货物信息进行二次识别，保证对货物信息的
无缝跟踪，手持识别器可与北斗模式识别器通信，也可通过北斗短报文方式与地
面通信。各类货物信息通过公网或专网实现火车站、路局、铁路总公司逐级上传，
通过铁路总公司、路局、火车站实现各类货物运输信息共享。另外，还设有专用
的电子标签擦写器，保证电子标签的重复使用。

　　图 4.5 所示系统中标签信息的接收与传输方式采用的是：电子标签—车厢识

别器—站场识别器—CAN 总线体系的双向通信工作模式，这种方式地面要布置站场识别器、传输电缆等。

图 4.9 所示系统中的北斗模式识别器除包括电子标签识别装置外，还包括北斗定位模块、北斗短信模块（或其他通信模块）及预设的地理围栏信息。在列车运行过程中，北斗定位接收位置信息，当位置信息在地理围栏范围内时，北斗模式识别器将货物标识信息通过通信模块发送至地面，同时接受地面传输的各类货物信息。

地理围栏坐标定位方式一般分为：北斗定位和北斗高精度定位。

北斗定位的优点是比较精确，根据我们的测试数据，平均精度为 10 米左右，另外还包含高度信息。缺点则是信息返回比较慢，定位时间往往为几十秒到几分钟不等。定位时间与精度定位有关，定位精度越高定位时间越长。

北斗高精度定位系统由高精度定位模块、地基增强系统及北斗卫星组成。高精度定位模块包含定位模块、计算模块及通信模块；地基增强系统由北斗增强基站和计算机组成，北斗增强基站包含精确的点位信息。高精度定位模块可以与北斗卫星、地基增强系统通信，与北斗卫星实现位置信息交互，与地面增强系统通信获取伪距信息，高精度定位模块的计算模块将位置信息与伪距信息差分计算出精确位置信息。

北斗高精度定位定位系统，定位精度高，一般可达厘米级。这种模式要求专设北斗地基增强基站与地基增强系统，只有在特殊需要时才使用。

对于铁路货运来说，一节车皮要几十米长，对北斗定位模块定位精度要求不是很高。

中铁快运承运的货物品种较多，承运货物的信息标识受多方面的限制，因此其物联网技术的应用是最基础、最复杂的。本节从中铁快运单元化货运的角度，对物联网应用过程中涉及作业流程规划、电子标签设定、物联网技术架构、系统构成、工作模式、数据传输与存储等诸多问题都做了详尽的探讨与实验分析。尽管实践证明物联网技术的应用是可行的，但具体应用还有许多具体问题需逐步解决完善，如电子标签的成本问题、物联网识别网络如何构建、国家标准体系如何制定等。随着物联网技术的发展，成本将会大大降低，物联网的应用系统也更加完善，如 4.3.5 节的基于北斗地理围栏模式，使物联网技术应用于铁路货运中的行包运输管理更为简单、易行，也符合未来货物运输追踪系统的全球定位系统（北斗或 GPS）与无线 RFID 结合的发展方向。

4.4　基于北斗标签的铁路集装箱运输的物联网应用系统

铁路集装箱运输追踪方式主要有：利用铁路运输管理信息系统专用通信通道

CIS 系统（铁道部信息技术中心，2004）、基于 ZigBee 和 RFID 技术在铁路集装箱追踪系统（马帅和杨柳涛，2015；薛小平等，2009；颜理等，2009）。CIS 系统属于运输管理信息系统工程项目，是将集装箱箱号、车号、列车车次联系起来，经综合处理后，提供每个集装箱的运输轨迹和动态，从而实现集装箱按时间段的节点式追踪，这种方式是目前铁路系统现行的识别方式（铁道部信息技术中心，2004）。与基于 ZigBee 和 RFID 技术在铁路集装箱追踪系统的工作原理类似，即电子标签+阅读器+上位机应用软件。这种方式地面要布设大量基站，应用成本很高，且存在箱号漏读问题（马帅和杨柳涛，2015；薛小平等，2009；颜理等，2009）。

我国铁路现行的货物运输的种类分为整车、集装箱和零担运输。集装箱运输是现代物流发展的趋势，我国铁路集装箱运输的箱型有国际通用集装箱和各种类型的专用集装箱（或特种集装箱）。

3.2.1 节中提出的铁路货物运输中物联网技术应用采用的电子标签主要有 RFID、ZigBee、北斗识别三种。对铁路集装箱运输而言，这三种电子标签可应用于不同情况。

国际通用集装箱通用性好、造价低、无电源，使用 RFID 电子标签较好；专用集装箱（或特种集装箱）使用 ZigBee、北斗识别类标签较好，ZigBee 可实现传感网的自组网、北斗可实现位置跟踪，因此可用于专用集装箱（或特种集装箱）的物品状态检测及位置跟踪。

本节介绍如何根据物联网应用感知标识、网络通信、计算与服务、管理与支撑相关理论（桂劲松，2014）及铁路集装箱运输追踪的特点，构建基于北斗的铁路集装箱运输物联网应用系统。

4.4.1　系统组成及工作原理

基于北斗的铁路集装箱运输物联网应用系统由集装箱北斗系列标签、北斗指挥机、北斗小型化手持识别器、上位机服务器、北斗无线网络及基于 GIS 的上位机集装箱管理软件组成，其可接入公共信息网络平台，支持各种应用服务。

对于铁路集装箱货场还要预设地理围栏、配置北斗地基增强基站与地基增强系统，北斗系列标签中也要预设地理围栏信息。

1. 系统物联网技术架构

基于北斗的铁路集装箱运输物联网应用系统的技术架构采用三层结构形式，即感知标识层、网络通信层及计算与服务层，同时也涉及物联网应用系统的铁路集装箱运输作业流程问题。

（1）感知标识层。集装箱北斗系列标签有两类，北斗Ⅱ定位模块+北斗Ⅰ模块通信标签、北斗Ⅱ定位模块+北斗Ⅰ通信标签及 Wi-Fi+ZigBee 模块电子标签。第一类标签可实现集装箱实时位置跟踪；第二类标签可实现集装箱实时位置跟踪及集装箱内承运货物状态的实时跟踪。

（2）网络通信层。通过北斗指挥机、北斗地基增强系统和北斗卫星网络系统，传输集装箱北斗系列标签各种信息。

（3）计算与服务层。开发基于 GIS 的铁路集装箱运输上位机管理软件，采用铁路地理地图匹配算法（刘宪军等，2015），实现集装箱位置与铁路地理地图的匹配显示。

（4）北斗智能手持识别器，相当于小型北斗指挥机，并配有一些简单的集装箱实时位置跟踪功能。

（5）物联网应用的铁路集装箱运输作业流程问题将在后文论述。

2. 系统组成及工作原理

基于北斗的铁路集装箱运输物联网应用系统构成如图 4.10 所示，其工作原理如下。

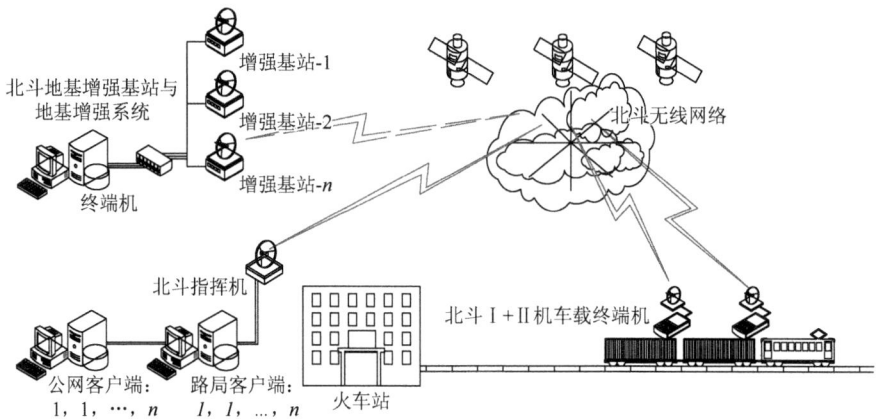

图 4.10　基于北斗的铁路集装箱运输物联网应用系统技术架构图

（1）集装箱北斗系列标签安装在相应的集装箱上，可将集装箱的位置信息、箱内货物状况等信息，通过北斗指挥机实时传递给地面集装箱管理。

（2）北斗指挥机负责完成集装箱北斗系列标签与基于上位机 GIS 的集装箱管理软件的通信。利用北斗指挥机通过北斗卫星网络系统，对集装箱北斗系列标签定位、通信信息，并可向下属用户机广播指挥信息。

（3）基于 GIS 的上位机集装箱管理软件完成集装箱定位、短报文通信、北斗设备监管、北斗信息广播功能、数据处理、铁路集装箱运输的追踪等功能。同时，通过接口与接入公共信息网络平台，支持各种应用服务。

（4）工作人员可配备北斗智能手持识别器，具有导航定位、授时、短报文通信和对讲机功能，并配有一些简单的集装箱实时位置跟踪功能。

（5）当北斗系列标签接收的位置信息在地理围栏范围内时，北斗系列标签将集装箱信息通过通信模块发送至地面，同时接收地面传输的各类货物信息。

4.4.2　铁路集装箱运输物联网应用流程优化

1. 我国铁路集装箱运输现有作业流程分析

我国铁路集装箱运输作业流程主要分为三个环节，分别为受理承运环节、装车运输环节及达到交付环节，具体作业流程如图 4.11 所示。

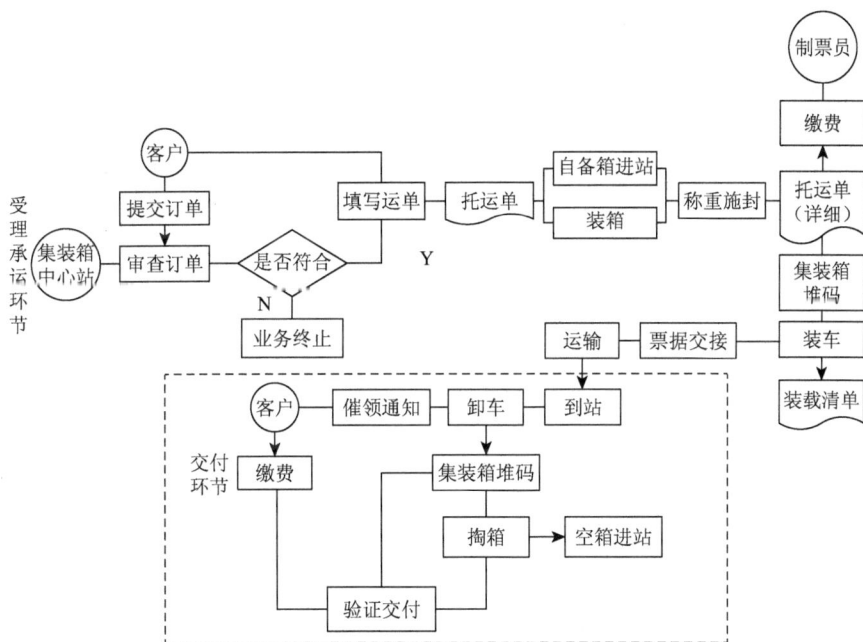

图 4.11　现有集装箱作业流程图

（1）受理承运环节。客户可以通过集装箱铁路运输网上办理平台或到集装箱中心站提交货运需求订单。集装箱办理中心对客户提交的订单进行审核，若审核通过，则通知客户到集装箱办理中心进行办理；若审核未通过，则终止业务。客户在规定日期将货物送至集装箱中心站，并填写托运单。在此环节包含两种情况：

一是货主自备箱，直接运入；二是铁路集装箱部门提供集装箱，进行装箱作业。装箱完毕后进行称重施封，并在托运单上填写货物重量，形成详细托运单。客户持托运单至制票窗口，制票员制票，客户缴纳费用后得到提货联和报销联，托运程序完毕。客户缴费完毕后，货物被送往集装箱堆场暂时保管，堆场人员根据货票丁联将信息录入系统进行管理。

（2）装车运输环节。路局根据审批计划进行配车至铁路编组场，按照装车计划，集装箱堆场工作人员在指定日期进行，装车完毕后填写装车清单，制票丁联和装车清单一起形成运输凭证，交由列车人员进行运输。

（3）到达交付环节。列车到站前会向车站发出到达确报，车站向货主发出催领通知，列车到达与车站进行票据交接，进行卸车作业，卸车完毕后，集装箱堆码，进行货物暂时保管。对于自备箱的货主，缴费后直接可进行验证交付，而对于铁路提供集装箱的货主，先进行掏箱作业，然后验证交付，完毕后将空箱运回铁路集装箱中心。

2. 物联网应用的铁路集装箱运输作业流程

物联网技术的应用在很大程度上改变了集装箱运输的作业流程及管理模式，基于物联网的集装箱运输核心业务流程如图4.12所示。在原有作业流程（图4.12中未涂底色部分）基础上，加入物联网技术，其应用如图4.12涂黑节点所示。

（1）受理承运环节。客户可以通过集装箱铁路运输网上办理平台或到集装箱中心站提交货运需求订单。集装箱办理中心对客户提交的订单进行审核，客户在规定日期将货物送至集装箱中心站，并填写托运单。装箱完毕后进行称重施封，并在托运单上填写货物重量，形成详细托运单。之后，分别提交到制签处和制票处，制签员制作电子标签、拴签入库。同时，客户到制票处缴费，生成运单。单据不再手动传递，从货单录入、包装、安检司磅、制签收费每个操作环节的货物信息都是通过网络传输的，最后生成统一的运单，避免了单据货物信息不对称。客户缴费完毕后，货物被送往集装箱堆场暂时保管，堆场人员根据货票丁联将信息录入系统进行管理。

（2）装车运输环节。铁路局根据审批计划进行配车至铁路编组场，按照装车计划，集装箱堆场工作人员在指定日期进行，装车完毕后利用手持识别器对每个集装箱上的电子标签进行扫描，即在途信息录入（集装箱编号、上车时间、下车时间、电量、分站号等），若发生装错车或者漏装的情况，列车开出后，当前车站上位机会自动报警并显示报警信息。在确保货物安全、准确后交由列车人员进行运输。在途货物则由货运中心进行在线监测，保证货物的实时安全。

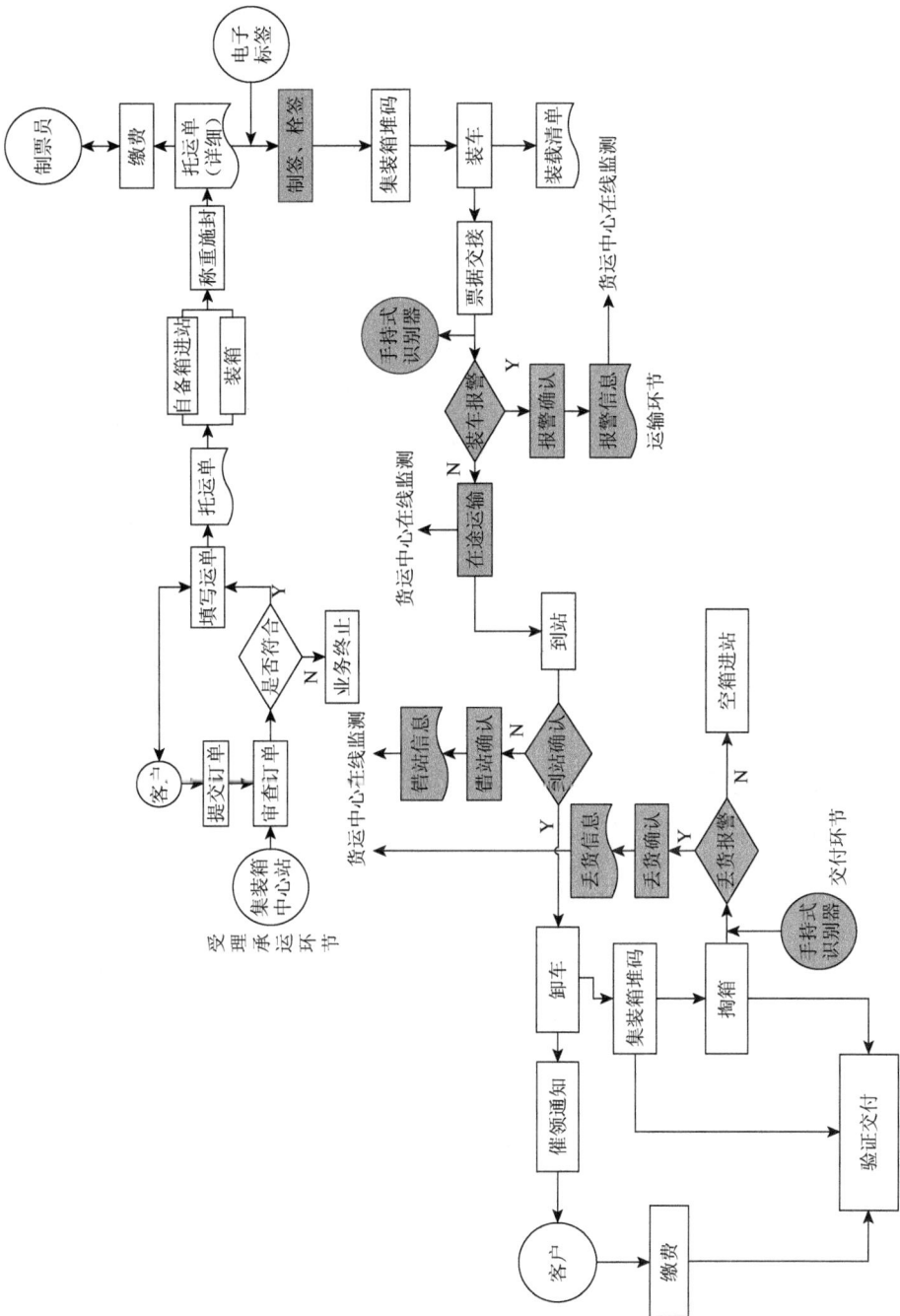

图 4.12　基于物联网的铁路集装箱运输作业流程图

（3）到达交付环节。列车到站进行装卸作业，若发生途中丢货，当前车站上位机会报警指示。列车开出，若发生下错车的情况，当前车站上位机会报警指示，否则，进行卸车确认并记录卸车货物信息。同时，电子标签可以收到上位机的指示信息进行到站指示。车站向货主发出催领通知，卸车完毕后，进行集装箱堆码，进行货物暂时保管。此时，再次利用手持识别器对集装箱信息进行确认，一旦发现信息不匹配的丢货现象立即发出丢货报警。最终实现货物验证交付。

4.4.3 系统物联网技术在铁路集装箱运输中的应用仿真

1. 中铁集装箱现行业务流程和应用物联网后的流程对比分析

通过对中铁集装箱现行业务流程和应用物联网后的流程对比分析，得到根据承运入库、装车运输和到达交付三个关键环节所进行的流程对比分析如下。

（1）承运入库环节对比分析。在原业务流程中，纸质标签容易破损和丢失；运单在不同人手中来回传递，也存在较大的安全隐患。在物联网环境下，电子标签安全性较高，可以重复使用；无需人为地对货物扫描就可以通过电子标签将货物信息传递到信息管理系统，方便快捷。

（2）对装车运输环节进行对比分析。在原业务流程中，列车行驶时，无法对在途货物实行实时跟踪，若途中发生在途货物途中丢失、下错站等情况，货物无法找回，这样会降低客户的信任度和满意度，进而降低企业效益。在物联网环境下，装车报警系统的使用避免了传统装车运输环节因人为因素造成的货物漏装、装错车次等情况发生后，信息无法跟踪从造成的责任推诿弊端。同时，实现了对货物的全程无缝跟踪，客户可随时掌控货物当前状态、位置、运动轨迹，最大限度地迎合了顾客需求，最大限度地降低事故发生率。

（3）到达交付环节对比分析。在原业务流程中，从通知货主取货、发出催领通知，到交付验证真正将货物送到客户手中的这个过程比较烦琐，并且没有对货物进行最终的安全检验。在物联网环境下，货物到达后系统便对到站货物进行信息核对，在通知客户取货前便对货物进行检查，一旦发现丢货现象及时处理、追踪货物信息便可找回货物。确保货物安全后，通知客户取货，整个过程精简高效，实现了物联网环境下智能、安全、一体化管理。

2. 应用实例分析对比

本节运用 SIMIO 仿真软件以大连到哈尔滨的货物运输为例，实现原有作业流程与加入北斗物联网技术后的作业流程进行对比分析，证明添加北斗物联网技术应用的必要性。

第一，将现有作业流程进行 SIMIO 仿真，其作业过程主要包括业务办理、添加纸质标签、入库仓储、单据交换、装车、运输、再次单据交换、到达卸车、场站堆码保管、人工核对货物及交付等过程，其仿真流程图如 4.13 所示。仿真模型的具体构建过程为：首先，设定两个源（source），分别代表客户与货物的随机产生；其次，对于代表客户的源 1（source1），中间加入服务器（server），重命名为集装箱中心站，代表客户到集装箱中心站办理货运托运业务，对于代表货物的源 2（source2），加入 9 个服务器（server），同样分别重命名，代表货物制签（tags）、保管（warehousing）、装车（loading）、票据交接（bill changing）等过程，并对每一个服务器（server）属性进行设置，如设置制签时间为三角分布，最大值、平均值及最小值分别为 10 分钟、15 分钟及 20 分钟；最后，分别设置汇 1 和汇 2（sink1、2）代表客户的业务办理结束及货物的运到交付，整个运输过程完成。其仿真流程如图 4.13 所示。

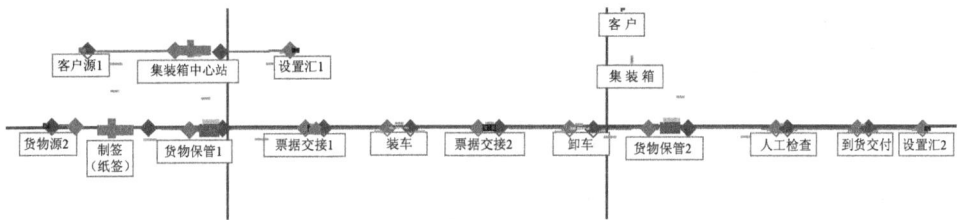

图 4.13　铁路集装箱运输现有作业流程仿真

其仿真结果如表 4.3 所示。

表 4.3　过程时间平均值

作业名称	数据源	类型	值/小时
集装箱中心站	[资源]	资源型	1.876 83
制签（纸签）	[资源]	资源型	0.738 62
货物保管 1	[资源]	资源型	25.749 97
票据交接 1	[资源]	资源型	0.211 94
装车	[资源]	资源型	0.813 03
票据交接 2	[资源]	资源型	0.203 16
卸车	[资源]	资源型	0.786 39
货物保管 2	[资源]	资源型	19.657 46
人工检查	[资源]	资源型	0.743 29
到货交付	[资源]	资源型	—

第二，将北斗物联网技术应用到作业流程改进上，同样重复上述建模过程，再对整个办理运输过程进行仿真，其仿真过程主要包括客户托运办理、制作电子标签并进行添加、入库仓储、装车及车厢识别器货物识别、运输、运输途中在线监测、到达卸车、场站识别器货物识别以及货物交付等过程，其仿真流程如图 4.14 所示。

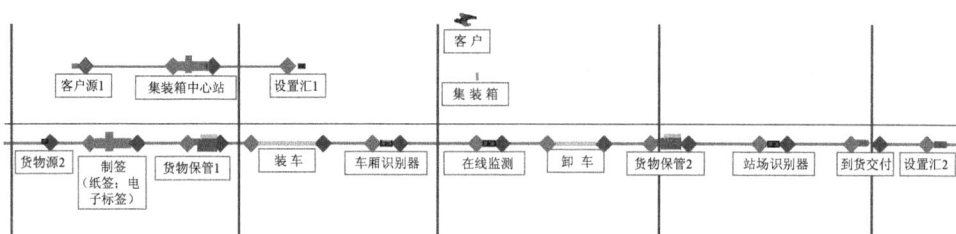

图 4.14　北斗物联网技术应用流程图仿真

其仿真结果如表 4.4 所示。

表 4.4　过程时间平均值

作业名称	数据源	类型	值/小时
集装箱中心站	[资源]	资源型	0.716 53
制签（纸签；电子标签）	[资源]	资源型	0.253 87
货物保管 1	[资源]	资源型	12.748 81
装车	[资源]	资源型	0.792 81
车厢识别器	[资源]	资源型	0.018 34
在线监测	[资源]	资源型	0.241 34
卸车	[资源]	资源型	0.765 25
货物保管 2	[资源]	资源型	15.634 81
场站识别器	[资源]	资源型	0.019 68
到货交付	[资源]	资源型	—

通过对比图 4.13 与图 4.14，即原流程与加入北斗物联网技术的新流程，可以发现，新流程改变了原有作业流程的货物标签，以电子标签代替纸质标签，不仅可以保证货物信息的准确性，还使货物信息的数据在线传递，省去了单据交接的环节，极大地提高了工作效率，避免了因人工操作失误造成的货物信息丢失等问题。同时，北斗物联网技术的加入，可以实现货物的在线监测，利用车厢识别器

对货物信息进行装车扫描，有效避免了人工漏装、错装等问题的发生。运输途中的在线监测可以实现对货物的实时追踪，及时向货主反馈货物运输信息，同时具有货物运输报警功能，进一步保障货物运输安全。最终通过场站识别器进一步来确认货物安全，提供三重保障。

以大连至哈尔滨货物运输为例，通过对比表 4.3 与表 4.4 可以看出，应用北斗物联网技术的作业流程中，从客户办理托运至到达交付整个过程的平均时间为 40.651 44 小时，而原流程的平均时间为 60.240 69 小时。因此，加入北斗物流网技术后，铁路集装箱的运输时间大大缩短，提高了工作效率，极大地为客户提供了便利。由此可验证，北斗物流网技术在铁路集装箱运输上的应用在理论上是实际可行的。

铁路货运单元化是未来的发展方向，集装箱运输是最典型的代表。铁路集装箱种类很多，有国际通用集装箱、专用集装箱（或特种集装箱）等。对国际通用集装箱而言，由于自身没有电源，用无源标签较好，功能受限制；对专用集装箱（或特种集装箱）而言，可以配备电源，可以选用各种有源标签，如有源 RFID 电子标签、ZigBee 等，可实现自组网，对承运货物状态监测。使用北斗系列标签可构成全程定位跟踪管理的物联网应用系统，支持集装箱运输的各种应用服务，提高运输作业效率和信息化管理水平。

如果对于铁路集装箱货场预设地理围栏、配置北斗地基增强基站与地基增强系统，可实现对集装箱货场的管理。

4.5　基于北斗卫星定位系统的机车动力资源定位系统

机车是铁路运输资源的一个重要组成部分，一台机车的造价一般为几百万元甚至上千万元，加强对这部分资源的管理，发挥其最大的效能具有重要意义。目前，全路机车保有量为 2 万台左右（中华铁道网，2013），哈尔滨铁路局配属机车1064 台，这些价值高昂的可移动资产，必须准确使用，高效利用，任何调度指挥上的失误，任何交路安排的错误，都会造成巨大的资源浪费。因此，对铁路机车动力进行跟踪、定位和集中统一管理，具有十分重要的意义。

目前，我国既有线路机车的定位方式主要有如下八种：轨道电路检查法、计轴测速定位法、交叉感应回线定位法、点式查询\应答器定位法、全球卫星定位法、扩频无线电定位法、惯性定位法和目标距离定位法等。比较简单的方式是通过机务段的调度员与铁路局机车调度员之间的电话联系沟通，得知机车具体位置信息后，绘制出机车周转图，对其进行跟踪。这种方式存在着信息传递滞后、信息准确度不高等诸多弊端，致使机车使用效率比较低，无法实现集中管理。

随着调度指挥信息化技术的成熟，机车的定位现采用铁路运输列车调度指挥系统进行管理，车站人工输入机车信息，路局机车调度员可通过调取列车调度指挥系统信息掌握机车运行动态（许诚等，2006）。

第一，采用列车调度指挥系统对机车动力资源进行定位跟踪。这是目前各铁路局调度所比较普遍的做法。具体的定位方法是：机车运行到达某个车站后，由车站值班员将机车型号、司机姓名、列车车次等信息输入列车调度指挥系统。铁路局机车调度员通过调取列车调度指挥系统的信息，绘制出机车周转图，掌握机车运行动态。其存在的弊端为：一是这种方式采用由车站值班员人工输入机车信息，车站值班员利用无线通信电话询问司机后，将机车信息输入列车调度指挥系统，不能实现机车信息自动识别；二是机车进入机务段或折返所后，列车调度指挥系统中不能够显示机车位置和状态信息，铁路局机车调度员只能通过询问机务段调度员来了解机车当前位置和运用状态，不利于铁路局调度所对机车动态信息的准确掌握和统一调配，有时还会出现"丢"机车和错排车号的问题（郑福林，2010）。

第二，采用 GPRS 系统对机车动力资源进行定位跟踪。目前比较先进的方式是采用中国移动网络 GPRS 无线传输系统，对机车动力资源进行定位跟踪。机车上安装有移动终端机，利用手机将机车上 LKJ-2000 型列车运行监控记录器中的数据传输到指定的服务器上，数据内容包括机车型号、运行区间、行驶里程、速度、司机姓名和列车编组等信息，服务器上的程序根据接收到的数据，将机车位置绘制到电子地图上，同时显示机车当前运行状态。这种方法存在的弊端为：一是当列车运行到移动网络信号盲区时，信息无法上传，机车将出现位置丢失的问题，这会给机车定位和调度指挥带来很大麻烦。对哈尔滨铁路局齐齐哈尔段管内数据调查显示，该段管内的列车无线列车调度电话信号盲区和手机信号盲区就有 129 处之多（刘宪军等，2015）。二是移动网络服务费用较高，机车信息传输量又比较大，在实际应用中一般站段很难支付。因此，目前这些设备基本处于闲置状态。三是当机车到达后，进入机务段或折返所院内时，由于监控装置处于关机状态时，LKJ-2000 型装置将没有位置信息，电子地图上将无法还原机车地理位置，系统将找不到机车。四是当机车处于降级状态时，由于无区间公里等位置信息，系统也无法绘制机车位置。因此，这种方式并没有被广泛推广使用（张瑞芳等，2010）。

4.5.1 系统构成与工作原理

北斗导航定位系统主要功能有：快速定位、实时导航、短报文通信、精密授时功能。基于该系统的功能，完全可以实现对铁路机车进行实时定位和跟踪，而且不受地理条件、机车运行状态等因素的影响，实时为调度所提供可靠准确的机车信息，从而为铁路机车动力的集中调度指挥和统一配置提供了可能。这种方式如果推广到全路使用，不仅可以大大提高机车的使用效率，减少机车使用上的浪费，而且能实现铁路动力资源利用的最大化。

1. 系统结构与原理

基于北斗卫星定位系统利用北斗卫星作为通信链路，通过北斗Ⅱ定位和北斗Ⅰ通信模块，实现机车实时位置跟踪、双向短信信息的传送等。系统由北斗Ⅰ+Ⅱ机车终端、通信管理机、局段服务器、北斗无线网络及基于 GIS 的上位机机车管理软件组成的一套软、硬件相结合的技术架构。具体如图 4.15 所示。

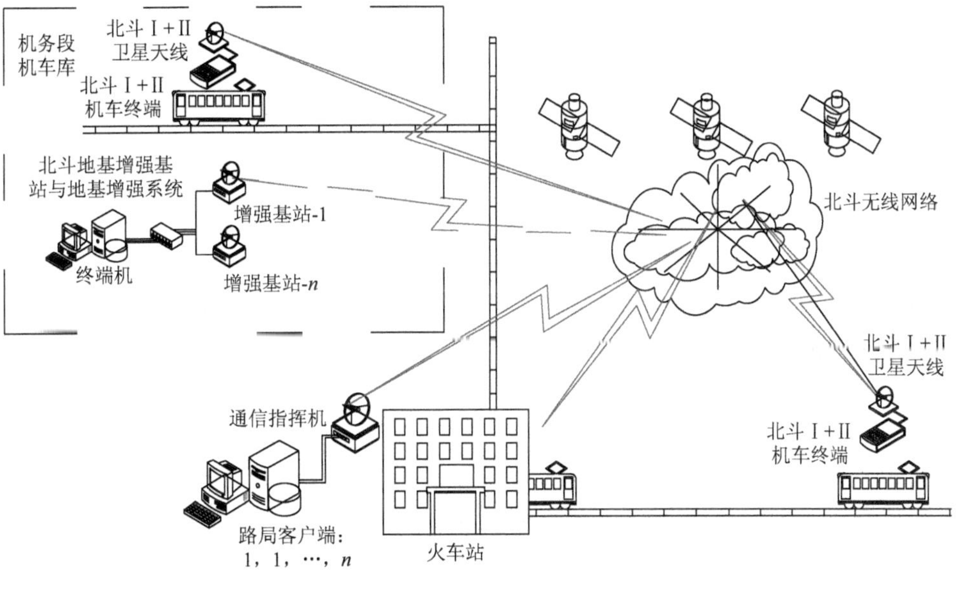

图 4.15　基于北斗技术的铁路机车定位系统技术架构图

（1）北斗Ⅰ+Ⅱ机车终端安装在机车内部，具有定位、通信等功能，同时有键盘输入和液晶触摸屏一体的液晶显示，可以双向通信的功能。并通过机车管理软件保持与地面指挥调度中心和相邻机车的信息交换。同时，可将机车的地理位置、机车型号、所属机务段、司机姓名、担当车次、牵引辆数、总重、计长、当前速度、线路限速、信号机灯显、柴油机转数、牵引电流等机车运行状况参数实时传递给地面指挥调度中心。

（2）通信管理机安装在机务段，与服务器连接，可以同时与多台机车定位器进行通信，通过计算机接口为服务器提供机车的位置信息，服务器还可以通过通信管理机向各个机车定位器下发文字信息。

（3）局段服务器安装在机务段，通过通信管理机与机车定位器进行通信，并安装机车定位管理软件，对机车位置信息进行统计、分析及 GIS 显示。

（4）北斗无线网络采用国产北斗定位系统，实现机车定位器与通信管理机之间的数据通信。

（5）基于 GIS 的上位机机车管理软件实现机车位置与铁路地理地图的匹配显示。基于 GIS 的上位机机车管理软件分为铁路总公司级、铁路局级和机务段级。

机务段级机车管理软件通过北斗指挥机接入服务器，对获取到的数据进行存储、备份、管理和分发、汇总，实现对各类车载智能终端的定位和管理；实现机车位置与铁路地理地图的匹配显示，并上传至路局。

铁路总公司级、铁路局级的通过铁路有限专网调度指挥，向各级铁路部门、运输企业提供铁路机车的位置信息，支持指挥调度、机务管理、应急救援、货物运输等服务；同时，通过增强型北斗指挥机接入服务器，将车载智能终端信息的信息接入，实现对机车信息的实时监控。另外，还有救援人员配备北斗智能手持识别器，具有导航定位、授时、短报文通信和对讲机功能。

2. 主要功能

（1）实时查询机车的位置信息。通过输入机车型号和列车车次，准确查询列车（机车）的当前位置和即时速度，且不受山区等地理条件限制。

（2）GIS 地图显示。在 GIS 地图上实时、动态地显示机车的所在位置、区间等信息。

（3）双向短信功能。服务器可以给机车定位器发送文字信息，同时机车定位器也可以给服务器发送文字信息。

（4）机车在线运行管理。可以对正在线上运行的机车进行动态管理，精确地计算出机车所在的位置，为铁路局调度所、机务段调度指挥中心提供行车指挥的依据。

（5）机车段内停留管理。对机车段机车库预设地理围栏边界，车库内安装北斗地基增强系统（厘米级定位精度），以对机车进入机务段后调车作业和停留存放进行有效管理，能够准确定位出机车在段内停留的股道和位置，自动记录机车的出入库时间等，便于库内调车作业指挥和管理。

（6）监控数据的即时传输。设通信接口连接机车控制总线或机车 LKJ 监控主机，可将机车的运行状态信息（包括速度、位置、管压、柴油机转数、司机姓名、列车编组等信息）传输到服务器上，以便调度指挥人员随时调用和掌握列车信息。

4.5.2　系统的物联网技术架构

1. 基于北斗技术的铁路机车定位系统的物联网技术架构

基于北斗技术的铁路机车定位系统的物联网技术架构采用三层结构形式，即感知层、网络层及应用层。

（1）感知层。感知层包括机车地理位置信息采集和运行状况信息两部分。机车地理位置信息采集通过北斗Ⅱ定位模块实现；机车运行状况信息通过连接机车控制总线或机车 LKJ 监控主机的通信接口实现。

（2）网络层。网络层包括北斗Ⅰ通信、北斗指挥机、北斗地基增强系统和北斗卫星网络系统，传输各种信息。其网络结构如图 4.16 所示。机车的位置和运行状况信息处置管辖的机务段，机务段将信息传至铁路局、铁路总公司，主机上传；铁路总公司再将其分发至各铁路局使用。

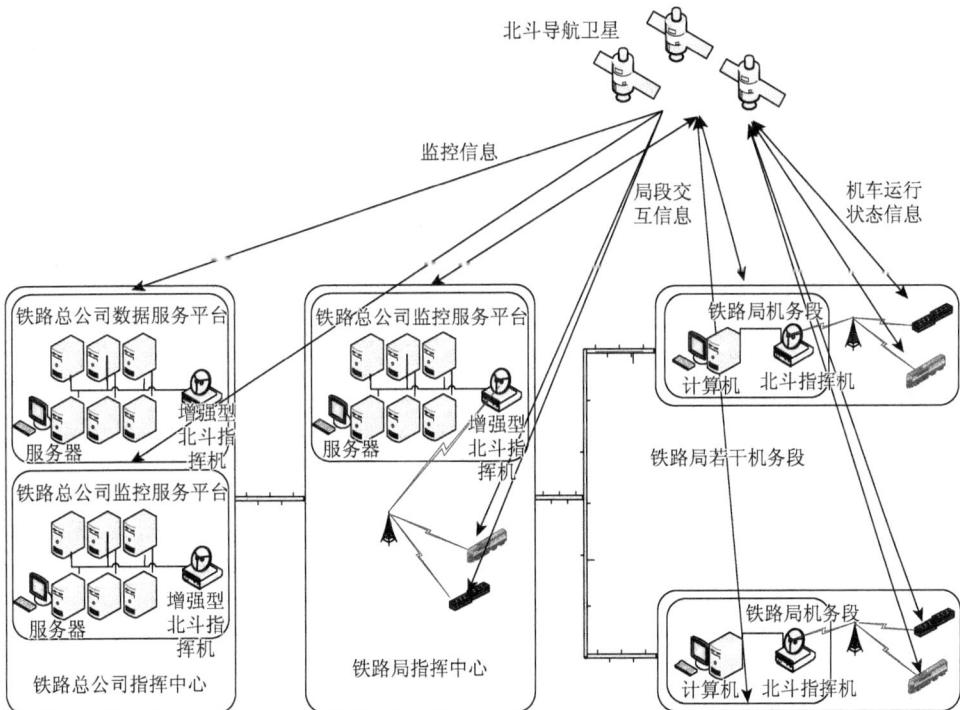

图 4.16　基于北斗技术的铁路机车定位系统的网络结构逻辑图

（3）应用层。应用层包括各种控制接口、传输接口及基于 GIS 的铁路集装箱运输上位机管理软件，实现集装箱位置与铁路地理地图的匹配显示（提供的与铁路地理地图匹配算法实现）（刘宪军等，2015）。例如，与现有的铁路运输管理信息系统、车站综合管理信息系统、列车调度指挥系统等的数据传输与控制接口等。

2. 北斗Ⅰ+Ⅱ机车终端

基于北斗技术的铁路机车定位系统中重要装置之一是北斗Ⅰ+Ⅱ机车终端，其端逻辑构成如图 4.17 所示，主要包括北斗Ⅱ定位、北斗Ⅰ通信模块、GPRS 通信模块（可选），主控制板、通信接口、内存、键盘、液晶触摸屏及外壳等。

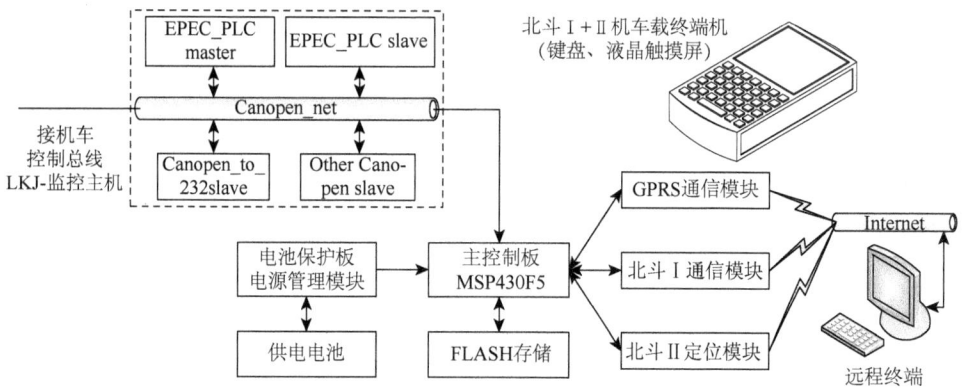

图 4.17　北斗Ⅰ+Ⅱ机车终端逻辑构成图

该装置中的通信接口要与机车自身的控制总线匹配，且仅具有数据采集功能。通信模块可以选择北斗Ⅰ通信模块或 GPRS 通信模块，或二者并存。选择 GPRS 通信模块可能有盲区；选择北斗Ⅰ通信模块通信则费用较高。

4.5.3　现场实验数据分析

1. 现场测试试验的目的

本次试验主要是为了测试北斗Ⅱ定位+北斗Ⅰ短报文模块及 Wi-Fi+ZigBee 模块标签的综合性能，具体如下：①测试时速在 200 千米/小时条件下，北斗Ⅱ定位性能；②测试时速在 120 千米/小时条件下，北斗Ⅱ+北斗Ⅰ模块及 Wi-Fi+ZigBee 模块标签综合性能。

2. 现场测试试验的内容

根据本次测试试验的目的，我们设计了一个综合实验装置，在北斗Ⅱ+北斗Ⅰ模块及 Wi-Fi+ZigBee 模块标签基础上加 ZigBee 模块、温度传感器、供电电池等装置，综合试验装置结构原理如图 4.18 所示。

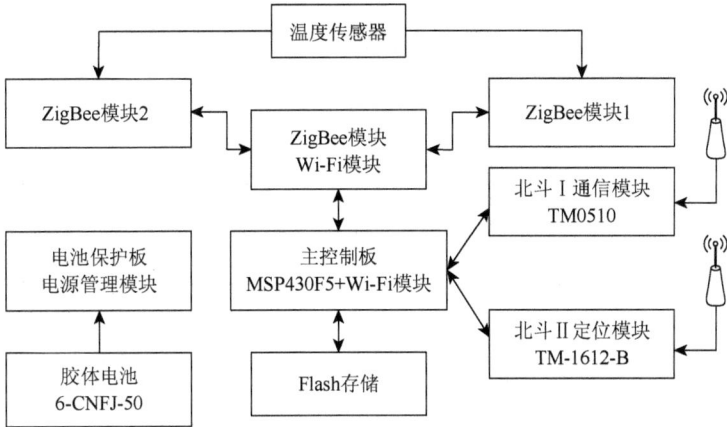

图 4.18　北斗Ⅱ+北斗Ⅰ综合性能测试装置的结构原理图

现场测试试验分为两个试验：①在哈尔滨至长春间的动车组列车内，通过综合实验装置记录：日期、时间、纬度、南/北、经度、东/西、速度、方向、信号强度数据，测试时速在 200 千米/小时的条件下，北斗Ⅱ定位的性能；②在哈尔滨至齐齐哈尔间特快旅客列车机车司机室内，通过综合实验装置记录：日期、时间、纬度、南/北、经度、东/西、速度、方向、温度、信号强度数据，测试时速在 120 千米/小时条件下，北斗Ⅱ+北斗Ⅰ模块及 Wi-Fi+ZigBee 模块标签综合性能。北斗Ⅱ+北斗Ⅰ模块综合性能测试系统原理图如图 4.19，实验设备如表 4.5 所示。

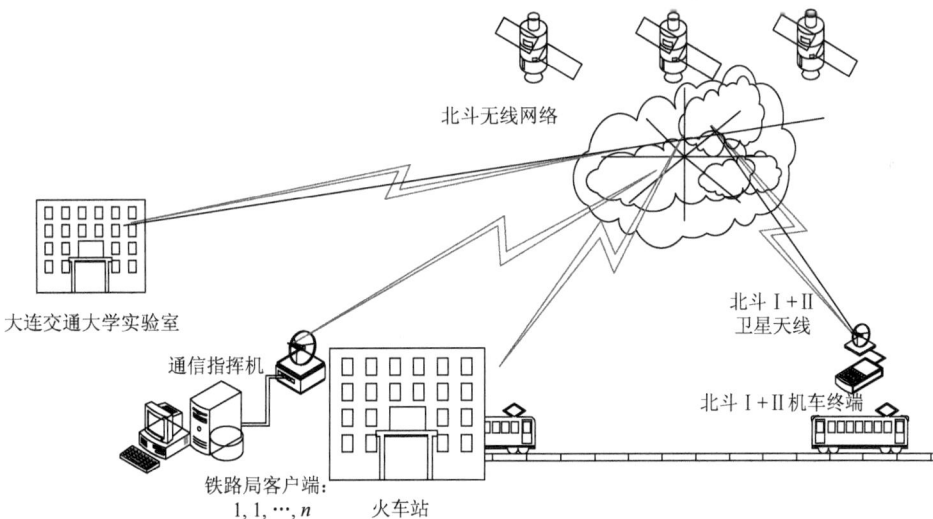

图 4.19　北斗Ⅱ+北斗Ⅰ综合性能测试系统原理图

表 4.5　试验设备明细表

序号	名称	数量	单位	备注
1	北斗Ⅱ+北斗Ⅰ模块及 Wi-Fi+ZigBee 模块标签	2	个	1 个备用
2	ZigBee 模块	2	个	1 个备用
3	温度传感器	2	个	1 个备用
4	供电电池	1	个	—
5	通信管理机	1	台	—
6	计算机	2	台	—
7	电源插排	5	个	—

3. 现场测试试验的过程

1）时速在 200 千米/小时条件下北斗定位性能测试

时速 200 千米/小时条件下，北斗Ⅱ定位性能测试方法如下。

2013 年 12 月 7 日，哈尔滨西至长春，车次为 D1314，动车组车型 CRH5-17 号车，司机周洪刚，编组 8 辆，计长 19.2，总重 501 吨。试验装置安设：在动车组司机驾驶室内安装 1 台综合实验装置，设置接收装置每 2 秒钟接收 1 次定位数据，同时存储在装置的 Flash 存储芯片内。

试验数据如表 4.6 所示。

表 4.6　试验数据（部分）

序号	日期	时间	纬度	N/S（北/南）	经度	E/W（东/西）	速度/节	方向/度	温度/摄氏度	信号强度（6 颗星，0 最弱，5 最强）
1	2013-12-07	16：14：57	45 度 24 分 51 秒	N	126 度 15 分 23 秒	E	101.66	208.80	21.937 5	000000
2	2013-12-07	16：14：57	45 度 24 分 48 秒	N	126 度 15 分 20 秒	E	101.62	208.14	21.937 5	000000
3	2013-12-07	16：14：59	45 度 24 分 45 秒	N	126 度 15 分 18 秒	E	100.88	207.57	21.937 5	000000
4	2013-12-07	16：15：01	45 度 24 分 42 秒	N	126 度 15 分 16 秒	E	100.12	207.12	21.937 5	000000
5	2013-12-07	16：15：03	45 度 24 分 39 秒	N	126 度 15 分 14 秒	E	99.33	206.37	21.937 5	000000
6	2013-12-07	16：15：05	45 度 24 分 36 秒	N	126 度 15 分 12 秒	E	98.92	206.37	21.937 5	000000
7	2013-12-07	16：15：07	45 度 24 分 33 秒	N	126 度 15 分 10 秒	E	98.74	205.40	21.937 5	000000
8	2013-12-07	16：15：09	45 度 24 分 30 秒	N	126 度 15 分 8 秒	E	97.96	205.40	21.937 5	000000

试验数据变化图如图 4.20～图 4.22 所示。

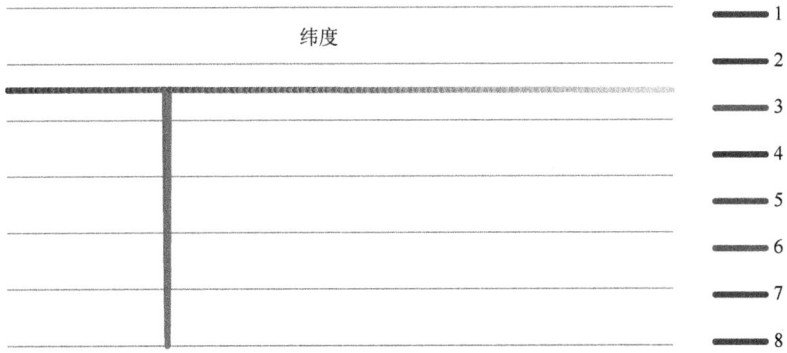

图 4.20　试验纬度测试数据变化图

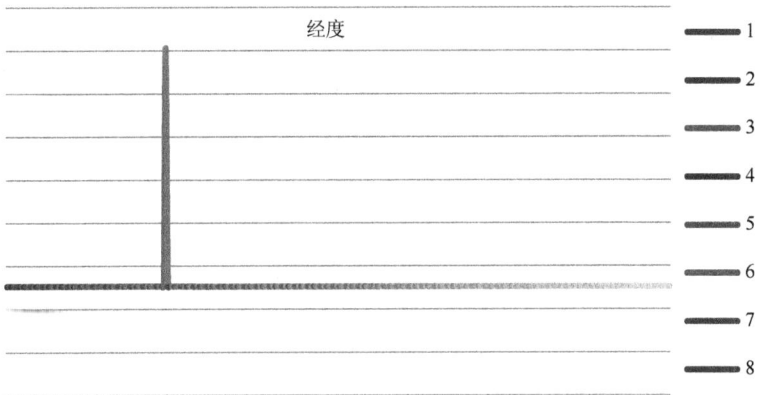

图 4.21　试验经度测试数据变化图

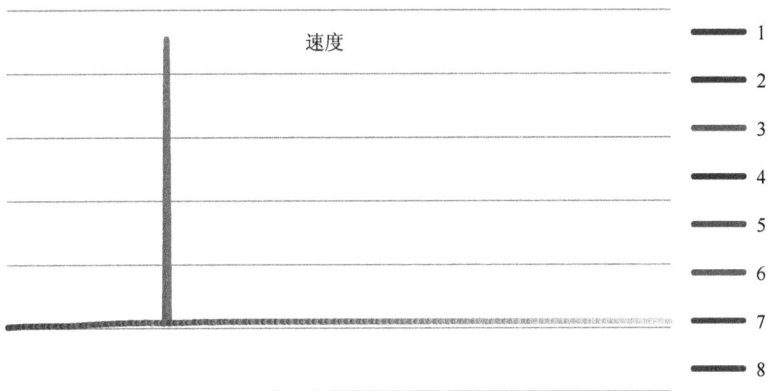

图 4.22　试验速度测试数据变化图

现场测试试验的结果分析：在时速 200 千米/小时条件下，综合实验装置可以发射实时定位、速度信息是有效的，速度为 100 节左右，约为 185.2 千米/小时，与实际列车运行速度相符，从图 4.20～图 4.22 可以看出，在速度为 80 千米/小时左右时，有部分信号数值失真，这可能是由于实验装置的天线松动造成的实验数据不准确。

2）在时速 120 千米/小时条件下北斗定位性能测试

在时速 120 千米/小时条件下，北斗 II+北斗 I 模块及 Wi-Fi+ZigBee 模块标签综合性能测试方法如下。

2013 年 12 月 27 日，哈尔滨至齐齐哈尔，车次为 T5005、T5008 次往返运行。其中，T5005 次——机车型号 DF11-246 号，司机韩平，编组 14 辆，计长 33.3，总重 796 吨。哈尔滨开车 14：25 时，齐齐哈尔 17：51 到。T5008 次——机车型号 DF11-246 号，司机刘鑫，编组 14 辆，计长 33.3，总重 796 吨。齐齐哈尔开车 18：12 时，哈尔滨 21：32 到。

综合测试试验装置的安设：在列车机车司机室内安装 1 台综合实验装置，接收装置设定每 2 秒钟接收 1 次数据，同时存储在装置的 Flash 存储芯片内；北斗 I 短报文通信装置 1 分钟主动上传 1 次数据。

需要注意的是，我国北斗系统规定，民用的北斗 I 短报文通信装置，连续 2 个发送数据之间的时间间隔必须超过 1 分钟。

现场采集的试验数据如表 4.7 和表 4.8 所示。

现场试验结果分析：T5005 次在时速 120 千米/小时条件下，综合实验装置可以发射实时信息是有效的，速度与实际列车运行速度相符；但北斗 I 短报文通信装置的天线是安装在机车驾驶室内部的，行车方向是向北方。因此，信号强度为 0，北斗 I 短报文通信装置发送数据失败。T5008 次在时速 120 千米/小时条件下，综合实验装置可以发射实时信息是有效的，速度与实际列车运行速度相符；北斗 I 短报文通信装置的天线安装在机车驾驶室外，信号强度有 2 颗卫星的强度，即为 1 和 4，可以实现通信成功。

表 4.7　T5005 试验数据（部分）

序号	日期	时间	纬度	N/S（北/南）	经度	E/W（东/西）	速度/节	方向/度	温度/摄氏度	信号强度（6 颗星，0 最弱，5 最强）
1	2013-12-27	18：28：35	45 度 46 分 9 秒	N	126 度 37 分 37 秒	E	21.34	338.82	12.125 0	000000
2	2013-12-27	18：28：37	45 度 46 分 10 秒	N	126 度 37 分 37 秒	E	21.88	338.52	12.125 0	000000

续表

序号	日期	时间	纬度	N/S（北/南）	经度	E/W（东/西）	速度/节	方向/度	温度/摄氏度	信号强度（6 颗星，0 最弱，5 最强）
3	2013-12-27	18：28：39	45 度 46 分 10 秒	N	126 度 37 分 37 秒	E	22.54	337.84	12.125 0	000000
4	2013-12-27	18：28：41	45 度 46 分 11 秒	N	126 度 37 分 36 秒	E	22.97	337.94	12.125 0	000000
5	2013-12-27	18：28：43	45 度 46 分 12 秒	N	126 度 37 分 36 秒	E	23.30	338.60	12.125 0	000000

表 4.8　T5008 试验数据（部分）

序号	日期	时间	纬度	N/S（北/南）	经度	E/W（东/西）	速度/节	方向/度	温度/摄氏度	信号强度（6 颗星，0 最弱，5 最强）
1	2013-12-27	22：32：41	47 度 5 分 44 秒	N	123 度 57 分 29 秒	E	66.80	125.05	17.375 0	140000
2	2013-12-27	22：32：43	47 度 5 分 43 秒	N	123 度 57 分 31 秒	E	66.86	124.79	17.375 0	140000
3	2013-12-27	22：32：45	47 度 5 分 41 秒	N	123 度 57 分 34 秒	E	66.83	124.41	17.375 0	140000
4	2013-12-27	22：32：47	47 度 5 分 40 秒	N	123 度 57 分 37 秒	E	66.80	124.35	17.125 0	140000

　　从图 4.23～图 4.27 可以看出，北斗Ⅰ的天线对信息的发送有一定的影响，但北斗Ⅰ短报文通信装置的天线安装在机车顶部平行于地面方向就没有问题。

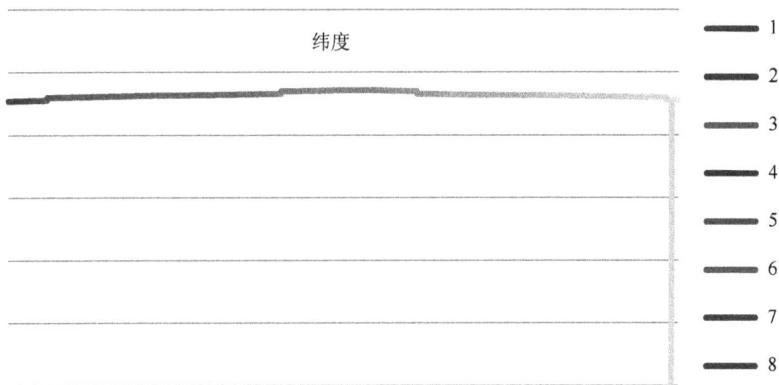

图 4.23　试验纬度测试数据变化图

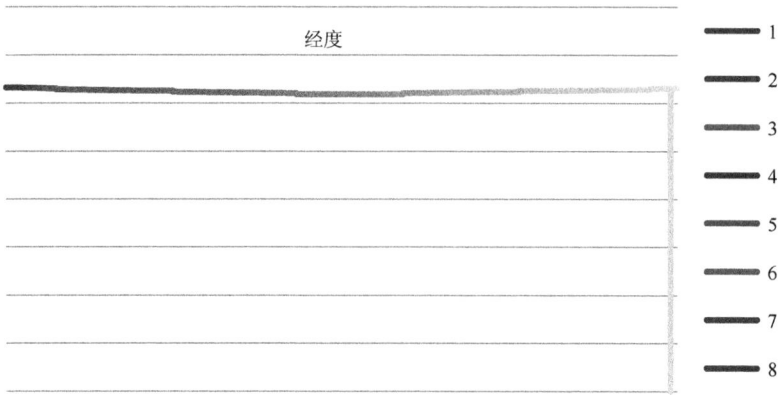

图 4.24　试验经度测试数据变化图

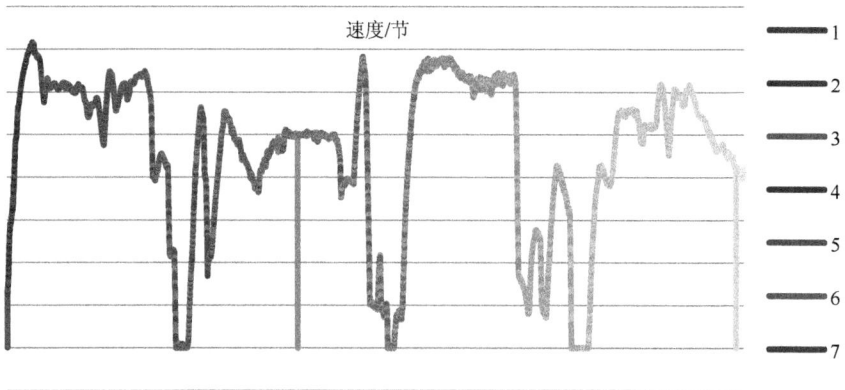

图 4.25　试验速度测试数据变化图

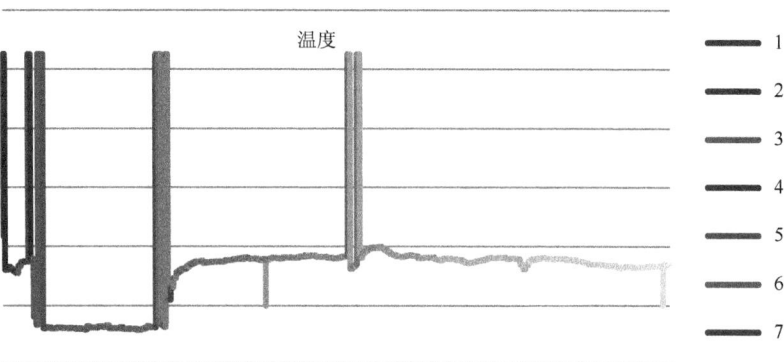

图 4.26　试验温度测试数据变化图

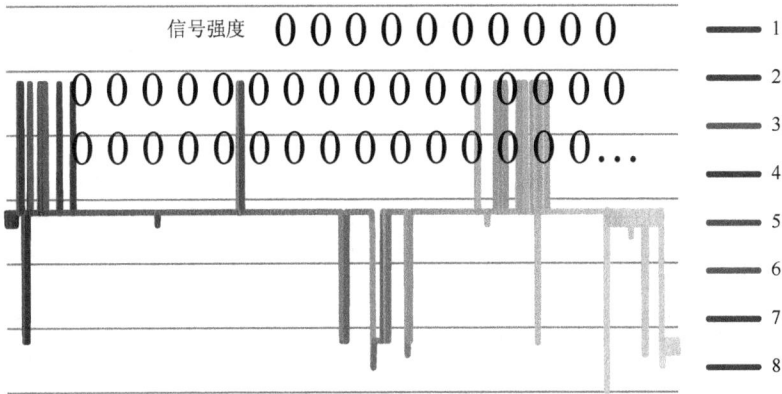

图 4.27　试验强度测试数据变化图

4. 现场试验测试结果综合对比分析

以 T5005 次列车测试试验采集的数据为例进行分析，以 LKJ-2000 型监控文件转录的数据和北斗 Ⅰ+Ⅱ机车车载终端机接收的数据为依据，将机车监控文件和北斗 Ⅰ+Ⅱ机车车载终端机在同一时间点的记录的速度进行对比如下（图 4.28）。

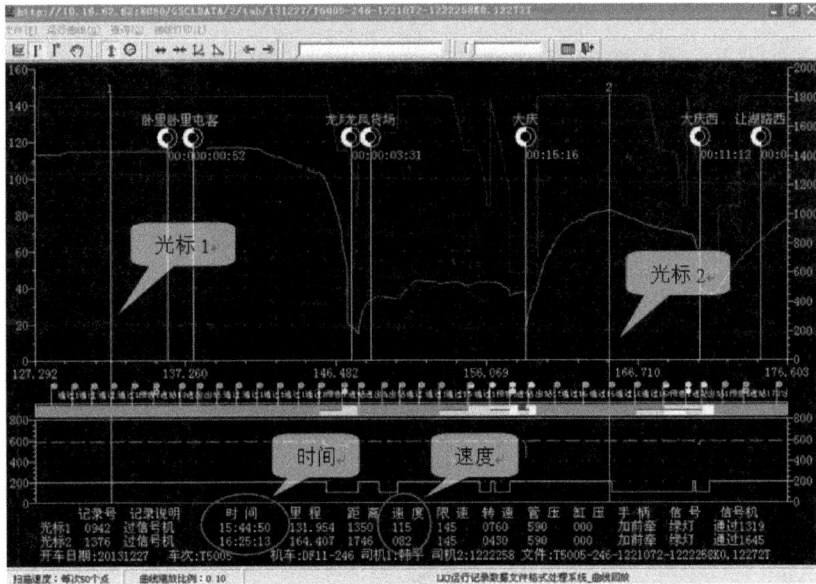

图 4.28　LKJ-2000 型监控装置分析软件中时间与速度截图

（1）LKJ-2000 型监控文件转储的数据。如表 4.9 所示，第 1380 号记录，时间为 15：44：45 时，列车当前速度为 115 千米/小时，第 1972 号记录，时间为16：25：15 时，列车当前速度为 82 千米/小时。

表4.9　T5005次 LKJ-2000 型车监控装置文件数据对照表

记录编号	事件名称	时间	里程/千米	距离/千米	信号显示	信号机编号	速度/（千米/小时）	限速/（千米/小时）	工况	管压/千帕	转速/（转/分钟）	均缸/千帕
1376	速度变化	15：44：10	141117	369	绿灯	通过1415	117	145	加前牵	600	470	600
1377	过信号机	15：44：22	141497	1351	绿灯	通过1415	117	145	加前牵	600	470	600
1378	过机校正	15：44：27	141659	1189	绿灯	通过1429	117	145	加前牵	600	470	600
1379	警惕确认	15：44：32	141820	1028	绿灯	通过1429	116	145	加前牵	600	470	600
1380	速度变化	15：44：45	142238	610	绿灯	通过1429	115	145	加前牵	600	470	600
1381	过信号机	15：45：05	142847	1343	绿灯	通过1429	113	145	加前牵	600	460	600
1382	过机校正	15：45：09	142986	1204	绿灯	通过1443	113	145	加前牵	600	460	600
1383	揭示查询	15：45：09	142996	1194	绿灯	通过1443	113	145	加前牵	600	460	600
1384	速度变化	15：45：27	143568	622	绿灯	通过1443	111	145	加前牵	600	460	600
1385	临时限速	15：45：41	143975	215	绿灯	通过1443	111	145	加前牵	600	460	600
……	……	……	……	……	……	……	…	…	……	…	…	…
1969	出站	16：25：07	175674	1252	绿灯	出站1757	81	145	加前牵	600	760	600
1970	I端鸣笛	16：25：10	175752	1174	绿灯	通过1769	81	145	加前牵	600	760	600
1971	I端鸣笛	16：25：11	175772	1154	绿灯	通过1769	81	145	加前牵	600	760	600
1972	速度变化	16：25：15	175857	1069	绿灯	通过1769	82	145	加前牵	600	750	600
1973	警惕确认	16：25：18	175935	991	绿灯	通过1769	83	145	加前牵	600	750	600
1974	速度变化	16：25：29	176190	736	绿灯	通过1769	85	145	加前牵	600	760	600
1975	I端鸣笛	16：25：41	176466	460	绿灯	通过1769	85	145	加前牵	600	760	600
1976	速度变化	16：25：41	176478	448	绿灯	通过1769	87	145	加前牵	600	750	600

（2）北斗Ⅰ+Ⅱ机车车载终端机接收的数据。如表 4.10 所示，序号 3 记录，时间为 15：44：45 时，列车当前速度为 61.98 节，换算为 114.663 千米/小时，第 10 号记录，时间为 16：25：14 时，列车当前速度为 44.03 节，换算为 81.456 千米/小时。

表 4.10 T5005 次列车北斗卫星定位数据对照表

序号	日期	时间	纬度	N/S（北/南）	经度	E/W（东/西）	速度/节	换算速度/（千米/小时）	方向/度	温度/摄氏度
1	2013-12-27	15:44:41	46 度 29 分 46 秒	N	125 度 10 分 8 秒	E	62.24	115.144	312.86	12.345
2	2013-12-27	15:44:43	46 度 29 分 48 秒	N	125 度 10 分 6 秒	E	62.04	114.774	312.81	12.345
3	2013-12-27	15:44:45	46 度 29 分 49 秒	N	125 度 10 分 4 秒	E	61.98	114.663	312.79	12.348
4	2013-12-27	15:44:47	46 度 29 分 51 秒	N	125 度 10 分 2 秒	E	61.96	114.626	312.83	12.345
5	2013-12-27	15:44:49	46 度 29 分 52 秒	N	125 度 10 分 1 秒	E	61.94	114.589	312.88	12.343
……	……	……	……	…	……	…	……	……	……	……
6	2013-12-27	16:25:06	46 度 40 分 55 秒	N	124 度 49 分 27 秒	E	43.05	79.6425	303.8	14.3125
7	2013-12-27	16:25:08	46 度 40 分 56 秒	N	124 度 49 分 25 秒	E	43.24	79.994	304.01	14.3125
8	2013-12-27	16:25:10	46 度 40 分 56 秒	N	124 度 49 分 23 秒	E	43.28	80.068	304.38	14.3125
9	2013-12-27	16:25:12	46 度 40 分 57 秒	N	124 度 49 分 21 秒	E	43.36	80.216	304.23	14.3125
10	2013-12-27	16:25:14	46 度 40 分 58 秒	N	124 度 49 分 19 秒	E	44.03	81.456	304.55	14.3125
11	2013-12-27	16:25:18	46 度 41 分 0 秒	N	124 度 49 分 16 秒	E	44.12	81.585	304.35	14.8125
12	2013-12-27	16:25:20	46 度 41 分 1 秒	N	124 度 49 分 14 秒	E	44.15	81.675	304.19	14.8125
13	2013-12-27	16:25:22	46 度 41 分 1 秒	N	124 度 49 分 12 秒	E	44.35	82.047	304.17	14.8125

（3）二者数据对比分析。光标 1 的位置，在 15：44：45 时，北斗Ⅰ+Ⅱ机车车载终端机接收的速度数据 114.663 千米/小时，与 LKJ-2000 型监控文件转储的速度数据 115 千米/小时相比较，列车运行速度少 0.663 千米/小时，相对误差为 0.029%。光标 2 的位置，在 16：25：15 时，北斗Ⅰ+Ⅱ机车车载终端机接收的速

度数据 81.456 千米/小时，与 LKJ-2000 型监控文件转储的数据 82 千米/小时相比较，列车运行速度少 0.544 千米/小时，相对误差为 0.067%。

需要注意的是，北斗卫星定位导航系统的速度采用的单位为节，即（里/时），与常用速度单位间的换算关系为：1 节=0.514 44 米/秒=1.85 千米/小时。

5. 现场试验测试得出的结论

试验结果验证基于北斗卫星定位导航系统的机车动力资源定位系统的研究是可行的，通过现场实验可知，基于北斗Ⅰ+Ⅱ机车车载终端机系统的结构合理，系统运行正常，采集的数据和实际误差小于 0.1%，可广泛应用于机车定位，具有一定实用性。

试验改进方案：通过现场得知，北斗Ⅰ短报文通信装置的天线，如果装于机车司机室内部，当机车向北运行时，卫星信号的强度比较弱，无法实现双向通信，因此，在实际应用中，必须将北斗Ⅰ短报文通信装置的天线安装在机车顶部平行于地面的方向，这样信号强度才能足够大，实现数据的双向传输。

铁路货运产品、运输类型、机车三者通过铁路调度指挥来完成铁路货物运输，机车是铁路运输资源的一个重要组成部分，是铁路货运实现的重要一环。对铁路机车动力进行跟踪、定位和集中统一管理，具有十分重要的意义。利用物联网技术，通过北斗Ⅰ+Ⅱ机车终端，实时获取机车运行状况，利用北斗定位通信技术实时确认机车位置、推送机车运行状态数据，路局、机车厂家可实时掌握机车自身运转状况和拉载列车运行状况，从而保障铁路运输的有效性。

4.6　基于物联网的高铁综合维修监控系统

随着我国经济的快速发展，铁路运输也在飞速发展，截至 2014 年年底，中国投入运营的高铁总里程达到 1.6 万多千米，另有 1 万多千米的高铁正在建设中。我国高铁不仅总里程位居世界第一，投入运营的高铁里程也居世界第一，铁路科技创新水平明显提高。

高铁技术因其具有高速、高科技含量等特点，对其相关环境的要求相当严格。正如王梦恕（2011）提到的高铁运营三大问题——"柔性"接触网、轮轨及信号系统和壮观的维护大军，高铁线路的维护安全管理尤为其重要问题。尤其是在维修过程中，绝对不允许有任何的物品和工具遗漏在维修现场。日本、法国、德国普遍采用二、三级分级管理模式，即总局、地区局、综合维修段，我国采用的是管检修分开模式（陈东生等，2012）。

目前，信息技术、网络技术、互联网技术、物联网技术通过对物流信息的采集、加工、共享、传输等，使得信息应用广泛地成为控制、决策的依据和基础。

高文等（2009）曾提出高铁维修管理的信息化可采用机务、工务、电务、供电综合管理模式，实现维修的实时管理。

基于物联网技术的高铁综合维修监控系统，旨在通过物联网技术的应用，保障高铁封闭线路内作业状态的监督及施工作业完毕后的线路安全，对进入高铁封闭线路内的人员、物料、工具实行高效监管，通过实时的信息化管理，确保高铁封闭线路开关状态实时监控，以及作业结束后无人员遗留、无物料遗漏在防护栅栏内，为高铁安全行车提供保障。

该系统的研制所涉猎的领域较广，主要有：高铁综合维修监控作业管理流程、无线识别与传输技术、条码技术、嵌入式软件、电子电路、物流监控作业管理软件等。

4.6.1　系统的物联网技术架构与作业流程

1. 高铁综合维修监控系统的物联网技术架构

根据本书 2.3 节铁路货运物联网应用的技术架构中的内容可知，基于物联网技术的高铁综合维修监控系统采用三层物联网技术架构，即感知层、网络层和应用层。

（1）感知层。感知层主要完成高铁综合维修过程中物流信息的标识、采集、转换处理、收集环境信息，通过通信模块传输到网络层和应用层。感知层包括信息标识的一维条码、二维码、无源电子标签及相应的识读传输装置。一维码、二维码用于小件货物及工具的信息标识，每次使用时由出入库管理人员定义其对应物料及工具的唯一标识，使用时应注意重码问题。识读传输装置为手持识别器。无源电子标签用于工作人员、小件零件电子货箱、大件物料的信息标识，无源电子标签具有唯一出厂编码，使用时需编码与标志的信息绑定，识读传输装置需用无线网络传输信息。

（2）网络层。网络层接收感知层传入的信息，并将这些信息，经分析、处理、存储等传输至应用层，同时将应用层发布的各种调用、控制、决策信息，传输至感知层。网络层的设备有：作业通道门禁识别器、材料库出库门禁识别器、作业通道显示屏、手持识别器、中继器、数据传输信道、传输接口等。作业通道门禁识别器与材料库出库门禁识别器结构类似，分别安装在高铁应急通道、检修通道出入口、物料及工具仓库出入门等位置，实时采集、传输通过此处的工作人员、小件零件电子货箱、大件物料信息；手持识别器相当于移动基站，可以扫描一维二维码、识别无源标签，即小件货物及工具的信息，也可以识别工作人员、小件零件电子货箱、大件物料的信息标识，并配有北斗定位和通信模块等；作业通道显示屏可显示出入通道的人员及货物信息；数据传输信道可采用有线、无线通信，有线采用铁路专网，无线可采用 GPRS 或北斗。设备主要有通信接口、中继器等。

（3）应用层。应用层包括高铁综合维修监控系统监控软件及其他铁路管理信息系统应用线连接的用户接口，实现物联网技术在高铁综合维修监控中的各种应用，如工务、机务、电务、安全保卫等的全程跟踪服务、数据管理和任务发布等。

2. 基于物联网技术的高铁综合维修监控系统作业流程

根据高铁综合维修监控系统的物联网技术架构，结合铁路维修相关管理制度，高铁综合维修监控系统作业管理流程如图 4.29 所示。

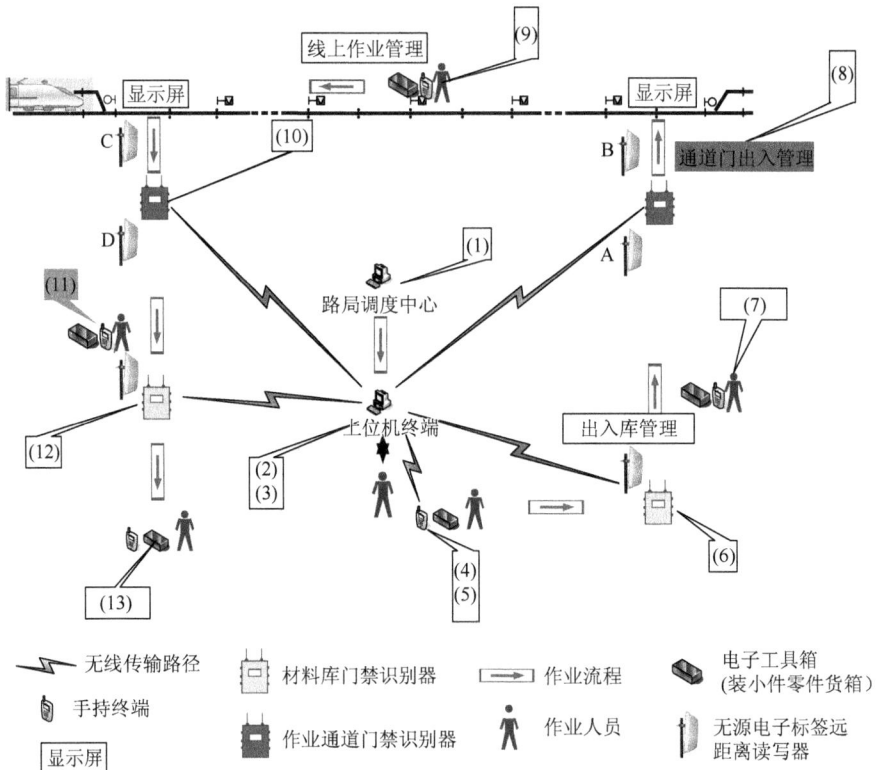

图 4.29　高铁综合维修监控作业流程图

由图 4.29 可知，整个作业管理流程分三个环节：出入库管理、通道门出入管理、线上作业管理。单次作业环节如下。

第一，下达维修或抢修命令，并下达同意上道命令。

第二，根据路局调度所下达维修或抢修命令，给出需要上道人员、物料数量建议，同时要求作业人员对内容进行校核、确认。

第三，将维修或抢修作业书通过无线或有线网络传输至手持识别器、作业通道门禁识别器、材料库出库门禁识别器，给出材料库出库、上道许可凭证（无源标签或二维码等）、上道人员、物料数量等信息。

第四，按照手持识别器接收信息，对小型工具、材料进行装箱并配有标识货箱身份的无源电子标签，并通过手持识别器扫描确认。

第五，作业人员、大型物料、各种工具仪器仪表单独配有标识身份的无源电子标签。

第六，携带电子标签的作业人员、大型物料、各种工具仪器仪表、工具箱，从车间、工区材料库出库时，经过材料库门禁识别器应自动登记，也可通过手持识别器进行出库登记。所有信息传至远程终端记录留存。如果发现与上位机传至的维修或抢修作业书有差异，材料库门禁识别器会发出声光报警。

第七，可通过手持识别器北斗定位功能对走行径路进行跟踪记录。

第八，作业通道门禁识别器需对手持识别器存储的上道许可凭证进行扫描，信息正确后方可打开通道门，同时对进入线路的人员、物料自动进行上道登记，也可使用手持识别器进行上道登记。所有信息传至远程终端记录留存，远程终端将记录的人员和物料信息再发至相关作业通道门禁识别器。当发现预进入物料无材料库门禁识别器登记物料时，发出报警信息。作业通道门禁识别器设有 A、B 两个远距离阅读器，依据 A、B 顺序才能打开上道作业门。

第九，作业通道门禁识别器在作业时间到达时给出声光提示，对时间结束前未撤离线路的人员、物料给出告警，同时对撤离线路的人员、物料自动进行下道销记，也可通过手持识别器进行下道销记。所有信息传至远程终端记录留存。如果发现与上位机传至的上道人员和物料信息有差异，作业通道门禁识别器就会发出声光报警。作业通道门禁识别器设有 C、D 两个远距离阅读器，依据 C、D 顺序方能打开下道作业门。

第十，携带电子标签的作业人员、大型物料、各种工具仪器仪表、工具箱，从车间、工区材料库出库时，经过材料库门禁识别器应自动登销记，也可通过手持识别器进行入库销记。所有信息传至远程终端记录留存。

第十一，单次作业结束。

4.6.2　系统组成与工作原理

1. 系统组成

根据 4.6.1 节中的作业管理流程要求结合张志荣和张龙江（2011）提出的基于

RFID 铁路物流系统电子识别技术可知,基于物联网技术的高铁综合维修监控系统是以计算机为核心，建立一套硬软件相结合的完整线路维修监控体系。系统由标签（无源电子标签、二维码）、小件零件电子货箱、作业通道门禁识别器、材料库出库门禁识别器、作业通道显示屏、手持识别器、中继器、数据传输信道、传输接口及高铁综合维修监控系统监控软件组成。如图 4.30 所示。

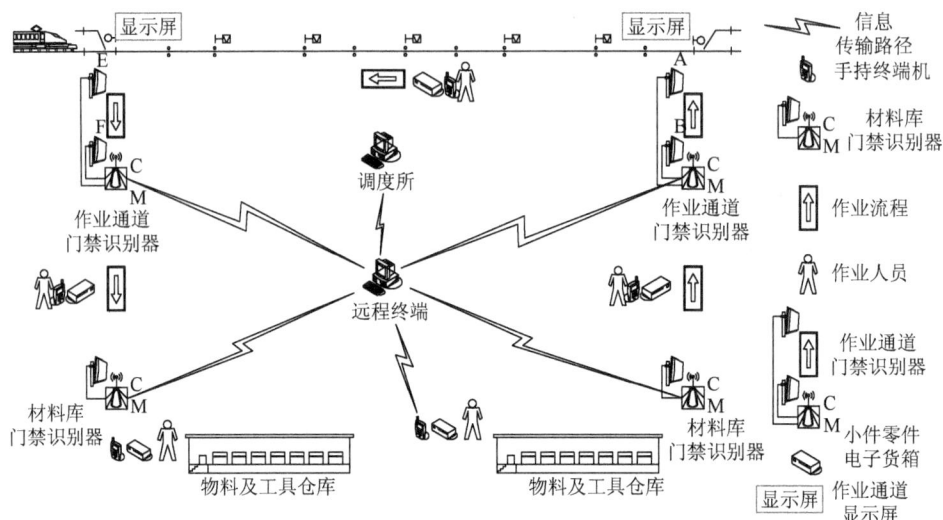

图 4.30　基于物联网技术的高铁综合维修监控系统组成图

2. 系统工作原理

上位机将维修或抢修作业书传输至手持识别器、作业通道门识别器、材料库出库门识别器，给出材料库出库、上道许可凭证（无源标签或条码）、上道人员、物料数量等信息。

上道人员、物料、工具、仪器仪表佩戴标志其身份的无源电子标签，通过材料库门识别器、作业通道门识别器时自动登记，也可通过手持识别器进行登记。识别器将接收到的所有信息传至上位机记录留存。当佩戴标志其身份的电子标签上道的人员、物料、工具、仪器仪表等通过识别器时，如果发现与上位机传至的相应数据有差异，识别器就会发出声光报警，同时电子屏幕显示。

作业通道门识别器安装两个以上阅读器能识别出人和货物的经过方向，是从 1 号阅读器到 2 号阅读器，还是相反。同时，识别器能将读到的所有信息通过以太网传至远程终端记录留存。识别器还可以通过无线 Wi-Fi 与维修人员的手持识别器进行数据交换，确认上道维修人员身份和工具的数量信息等。

手持识别器内存有上道人员、物料、工具、仪器仪表等信息，可单独操作电子门。另外，手持识别器还配有北斗 1、北斗 2、GPRS 模块，可记录上道人员行进轨迹并与上位机通信。下道时如果发现有物料遗留，可依轨迹寻找。

工具物料袋可以携带上道维修人员工作所需的体积较小的工具和物料（用条码标识），工具物料袋佩戴标志其身份的无源电子标签。工具物料袋上有若干个小袋子（放置单个工具和小物料盒），每个小袋子都具有独立开合状态提示功能。工具物料袋内设有控制单元板，具有存储工具物料袋内工具和物料信息的功能，还带有 Wi-Fi 无线通信功能可以将工具物料袋工具和元件的信息发送给手持识别器和识别器。工具物料袋内信息的写入是通过手持识别器完成的。

用 LED 显示屏确认是否电子标签是否被正确识别，以保证数据的安全性、完整性。

上位机、材料库门禁识别器、作业通道门禁识别器通过以太网相互通信。

铁路局管内调度所、各火车站、公安部门及高铁各级维修部门可通过公共通信网络互联，实时了解工作人员、物料及工具的在线状况。

4.6.3　系统的功能设计

高铁综合维修监控系统是以计算机为核心，电子识别为基础，最终建立一整套软硬件相结合的完整的监控体系，实现对高铁综合维修的全程实时跟踪和智能化管理。主要功能是实现从维修指令下达到维修结束各环节的信息共享。系统的基本功能如图 4.31 所示。

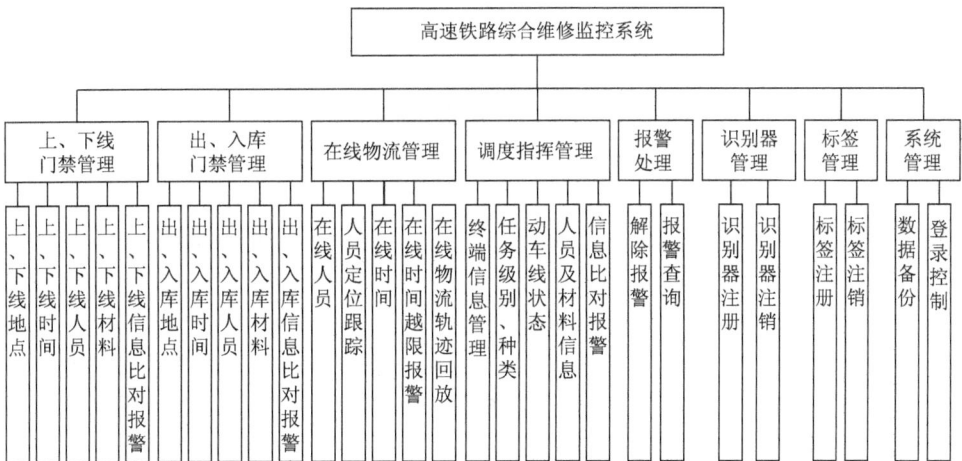

图 4.31　高铁综合维修监控作业管理软件功能模块图

基于物联网技术的高铁综合维修监控作业管理软件的功能模块有：系统管理；

标签管理；识别器管理；报警处理；调度指挥管理；在线物流管理；出、入库门禁管理；上、下线门禁管理。

系统管理——登录控制和数据备份。

标签管理——标签注册和标签注销。

识别器管理——识别器注册和识别器注销。

报警处理——报警查询和解除报警。

调度指挥管理——终端信息管理；任务级别、种类；动车线状态；人员及材料信息；信息比对报警。

在线物流管理——在线人员；人员定位跟踪；在线时间；在线时间越限报警；在线物流轨迹回放。

出、入库门禁管理——出、入库地点；出、入库时间；出、入库人员；出、入库材料；出、入库信息比对报警。

上、下线门禁管理——上、下线地点；上、下线时间；上、下线人员；上、下线材料；上、下线信息比对报警。

4.6.4 现场综合性能试验

基于物联网的高铁综合维修监控系统技术复杂，涉猎的领域较广，设计过程中涉及以下四个方面的问题：高铁综合维修监控作业管理流程、RFID 标签与多阅读器的信息碰撞问题、多阅读器信息碰撞问题及系统性能能否满足监控作业管理的要求。

高铁综合维修监控作业管理流程 4.6.1 节已论述，RFID 标签与多阅读器及多阅读器信息碰撞问题，可用 3.2.3 节论述的避退算法及巡检轮回工作方式解决。本部分介绍一下最少阅读器数目的确定和系统综合性能试验。

1. 2~10 台阅读器信息碰撞问题仿真与实验

目前，解决多阅读器信息碰撞问题的方法主要采用协调计划算法和功率控制算法（张志荣等，2015）。张志荣等讨论了采用概率功率控制算法来解决多阅读器的碰撞问题。这些研究都是对限 5 台以上阅读器碰撞问题的研究。高铁综合维修监控系统多阅读器主要集中在线路出入口，阅读器多为 2~5 台。根据概率功率控制算法理论，我们首先对 2~10 台采用概率功率控制算法的阅读器防碰撞在 MATLAB 中进行仿真，其次利用现场实验对理论进行实际验证。

1）2~10 台阅读器的概率功率控制算法 MATLAB 仿真

仿真环境在 MATLAB 中建立，阅读器功率按照 ISO15693 标准设定 0~30 分贝，门限信噪比为 12 分贝。多个阅读器采用随机分布网络拓扑结构，阅读器间的最小距离分别为 3.5 米，阅读器的数目从 2 到 10。假设多阅读器环境下期望的阅读范围为 2.5 米。仿真结果如图 4.32 和图 4.33 所示。

　　β 分布的概率密度分布图如图 4.32 所示，改变 α 和 β 参数，可以控制功率分布以达到期望的阅读范围分布。

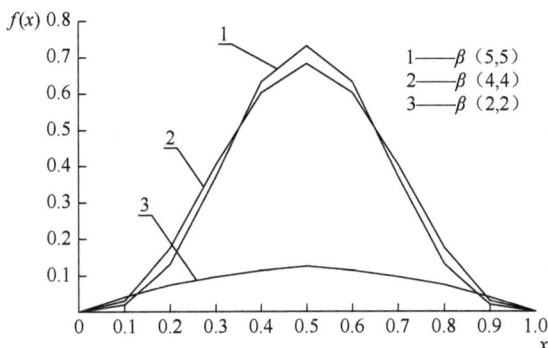

图 4.32　阅读器功率 β 分布

阅读器间最小距离为 3.5 米时的阅读距离仿真结果如图 4.33 所示。

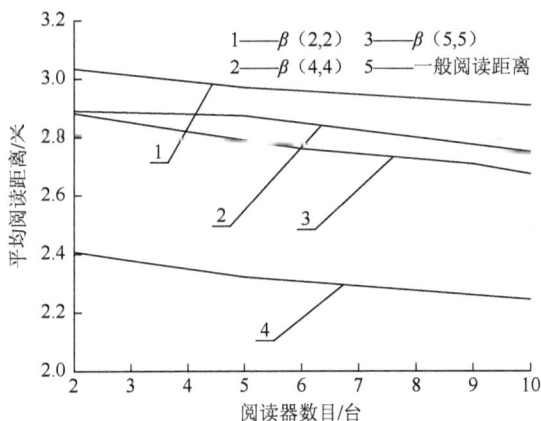

图 4.33　阅读器间最小距离为 3.5 米时的阅读距离

　　从仿真结果可以看出，利用概率功率控制算法的阅读器的阅读距离一般都要比没采用算法的阅读距离要大，这就说明阅读器的读写范围得到了提高。同一网络下，阅读器的读写功率范围分布为 β（2，2）、β（4，4）、β（5，5）。针对阅读器 5 台以下的情况，阅读器间最小距离为 2.6~3.2 米，由此，高铁综合维修监控系统多阅读器可利用嵌入式软件使监控范围超过 3.5 米，可达到比较理想的状态。

2）阅读器采用概率功率控制算法的高铁综合维修监控系统试验

针对多阅读器信息碰撞问题，利用"基于物联网技术的高铁综合维修监控系统"的各种装置及相应的上位机软件，在哈局双城北高铁线路出入口进行了现场试验。

（1）现场试验目的：测试多阅读器的信息碰撞。

（2）试验设备及系统布置：现场试验设备明细表见表4.11。

表 4.11　现场试验设备明细表

序号	名称	设备型号	数量	单位	备注
1	传输接口	—	1	台	自制
2	识别器	—	2	台	自制
3	RFID 远距离阅读器	AOSID-0702	6	台	—
4	UHF-RFID 无源远距离特种标签	AOSID-0835	200	张	—
5	工业型 RFID 手持识别器	AOSID-0813	1	台	—
6	电缆	—	2000	米	—
7	计算机	—	1	台	—
8	电源插排	—	5	个	—

（3）试验方法：现场试验在哈局双城北高铁线路出入口进行，现场试验设备布置与图4.30类似。保持RFID远距离阅读器间距离大于7米，分别将20张、30张、40张、50张UHF-RFID无源远距离特种标签货物电子标签置于货箱内，作业人员分4组，沿高铁维修通道及线路反复通过10次，上位机软件分别记录20张、30张、40张、50张UHF-RFID无源远距离特种标签货物电子标签识别效果。

试验结果表明，无漏读电子标签信息状况发生。由此可见，基于物联网的高铁综合维修监控系统采用两台阅读器是可行的。

2. 系统综合性能现场试验

基于物联网的高铁综合维修监控系统设计的目的是通过物联网技术的应用，对进入高铁封闭线路内的人员、物料、工具实行高效的监管，确保作业结束后无人员或物料遗留或遗漏在防护栅栏内，从而为高铁安全行车提供保障。为此2015年9月28日和2015年11月22日在哈局双城北高铁线路出入口进行了系统综合性能的现场试验。

1）测试试验目的

（1）了解系统各个部件的性能、整个系统的综合性能及设计方案的可行性。

（2）通过标签数量试验，测试人员通过数量和带 RFID 标签的工具通过数量的能力。

（3）系统综合性能试验，按系统工作原理对人员+工具+小件零件电子货箱的综合性能。

2）试验内容

（1）标签通过数量。以不同种类标签（识别距离不同），依次对同一型号或不同型号混合从 1 到 n 个同时通过看漏读情况。

（2）系统综合性能试验。按系统工作原理对人员+工具+小件零件电子货箱的综合性能。现场试验设备布置与图 4.30 类似，性能测试试验设备明细表见表 4.12。

表 4.12　综合性能测试试验设备明细表

序号	名称	型号	数量	备注
1	计算机	DELL 商用机	1	—
2	识别器	GT-XJ-S2015	1	—
3	手持识别器	PD-800	1	—
4	R2000 远距离一体化阅读器	JT-9292A	4	—
5	小件零件电子货箱	GT-XJ-G2015	2	—
6	RFID 标签（圆形）	EXO-750	10	—
7	RFID 标签（长形）	EXO-600	10	—
8	无线路由	FW300R	1	—
9	信号线	1×4×7/0.43	20	—
10	防雷模块	LS01-AC220V	3	—
11	LED 户外显示屏	户外 P10	1	—

3）测试试验

（1）标签通过数量性能测试。第一，测试方法分别采用不同型号、不同数量的 RFID 电子标签通过识别器所连接的高频天线，同一数量的标签重复多次测试，测试高频天线的读卡性能。

第二，试验结果。分别用 EXO-600、EXO-750 各进行了 3 个、5 个、7 个、10 个标签进行了 4 组实验，每组 10 次，共 80 次试验。

EXO-600 的实验结果如下。

标签数量——3，测试序号——9，漏读数量——1。

标签数量——5，测试序号——8，漏读数量——1。

标签数量——7，测试序号——1、6、10，漏读数量——1、1、1。

标签数量——10，测试序号——1、2、3、4、5、8，漏读数量——3、3、2、1、1、1。

EXO-750 实验结果如下。

标签数量——3，测试序号——4，漏读数量——1。

标签数量——5，测试序号——3，漏读数量——1。

标签数量——7，测试序号——0，漏读数量——0。

标签数量——10，测试序号——2、5、8，漏读数量——1、1、2。

第三，试验结果分析。首先，EXO-600、EXO-750 两种型号 RFID 电子标签进行的 3 个、5 个、7 个、10 个标签分组试验都有漏读现象发生；其次，不同型号 RFID 电子标签分组试验中漏读数量有多又少；最后，分组试验 RFID 电子标签数量越多，漏读数量越多。

产生漏读现象的因素有很多，阅读器天线角度、RFID 电子标签类型、摆放位置、信号强弱等都可能会导致漏读现象发生。

解决办法有以下两种：①制定相应保障规章制度；②增加校验环节，避免漏读现象发生。例如，本系统在出入口安装的电子显示屏，可以校对相关信息是否正确。

（2）系统综合性能测试。第一，测试方法。分别用不同数量的人员、工具、小件零件电子货箱、手持识别器进行及整个系统的综合性能。

出库测试：用手持识别器扫描统计工具、小件零件电子货箱信息并上传。

上线测试：携带工具、小件零件电子货箱经过标签阅读器（高铁入口：由 A 天线-B 天线）。

线上工作中测试：包括线上使用工具、小件零件出、入库操作等，用手持识别器扫描统计工具、小件零件电子货箱信息并上传。

下线测试：携带工具、小件零件电子货箱经过标签阅读器（高铁出口：由 C 天线—D 天线）由 B 口—A 口），返回入库。

第二，试验结果分析。不同种类的综合性能试验进行了 20 次，由实验数据得出系统可以实现现有功能。通过电子显示屏的校验措施，避免了漏读现象发生。

4）综合结论

试验结果验证 RFID 标签、条码、北斗定位、北斗通信、GPRS 及整个系统在高铁维修监测是完全可行的。

使用中要考虑影响系统性能的两个因素：①标签阅读器的角度，影响 RFID 标签的识别率；增加阅读器的数量，可提高 RFID 标签的读取率。②GPRS 通信依赖于通信公司的基站信号强弱，偶尔会出现暂短通信中断的情况，但不影响系统的运行；北斗通信模块性能较好，可实现无盲区。

随着我国高铁投入运营总里程的不断增加，高铁运营维护问题越来越重要。

由标签（无源电子标签、二维码）、小件零件电子货箱、作业通道门禁识别器、材料库出库门禁识别器、作业通道显示屏、手持识别器、中继器、数据传输信道、传输接口及高铁综合维修监控系统监控软件组成高铁综合维修监控系统，通过物联网技术的应用，保障了对进入高铁封闭线路内人员、物料、工具实行高效的监管，可确保作业结束后无人员遗留、无物料遗漏在防护栅栏内，为高铁安全行车提供保障。

4.7　基于物联网的铁路物流中心管理系统

铁路作为国民经济的大动脉、国家重要基础设施和大众化交通工具，在国民经济社会发展中具有重要作用。但目前铁路货运单一的运输或仓储服务已经很难适应市场需求，而现代物流充分运用 JIT、精益管理等理念，通过发挥信息技术能动性，将相互分割的物流环节有机结合成一个整体，为客户提供低成本的个性化服务和增值服务，以在供应链中形成上达原材料下达消费者的全球性服务网络，这与铁路货运发展的瓶颈相互耦合。因此，发展现代化铁路物流是铁路货运发展的必然趋势。

我国铁路货运改革大致经历了货运延伸服务、货场内部企业化经营、货场与多经共同经营、多经独立经营货运延伸服务、专业运输物流、铁路局物流企业等阶段（徐维祥和杨肇夏，2001）。铁路货运运输组织方式也从"点到点"的单一运输服务向"门到门"的全程物流服务等转换（盖宇仙，2011），向提供运输、仓储、包装、配送、流通、加工、信息处理等多种服务的现代铁路物流业发展。这其中的重要环节之一就是传统铁路货运站向铁路物流中心转型。铁路物流中心提供的换装、分拨、配送、加工、联运等一系列物流服务，能够保证以经济、快捷、准确、安全的方式送达下一级配送中心或者直接送达用户手中，发挥物流运输节点的作用，这是提高铁路货运竞争力的必要条件。

国外铁路物流中心起步较早，美国、欧洲从 20 世纪 70 年代初起步至今，铁路物流中心已相当成熟。日本从 20 世纪 80 年代末开始了铁路民营化改革，铁路物流中心也已相对较完善。

针对我国铁路货运向现代物流发展，我国许多学者进行了多方面的研究，袁志明和迟骋（2012）分析了国外铁路物流中心的发展经验，世界各国随着经济的快速发展和行业竞争的加剧，都经历过公路给铁路带来的市场份额下滑，各国通过一系列内外部整合、兼并、重组及铁路运营管理模式等进行变革，即根据货源、货流情况建立多式联运中心、物流中心、物流园区、物流基地等，充分发挥铁路货运的优势，通过物流枢纽实现多种物流功能的融合，构建以市场需求为根本的综合运输体系，实现整个运输行业的现代化发展。沙悦寒等（2010）在分析铁路货场发展现代物流优、劣势的基础上，提出加强货场基础设施建设、强化信息技术应用、加快物流专业技术人才培养和知识储备等铁路货场发展现代物流的对策。刘锦武等（2013）针对铁路货场作业流程现状及存在的问题，通过分析铁路货场和铁路物流中心的作业流程，从功能设置、作业流程、信息传递等方面提出铁路货场向物流中心转型的思路及转型后的作业流程方案；刘锦武等（2014）阐述了基于物联网技术的铁路物流中心仓储管理系统，为物联网技术在铁路物流中心仓储管理中的推广和应用提供了技术支持。

物联网技术应用于铁路物流中心仓储管理，涉及作业流程设计、物联网架构、电子电路、通信网络、计算机软硬件等诸多领域，是一项非常复杂的系统工程。将物联网技术应用于铁路物流中心仓储管理，可以实时掌握商品的库存信息，提高库存管理能力，降低库存成本，增强作业准确性及快捷性，最终实现智能化、网络化、仓库一体化的管理模式。

4.7.1　铁路物流中心的功能与作业流程

1. 铁路物流中心的仓储管理功能

物流中心（欧美一般称"配送中心"）是物流系统中的基础设施。它的规划、筹建、运行及完善，涉及诸多部门和行业，不同部门及企业对其内涵及外延的理解不尽一致。

《物流术语》（GB/T 18354-2006）对物流中心定义为：从事物流活动且具有完善信息网络的场所或组织。物流中心应基本符合下列要求：①主要面向社会提供公共物流服务；②物流功能健全；③集聚辐射范围大；④存储、吞吐能力强；⑤为下游配送中心客户提供物流服务。

铁路物流中心是指在国内外现代物流迅速发展、货物运输模式发生改变、铁路运输能力不断释放的情况下，作为铁路发展现代物流的重要突破口而产生的，以铁路编组站、货运站、货场等铁路资源为基础，融入现代物流管理理念和服务理念，在全国铁路的枢纽处、多种运输方式交汇和集结处等建立起来的、以提供铁路运输为主的现代物流服务的场所或组织（铁路物流中心，2013）。

铁路物流中心的业务主要包括集货、仓储、配送、流通加工、包装、信息咨询等物流服务及其他的增值服务等，其功能与一般物流中心的功能具有概念的继承性，同时由于铁路物流中心的铁路基础属性，其与传统货运场站、集装箱中心站、战略装车点等物流节点可以共存共赢，共同发展。铁路物流中心的整体布局一般包含车站、铁路线、标准库区、特种库区、流通加工库区、管理中心等，如图 4.34 所示。

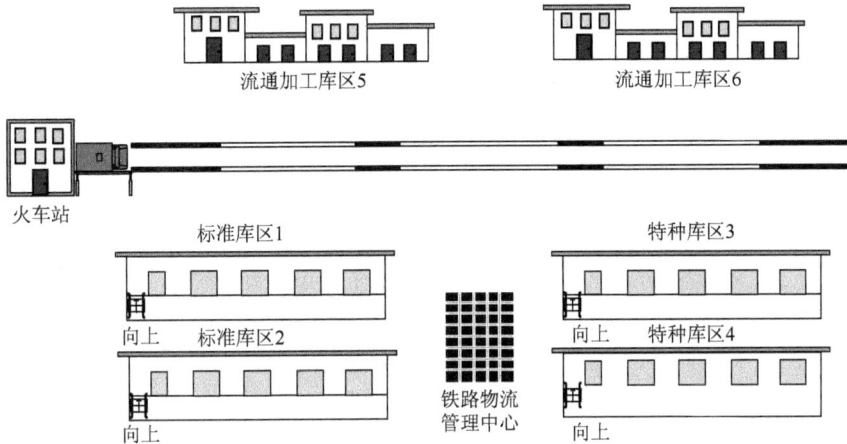

图 4.34　铁路物流中心的整体布局平面示意图

铁路物流中心的功能包括核心功能、附加功能及可扩展增值服务功能三个方面。铁路物流中心的核心功能有储存功能、装卸搬运功能及信息处理功能；铁路物流中心的附加功能包括包装功能、配送功能及流通加工功能；铁路物流中心的可扩展增值服务功能包括物流咨询与预测功能、结算功能、共同配送功能、物流金融服务、商品的展示交易功能、物流教育与培训功能。

2. 铁路物流中心的作业流程

根据图 4.34 铁路物流中心的整体布局，标准库区与特种库区作业流程模式相近，都是货物到达仓库后经收货→存储→拣选→发货→配送的作业流程；而流通加工库区采用货物到达仓库后经收货→流通加工→拣选→发货→配送的作业流程。下面以标准库区为例说明铁路物流中心的作业流程及物联网应用问题。

1）仓储管理作业通用作业流程

根据国家标准《物流中心作业通用规范》（GBT22126-2008）对物流作业的定义，结合仓储中心实际业务情况，业务流程可归纳为以下 10 项通用作业：收货作业、存储作业、补货作业、盘点作业、理货作业、订单处理作业、拣选作业、发货作业、配装作业、流通加工作业。仓储通用作业运作过程如图 4.35 所示。

货物到达仓库，经"收货作业"确认物品之后便依序将货物进行入库"存储作业"；为确保在库物品受到良好的保护、管理，需要进行定期与不定期的"盘点作业"检查；同时为了提高仓库空间利用率及实际作业效率，需要在物品存储、装卸搬运等过程中，执行"理货作业"。

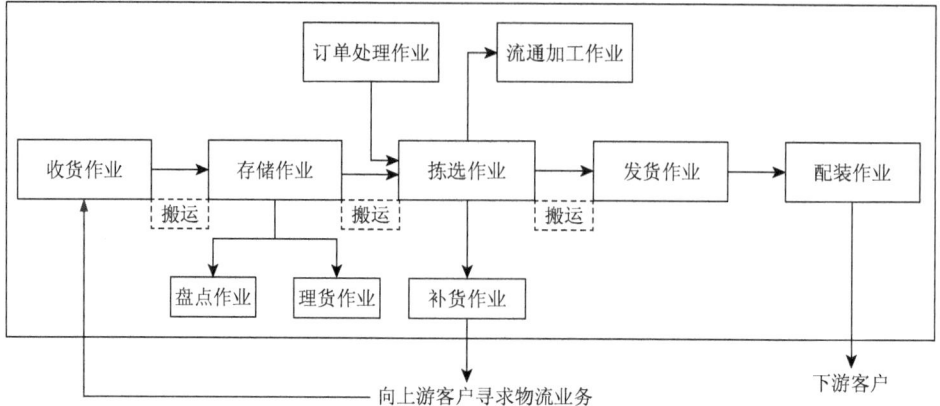

图 4.35 仓储通用作业运用过程图

当仓库接收到客户订单时，需要根据一系列业务规则进行"订单处理作业"，进而根据库存信息安排并执行"拣选作业"。拣货完成后，一旦发现拣货区所剩余的货物存量过低，就必须及时从存储区进行"补货作业"；如果发现整个存储区的货物库存数量低于预设标准，便需要向货物供应商争取新的货源来补货。完成拣选作业的零配件经过整理后可准备发货；功能齐备的货物仓储物流企业还会配合订单的要求对货物进行必要的"流通加工作业"，经过简单加工作业后就可等待"发货作业"。将发货区待出库物品经过装箱、配车等作业之后，即可通过"配送作业"配送到各个客户。

2）铁路物流中心作业流程

根据物流中心仓储作业的通用作业流程，结合铁路货物运输的特点，铁路物流中心作业分为入库前准备、入库管理、仓储管理、出库管理及配送管理五个阶段，如图 4.36 所示。

具体过程如下。

（1）入库前准备：业务部根据货物列车到达预确报，核对货运票据信息，包括货主信息、货物品类、数量、重量、理化特性等，根据以上信息，制订入库计划，确定车辆到达时间、装卸计划、储运单元、库位货架，并打印入库单，通知仓储部准备入库作业。

（2）入库管理：车辆到达后安排指定卸车人员进行卸车作业，卸车后将货物进行入库验收，如果不合格，将货物放置处理区，待业务部联系上游物流部门进行处理；如果合格，则打印上架单，确定货位，进行储存作业准备。

（3）仓储管理：仓储部指定装卸设备，按上架单将货物放入指定货位。业务部定期制订盘点计划及理货计划，仓储部根据盘点单和理货单对货物进行盘点和理货，并为出库作业做准备。

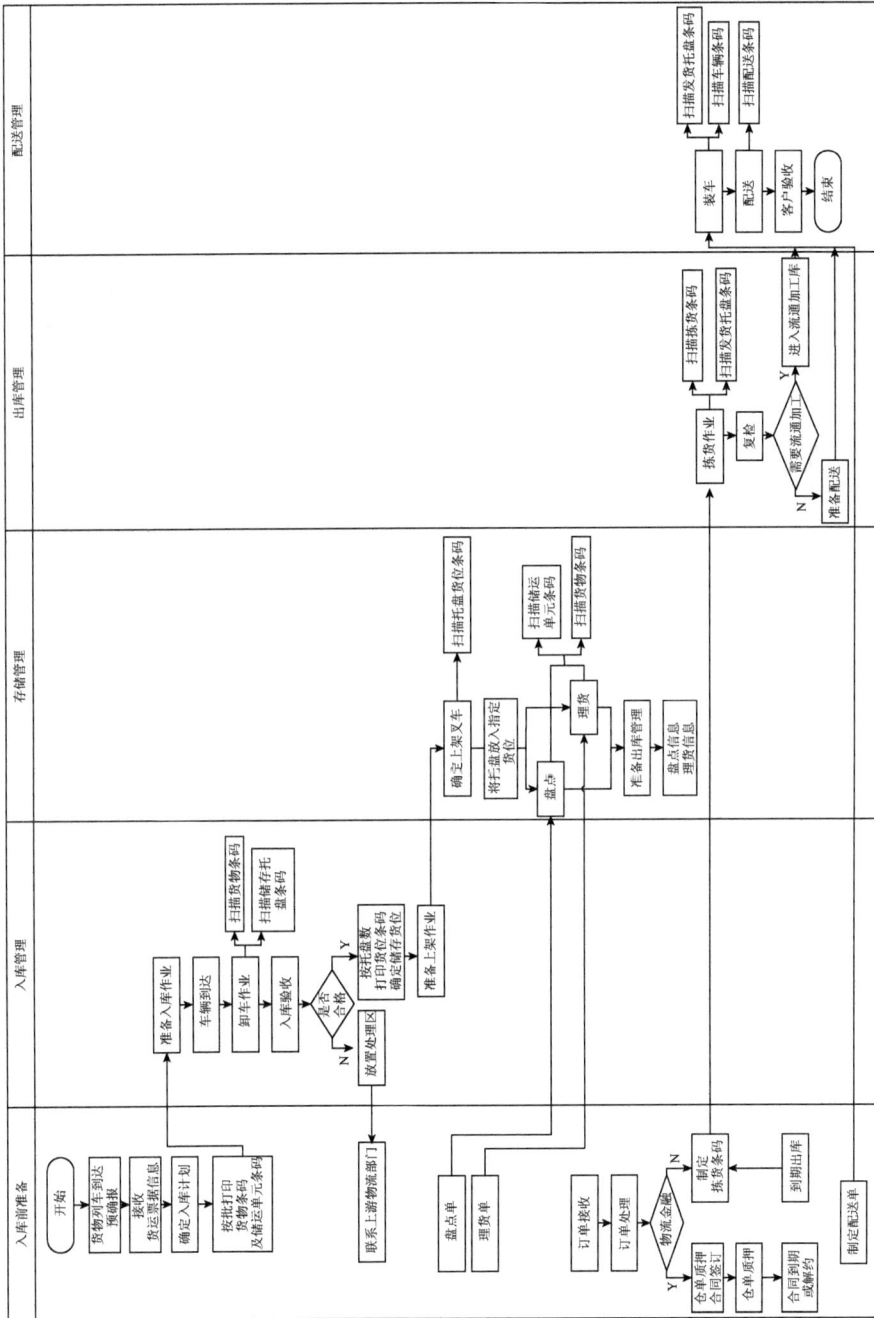

图 4.36　铁路物流中心仓储管理作业流程图

（4）出库管理：客户向业务部发出出货订单，业务部进行订单处理，并判断是否需要物流金融业务。若需要，则签订仓单质押合同，进行仓单质押到合同到期或解约后到期出库。若不需要，则打印拣货单，仓储部按订单计划进行拣货作业，并按商家订单要求是否需要对货品进行流通加工，若需要，将货品送到加工作业线，按加工单进行分装、打包、装箱作业，复检后准备配送；若不需要，则对货品进行复检，准备配送。

（5）配送管理：业务部确定配装计划、车辆及线路，打印配送单，仓储部按配送计划向客户进行配送，客户验货后如果无异议，则整个配送作业流程结束；如果客户选择退货，则将货物装运回物流仓储中心，业务部进行退货处理。

4.7.2 铁路物流中心管理系统

根据图 4.34 铁路物流中心的整体布局分为标准库区、特种库区作业及流通加工库区，其物联网技术架构应采用同样架构，不同库区选择不同的装置、不同的布置方式。下面以标准库区为例，说明铁路物流中心的物联网应用问题。

1. 基于物联网的铁路物流中心标准库区物联网技术架构

根据本书 2.3 节铁路货运物联网应用的技术架构可知，基于物联网技术的铁路物流中心仓储管理系统采用三层物联网技术架构，即感知层、网络层和应用层。

1）感知层

感知层主要完成货物信息的标识、采集、转换处理、收集环境信息，通过通信模块传输到网络层和应用层。

基于物联网的铁路物流中心管理系统的感知层有一维码、二维码、有源标签、无源标签、北斗定位标签及相应的识读传输装置。一维码、二维码用于标识货物信息，识读传输装置为手持识别器；有源标签用于标识货物托盘等信息经常变化、识别距离较远的标识，识读传输装置需用无线网络传输信息；无源标签用于标识货架、装卸车辆等信息不经常、识别距离较近的标识，识读传输装置需用无线网络传输信息；北斗定位标签用于标识需要为之服务的货物或车辆的标识。

2）网络层

网络层接收感知层传入的信息，并将这些信息，经分析、处理、存储等后传输至应用层，同时将应用层发布的各种调用、控制、决策信息，传输至感知层。

网络层的设备有：库区识别器、车载识别器、北斗标签类识别器、手持识别器、服务器间的通信设备等。库区识别器安装在出入库门禁处，可识别有源标签和无源标签，即货物托盘和装卸车辆；车载识别器安装在铁路物流中心装卸车辆上，可识别有源标签、无源标签及装卸车辆位置，即货物托盘、装卸车辆及仓储货架；北斗标签类识别器安装在铁路物流中心配送车辆上，可识别有源标签和北斗定位标签，即货物托盘、配送车、货物位置服务及货物抵达跟踪；手持识别器相当于移动基站，可以扫描一维码、二维码、识别有源标签和无源标签，即货物信息、货物托盘、装卸车辆及仓储货架等；服务器间的通信设备主要有通信接口、中继器等。北斗地面增强基站地面增强系统安装于铁路物流中心，定位精度可达厘米级定位，可实现铁路物流中心内装卸车辆及仓储货物的精确定位。

3）应用层

应用层是物联网和用户的接口，负责完成数据的管理与应用，通过物联网应用业务中间件与各个现有的铁路物流中心管理信息系统应用相结合，实现物联网技术在铁路物流中心管理中的各种应用，如货物的全程跟踪服务、数据管理和任务发布等。

基于物联网技术的铁路物流中心管理系统布置方式如图 4.37 所示。

2. 基于物联网的铁路物流中心标准库区的作业流程

如前所述，铁路物流中心作业分为入库前准备、入库管理、仓储管理、出库管理及配送管理五个阶段。物联网技术的应用就是将感知识别技术融入到这五个阶段中，从而提高工作效率。下面以标准库区的作业流程为例设计其物联网应用流程，最终设计物联网应用系统。在具体应用过程中，体现为入库管理、仓储管理、出库管理和配送管理四个阶段。

1）入库管理物联网工作流程

入库管理完成从站内到库区的货物装卸及信息登记和修改。根据入库计划，入库管理会获得相应的车辆、托盘、一维码、有源标签的配给，托盘和有源标签信息是绑定的。叉车上装有无源标签，用于进入库区时识别车辆信息及在库区内识别区位和货位信息，同时叉车上还装有车载识别器实时读入叉车上的托盘有源标签信息。入库时，与仓库的识别器进行信息交换，进行货物信息的确认和核对。卸货时，接货员会按批在货物包装箱上贴一个入库货物条码，并用手持识别器进行扫描，扫描信息实时录入有源标签中，同时要扫描托运时的货物识别码，一维码与货物识别码一一对应，货物识别码由手持识别器上传至车载识别器，入库时车载识别器将货物识别信息上传至入库识别器，由入库识别器传至后台服务器备查，当货物卸满一个储存托盘后，信息录入结束。叉车将托盘移送到入库验收区，验收员进行货物验收，如果不合格，验收员将该批货物放置处理区，待计划部门联系上流物流部门进行处理；如果合格，验收员则按照指定的库区货位准备进行上架作业。入库管理物联网信息作业流程如图 4.38（A）所示。

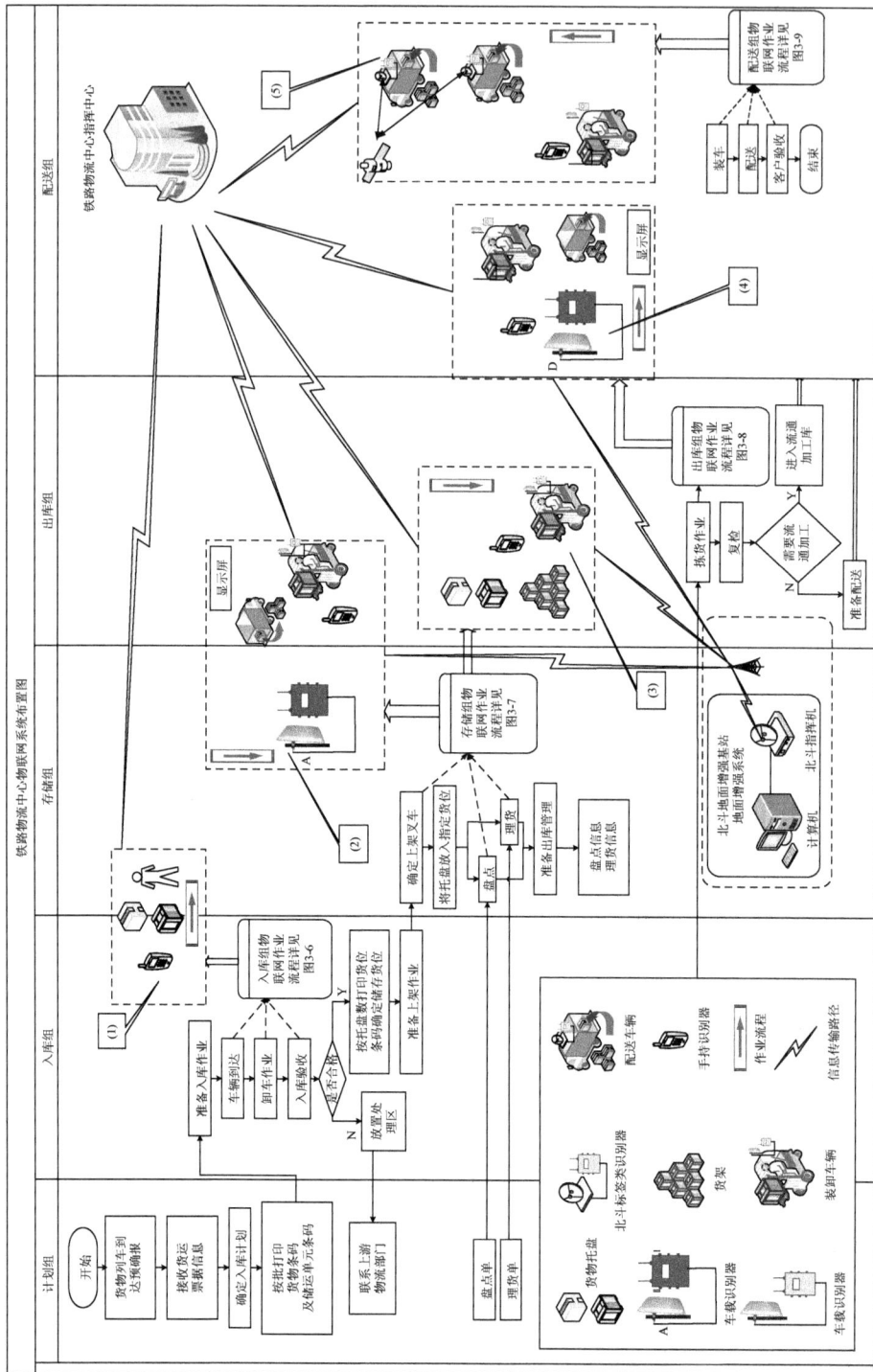

图 4.37 基于物联网技术的铁路物流中心管理系统布置图

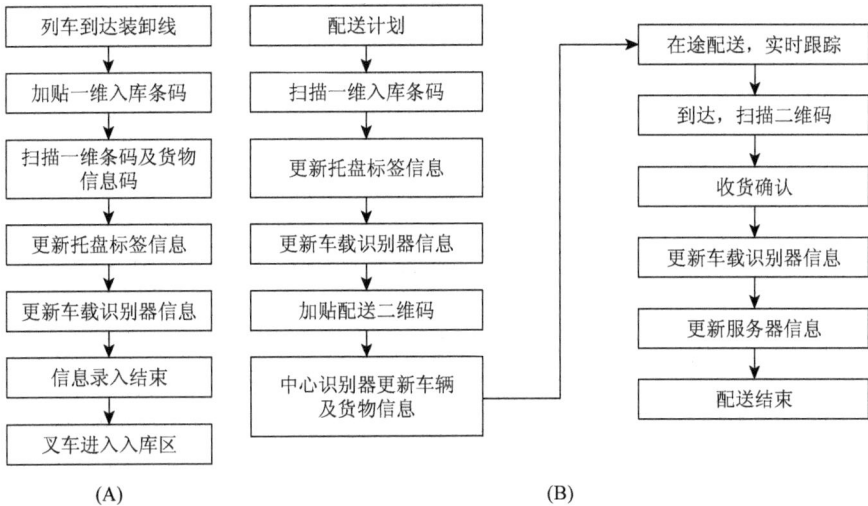

图 4.38　入库管理与配送管理物联网作业流程

2）仓储管理物联网工作流程

仓储管理完成货物进入库区的信息核对、上报及货物上架。仓储库入库大门处设有入库识别器，该识别器会扫描叉车的无源标签识别车辆信息，同时车载识别器将接收到的托盘有源标签信息和货物识别信息传送至入库识别器，入库识别器将接收到的信息传至服务器，服务器根据入库计划下达入库指令，指示将托盘放于哪一个货架。入库指令由入库识别器传至车载识别器，叉车接到入库指令后，进入仓储库区，车载识别器会实时识别叉车行进过程中扫描到的货架信息。到达指定货架后，将托盘放置于货架上，车载识别器与库区识别器完成信息确认，上架结束。

库区识别器设置于库区内，可以与车载识别器和托盘有源标签通信。与车载识别器通信完成上架确认工作，与托盘标签通信完成货物核对和盘点工作。当托盘中的货物发生变动时，托盘标签的信息会被手持识别器改写，信息的变化会实时反映到库区识别器中，库区识别器与服务器通信，将货物信息的变化进行登记备查。仓储管理物联网信息作业流程如图 4.39（A）所示。

3）出库管理物联网工作流程

出库管理完成货物出库的信息登记、改写及货物出库作业。根据出库计划，出库管理会获得相应的车辆、托盘配给。

如果是整个托盘的货物出库，就不需要更换托盘，叉车根据出库作业指示进入库区指定的货架位置，拣货员使用手持识别器与车载识别器及托盘有源标签进行出库信息确认，叉车收到确认信息后会将整个托盘运送至仓储库出库大门处进行信息核对，同时库区识别器更新库区货物信息并发送至服务器进行数据更新。

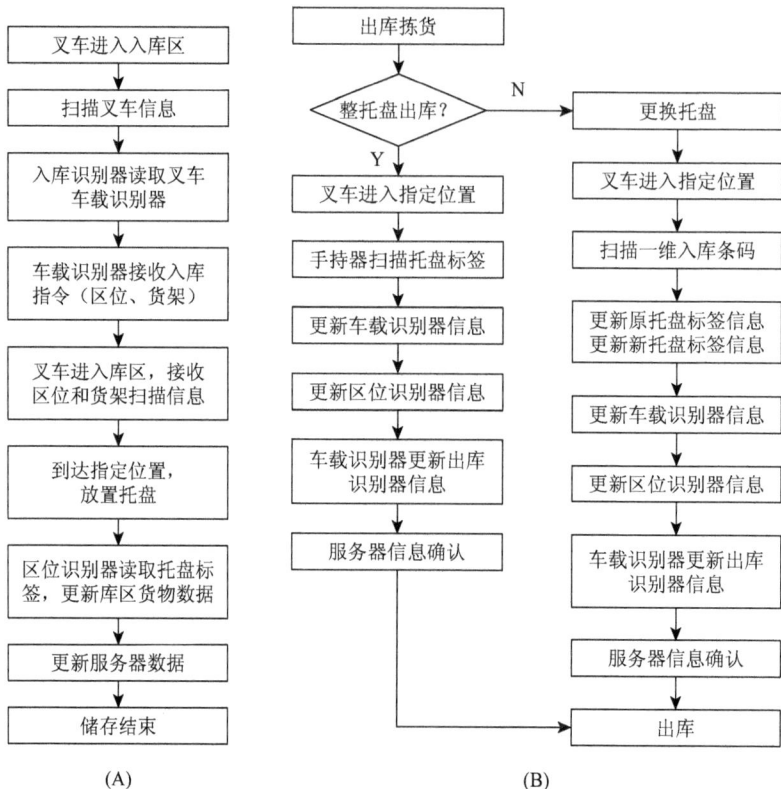

图 4.39　仓储管理与出库管理物联网信息作业流程

如果是托盘上的部分货物出库，则需要更换托盘，拣货员扫描货物的一维入库条码，确认该货物出库，同时更新原托盘有源标签的信息，将货物放入新的托盘后，更新新托盘有源标签的内容，确认货物已放入托盘，叉车识别器接收新托盘标签信息，在出库门处进行信息核对，库区识别器读取原托盘有源标签的内容，将货物的变化情况传送至服务器进行库内货物的信息更新。

在出库门处出库识别器扫描车辆标签，车载识别器与出库识别器通信，进行出库货物信息的核对确认，无误后进行出库操作，出库识别器信息发送至服务器，确认出库完成，并与库区识别器比对后更新服务器数据。出库货物进入配送流程。出库管理物联网信息作业流程如图 4.39（B）所示。

4）配送管理物联网工作流程

配送管理完成货物配送信息登记、改写、货物配送及配送信息确认作业。拣货员使用手持识别器扫描货物一维入库条码，登记配送货物，手持识别器改写托盘标签的货物信息，同时服务器将对应的具体货物信息传送至二维码打印机，打印货物的品类、数量、托运人、收货人等信息对应的二维码。拣货员将二维码贴在货物上进行装车作业，同时手持识别器与货车车载识别器通信将配送货物信息输入车载识别器确认货物的装车作业，当货车通过仓储中心大门时，仓储中心识别器识别货车车号及车载识别器的货物信息，确认货物已在途配送。货车装有北斗定位标签，信息中心可以实时跟踪车辆位置信息，保证对配送过程的监督。货物到达收货人时，配送人员扫描二维码进行配送信息登记，配送结束时，车载识别器接收手持识别器的信息，确认并存储配送完成信息，同时货车识别器通过无线方式远程将配送结束信息发送至服务器进行配送信息的登记。配送管理物联网信息作业流程如图 4.38（B）所示。

我国的铁路物流中心是结合国家"中长期铁路规划"和铁路"十二五"发展规划而发展的，目前正在建设、规划过程中，真正投入运营的很少，铁路物流中心功能和经营模式等都在逐步完善。

随着铁路物流中心的逐步发展，物联网技术运用于铁路物流中心的管理中是必然的，应用也会越来越多。目前，条码技术、无源 RFID 技术及 GPS 定位技术应用较多，也比较成熟。未来，铁路物流中心需要综合性的物联网技术应用以实时掌握商品的库存信息，提高库存管理能力，降低库存成本，增强作业准确性及快捷性，最终实现智能化、网络化、仓库一体化的现代化物流管理模式。

本节根据铁路物流中心的功能、作业流程，结合铁路物联网技术应用的实际，对铁路物流中心铁路物联网技术应用的技术架构、采用的装置、实际应用的作业流程等进行了全面分析和探讨，沿用了前述铁路物联网技术应用的技术架构、采用的装置，既有全局性又有继承性，符合铁路货运物联网技术应用的发展要求。

4.8　本　章　小　结

目前，我国铁路货运产品主要有普通货运产品、大宗直达货运产品、小件快捷货运产品、集装箱货运产品及特种货运产品五大类，运输类型有整车、零担、集装箱三种类型，铁路调度指挥将机车与不同种类的铁路货运产品与运输类型组合在一起，完成铁路的货物运输。铁路货运物联网应用就是将物联网技术应用到铁路货运产品、运输类型、机车三者之中，为铁路调度指挥组织提供各种信息，提高运输作业效率和信息化管理水平。

本章介绍了基于 RFID 铁路车号自动识别系统、基于物联网技术的中铁快运物联网应用系统、采用北斗类电子标签的铁路集装箱运输的物联网应用系统、基于北斗卫星定位系统的机车动力资源定位系统、基于物联网技术的高速铁路综合维修物流监控系统，以及基于物联网技术的铁路物流中心仓储管理系统几个铁路货运中典型物联网应用系统的技术架构、系统构成、作业流程、工作原理、关键技术问题及试验测试。通过本章铁路货运的典型物联网应用可以看出，铁路货运物联网应用关键注意以下五个问题。

（1）不同种类的铁路货运产品与运输类型组合问题。铁路货物运输的业务主要包括客户的需求受理、发送业务、途中运输业务和到达交付业务四个环节。这四个环节是一个有机的整体，无论哪种铁路货运产品都必须通过某种运输类型完成，铁路货运物联网应用必须要考虑各个环节的应用问题。例如，铁路车号自动识别系统、中铁快运的火车站识别装置等都要考虑途中运输业务问题；集装箱运输的掏箱识别、铁路物流中心的配送北斗跟踪管理等都要考虑到达交付业务问题等。总之，在铁路货物运输业务的不同环节，设置不同的物联网应用装置管理。

（2）物联网应用作业流程规划问题。铁路货运物联网应用要考虑各个环节的应用问题，就必须考虑在不同环节上如何配置物联网应用装置问题。物联网应用装置的配置要与铁路货物运输业务的作业流程相结合，构建出物联网应用环境下的作业流程。这就涉及作业流程重新规划问题，在物联网应用环境下进行作业流程规划时，要遵循尽量保持现有作业流程的原则。现有作业流程是多年智慧的结晶，作业流程的改变会带来巨大的变革。例如，本章中的中铁快运、集装箱运输及铁路物流中心等的物联网应用作业流程，都是遵循这一原则重新规划的。铁路货运物联网应用的作业流程将决定物联网应用的技术架构，是铁路货运物联网应用的重要环节。

（3）物联网应用的技术架构问题。物联网应用的技术架构决定了物联网应用系统感知层、网络层及应用层的具体构成。铁路货运物联网应用是各种物联网技术的具体应用。铁路货运物联网应用的技术架构采用三层架构，这样使得感知层感知元器件的选型设计、网络层的网络结构设计及应用层的应用软件开发及接口设计与物联网技术相适应，以保证物联网应用系统的运维要求。

（4）物联网应用的感知装置、中间件及上位机应用软件设计问题。物联网应用的感知装置、中间件及上位机应用软件是物联网应用实现的具体装置和软件。本书第3章阐述铁路货运物联网应用感知层、网络层及应用层的各种技术问题，本章介绍的各种铁路货运物联网应用系统只是各种技术与铁路货运产品、运输类型结合物联网应用作业流程的有机组合。例如，中铁快运、集装箱运输、铁路物流中心的物联网应用系统。在物联网应用的感知装置、中间件及上位机应用软件设计时，关键是感知装置的选型与设计，感知装置往往决定物联网应用系统的构成。

（5）动力资源与维修管理问题。铁路货运产品、运输类型、机车三者通过铁路调度指挥来完成铁路货物运输，机车是铁路运输资源的一个重要组成部分，是铁路货运实现的重要一环。铁路机车物联网应用有其自身的特点，除定位跟踪管理之外，还要考虑机车的运营状态。本章介绍的用北斗Ⅰ+Ⅱ机车终端构建的物联网应用系统，可以实时监控机车位置和运行状况，使路局和机车厂家实时掌握机车的运转和拉载列车运行状况，保障了铁路运输有效运输。

高铁运营日常维护是保障正常运行的重要环节，本章介绍的基于物联网技术的高铁综合维修监控系统，通过对进入高铁封闭线路内的人员、物料、工具实行高效的监管，可确保作业结束后无人员遗留、无物料遗漏在防护栅栏内，为高铁安全行车提供保障。

物联网、工业等是未来经济发展的热点，这些技术的应用会越来越广泛。物联网在铁路货运中的应用将是历史的必然。本章介绍的这些典型应用系统，在实际中有些已大面积应用，有些局部应用。由于技术成熟度、应用环境、组织结构等诸多因素，实际应用中还存在很多问题，如车号未识别、地面识别设备的覆盖率不够、车速过高时无法识别车号等问题；中铁快运承运的货物品种较多，承运货物的信息标识受多方面的限制问题；通用集装箱自身没有电源的问题；铁路物流中心的经营模式问题；物联网应用的成本过高问题等，这些都制约了物联网在铁路货运中的应用的发展。

总之，物联网在铁路货运中的应用任重道远，还需要我们做大量的基础性研究。

参 考 文 献

陈东生，曲建军，田新宇，等.2012.中国高铁工务维修管理模式研究.铁道建筑，(5)：129～133

陈京亮.2011.铁路专业运输企业信息化建设与应用探讨.铁道运输与经济，32(5)：57～61

盖宇仙.2011.铁路货运组织.北京：中国铁道出版社

高文，应立军，夏季.2009.高铁检测、维修管理信息化研究.企业家天地，(10)：110～112

桂劲松.2014.物联网系统设计.北京：电子工业出版社

郭丽红，金福彩.2013.铁路货运电子商务发展的思考.铁道货运，(3)：13～15

郭玉华.2010.铁路货运发展现代物流的研究.铁路运输与经济，32(2)：10～13

海燕，石宏.2005.铁路车号自动识别系统的实现及关键技术.铁路计算机应用，14(1)：19～21

贾斌.2005.车号自动识别系统.铁道通信信号，41(3)：3～4

刘迪，张志荣.2015.基于北斗的铁路集装箱运输物联网应用系统研究.中国铁路，(8)：42～46

刘锦武，秦四平，李思阳.2013.铁路货场向铁路物流中心转型的分析与思考.铁道货运，(3)：16～21

刘锦武，秦四平，李思阳.2014.基于物联网技术的铁路物流中心仓储管理系统设计研究.铁道货运，(9)：6～9

刘宪军，张志荣，李真，等.2015.基于北斗导航定位系统的机车动力资源定位系统研究.大连交通大学学报，36(2)：101～105

马帅，杨柳涛.2015.基于ZigBee技术的集装箱自动监测系统.上海船舶运输科学研究所学报，38(1)：69～72

马小宁，马建军，史天运，等.2015.物联网技术在铁路的应用研究.中国铁路，(7)：40～44

迈克尔·波特.2005.竞争优势.陈小悦译.北京：华夏出版社

邱少明.2013.树立适应铁路货运组织改革的新思维、新理念.交通与运输，29(6)：18～19

沙悦寒，许绍兴，刘雪斐.2010.铁路货场现代物流化发展对策研究.铁道运输与经济，32(5)：71～73

沈海燕，石宏，须征文，等.2001.铁路车号自动识别系统（ATIS）的实现及应用.中国铁路，(6)：16～19

苏顺虎.2009.加快货运组织改革发展铁路现代物流.铁道运输与经济，31(5)：8～17

苏顺虎.2010a. 依托铁路运输优势适应货运组织改革促进多经企业物流业务加快发展. 铁路运输与经济，32（2）：1～8

苏顺虎.2010b. 铁路小件货物运输与现代物流的发展. 铁道运输与经济，32（9）：2～10

铁道部信息技术中心.2004. 铁路集装箱箱号管理信息系统. 北京：中国铁道出版社

铁路物流中心.2013. http://www.cefuture.cn/_d276229695.htm.[2013-07-12]

王梦恕.2011. 三大系统故障可能成为京沪高铁常见问题，经济观察网，2011-07-13，8：25

吴清一.2013. 单元化物流与物联网共生共荣. 物流技术与应用，（9）：98～100

徐维祥，杨肇夏.2001. 铁路运输管理信息系统对货运站作业组织的影响分析. 铁道学报，23（6）：93～96

许诚，史宇光，束剑锋.2006. 列车调度指挥系统车站系统构建. 铁路计算机应用，15（1）：20～23

薛小平，程炽昌，刘名扬，等.2009. RFID 在集装箱运输管理中的应用、挑战及架构. 中国电子商情，（6）：21～25

颜理，余峰，黄胜豹.2009. 基于 ZigBee 技术的铁路站场集装箱追踪定位的研究. 电脑知识与技术，5（10）：2594～2595

袁志明，迟骋.2012. 国外铁路物流中心发展经验借鉴. 物流科技，（10）：95～97

张瑞芳，黄志平，刘峰，等.2010. 基于 GPRS 的客车远程监控系统设计. 铁道机车车辆，30（2）：43～46

张志刚，张志荣，杜鹏，等.2014. 中铁快运物联网应用系统软件架构研究. 大连交通大学学报，35（6）：89～92

张志荣，刘迪，刘军.2015. 基于物联网技术的高速铁路综合维修物流监控系统研究. 大连交通大学学报，35（3）：
    106～109

张志荣，王大伟，张志刚，等.2014. 物联网环境下中铁快运物流管理运作模式. 大连交通大学学报，35（3）：106～109

张志荣，张龙江.2011. 基于 RFID 的铁路物流电子识别系统. 大连交通大学学报，32（1）：106～109

张志荣，张龙江，杜鹏.2010. 基于 RFID 煤矿井下人员定位防碰撞研究. 辽宁工程技术大学学报（自然科学版），
    29（3）：490～493

郑福林.2010. 几种列车定位系统性能比较分析. 铁道技术监督，38（6）：52～64

中华铁道网.2013. 浅谈国内铁路机车车辆的发展. http://www.chnrailway.com/html/20131105/296362.shtml. [2013-11-05]

宗岩.2014. 我国铁路货运产品设计开发的研究. 铁道货运，（7）：5～9

第5章　铁路货运物联网应用的效益评价

5.1　引　　言

自物联网的概念由麻省理工学院 Auto-ID 实验室 1999 年提出以来，在国内外得到了迅速推广。我国对物联网的发展与应用的研究非常多，目前国内学术界对物联网的研究主要集中于以下方面：物联网技术概念、特征、体系架构及关键技术的研究，物联网商业模式的研究、物联网应用领域及基于物联网的个别行业领域管理系统的研究等。根据铁路货运物联网技术应用需要，下面仅就与其密切相关的一些代表文献进行梳理，并做简要评述。

在我国，随着物联网技术的发展及在某些行业中的实践应用，人们开始关注物联网在物流中的应用，然而国内多数学者对此问题的研究主要集中在物流信息平台的构建和如何利用物联网技术解决现实问题，研究内容零散。关于物流信息平台构建的研究，代表观点如下：胡文海（2012）通过分析物联网应用于物流信息平台的内涵、结构和运作模式，构建了一种物流信息平台总体框架，该框架主要有三个模块组成——公共物流信息、物流园区信息、企业物流信息，该文献还对各个模块的主要功能进行了详细阐述；燕晨屹等（2011）通过对政府主导型运营模式、企业主导型运营模式和委托第三方运营模式的分析比较，提出构建以"企业主导型的协同运营"模式的基于物联网的物流信息平台。关于物联网应用于物流领域解决现实问题的研究，代表观点如下：朱文和（2010）在分析物流企业配送现状的基础上，提出基于物联网技术的智能物流配送，并通过实证分析提出应用物联网技术的解决方案；吴双双（2011）通过分析铁路物流的现状，对物联网应用于铁路物流的具体方案、应该注意的问题进行了详细论证。杨永清和潘红（2011）从我国现行物流管理信息系统存在的问题出发，提出应用物联网技术能够实现更安全、高效、可追溯的物流。

然而，在我国对于物联网应用后效益的研究相对较少，已有的文献多是物联网应用前的效益研究，且对效益的研究多站在企业的视角构建指标体系和进行实证分析（刘鹏和赵洁琼，2013）。国内学者对于货运效益的研究主要集中在三个方面。

第一，对企业整体活动的效益评价研究，如刘长未等（2004）从供应链管理角度出发，用模糊综合评价法（fuzzy comprehensive evaluation，FCE）对某大型制造企业物流系统进行了整体研究，找到该企业物流管理的缺陷，为其系统优化提供了依据。钱芝网（2010）把制造企业物流系统分为四个子系统，用数据包络分析法（data envelopment analysis，DEA）对四个子系统进行评价，并通过实际算例进行了实证分析，进而对算例中的公司提出了相应的对策。彭文（2013）在分析钢铁企业铁路物流影响因素的基础上构建了评价指标体系，并用专家打分法确定了指标权重，用多级模糊综合评价法对指标体系进行了评价。

第二，关于服务质量（logistics service quality，LSQ）评价的研究。集中表现为两个方面：第一，从企业视角对服务质量进行评价。例如，Perrault 和 Russ（1974）提出以时间和空间效用为基础的 7Rs 理论，七个指标为：时间、价格、货差、货损、货物信息的准确性、配送的准时性、配送的准确性。Perrault 和 Russ 是早期货物运输指标体系评价的代表，他们主要从服务的结果出发来构建指标，没有考虑企业的形象和服务过程。为了适应物流业发展的需要，产生了第三方物流企业，他们使得服务功能变得多样化，但是仍然站在企业的视角对服务质量进行评价。第二，从客户视角对服务质量进行评价。例如，Mentzer 等（1989）三个人在研究以往资料的基础上，站在客户的立场，提出从时间性（timeliness）、可得性（availability）和质量性（quality）等三个方面评价物流配送服务质量。Parasuraman 等（1988）三位学者在 1985 年提出服务质量评估量表，即 SERVQUAL 量表，该量表从五个维度构造了 22 个指标，基于顾客视角对 LSQ 进行了评价。他们的量表被大多数学者广泛接受和引用，也有学者以他们的量表为基础对各行各业的服务质量进行了研究。但是，也有学者对此产生了异议，他们认为该量表不具有普适性，必须根据特定的行业和情形选择某些因素，Brown 等（1993）对 SERVQUAL 量表的内容进行了修正，对服务质量进行了重新测评。Pitt 等（1997）也指出，Parasuraman 等提出的量表只是一种工具，学者应该针对特定的行业对该工具进行优化和修改。Mentzer 等（1989）提出 LSQ 模型，该模型共有九个指标，根据服务产生的时间和过程，从顾客角度出发对 LSQ 进行了评价。刘北林和张亚茹（2011）基于客户立场，同时参照了 SERVQUA 评价体系，设计出基于客户立场的 LSQ 评价体系，并且采用动态模糊综合评价法对 LSQ 进行了评价。

第三，关于铁路货运效益评价的研究。针对铁路货运这一特殊行业，学术界主要从服务质量、效益、物流中心绩效和信息安全等方面对其进行研究。甘卫华和吴玮（2013）依据绩效指标的相关原则，构建了铁路物流服务质量的对内和对外指标，该指标体系有五个投入指标和六个产出指标，最后用数据包络分析法对江西京九物流有限公司进行实证分析。赵娟（2013）对 LSQ 理论及评价指标进行了详细评述，从企业和顾客两个角度出发，参考 SERVQUAL 和 LSQ 模型，选取七个准则共计 19 个指标，对铁路 LSQ 模型进行了评价。刘鹏和赵洁琼采用数据包络分析法中的 C2R 模型，对铁路货运效益进行了评价。姜庆国等（2009）分别从顾客和企业的视角构建了 12 个二级指标，用模糊综合评价法对企业绩效进行实证研究。王雪（2010）在分析现有企业管理绩效评价的基础上，采用层次分析法确定了指标体系的权重，用模糊综合评价法对中铁快运的安全管理信息系统进行了评价分析。张年（2010）通过分析铁路物流信息安全，利用相关的安全技术架构建立了信息共享平台安全性评价指标体系，采用层次分析法确定指标权重，用模糊综合评价法对指标体系进行了评价。

此外，随着环保和社会责任观念的深入，越来越多的学者将社会效益、生态效益纳入企业效益评价体系中（宋扬，2010；尹新，2012）。

综观已有研究，学术界多倾向于物联网应用领域及技术方面的研究，而物联网应用于某个领域时也偏重于在该领域如何应用的技术问题，应用研究性的文章"为应用而应用"，缺乏应用的基础分析和可行性分析。对于效益的研究，已有的文献多是物联网应用前的效益研究，且对效益的研究多站在企业的视角构建指标体系和进行实证分析，关注货运整体活动效益、关注服务质量，并且在效益评价方法上，大多采用模糊综合评价法、数据包络分析法、层次分析法等常规的方法对复杂的大系统进行评价。对于铁路货运效益的研究，有些学者在指标选取的维度上虽有扩展，即从顾客和企业二维度构建指标体系，但对于物联网在铁路货运领域应用后的效益问题仍缺乏系统的整体研究和可行的定量分析。

总之，到目前为止，学者们对物联网应用环境下的货运效益评价仍缺乏人文关怀。那么，物联网对货运企业而言是否一定有应用的必要呢？或者换言之，应用后将会给其带来怎样的效益呢？本章研究的目的就是要解决基于铁路物联网技术的铁路货运效益的评价问题，构建物联网应用环境下的货运效益指标体系并进行实证，以便为相关企业在铁路货运中是否应用物联网技术决策提供参考。具体以中铁快运为例，将对物联网应用后铁路货运物流效益评价进行探索性研究，依据利益相关者理论并结合价值链分析，将货运效益评价扩展到顾客、货运企业、铁路局、社会四个维度，全面系统地对中铁快运铁路货运物流效益指标体系进行构建及实证分析，并提出效益提升建议，这在一定程度上可以为中铁快运及相关部门、企业是否推广应用物联网技术决策提供借鉴。

本章内容分四小节，5.1 节阐述本章的研究背景和意义、对相关文献进行综述。5.2 节是基于物联网的铁路货运效益评价理论依据与方法。首先简要概述指标体系构建的价值链理论和利益相关者理论的内容，其次阐述指标体系构建和评价的几种方法（因子分析法、层次分析法、灰色关联分析、模糊综合评价）原理。5.3 节是物联网应用下铁路货运效益评价指标体系构建——以中铁快运为例。首先，基于价值链理论和利益相关者理论对中铁快运核心价值链和利益相关者进行分析；其次，应用层次分析的原理尝试初步构建基于物联网的中铁快运铁路货运物流效益指标体系；再次，针对初步构建的指标体系设计问卷进行现场调研，将搜集到的数据资料进行统计分析，用因子分析法对指标体系进行筛选；最后，构建了基于物联网的中铁快运铁路货运物流效益评价指标体系。5.4 节是实证研究及对策建议。在 5.3 节已构建指标体系的基础上，为验证该指标体系是否可行，进行了实证分析。主要工作是对专家进行问卷调查，采用层次分析法和基于灰色关联度分析的改进算法综合确定指标体系的权重，然后用模糊综合评价法对物联网应用前后的两个方案进行评价，得出两个方案物流效益的优劣比较，并对评价结果进行定性分析。然后主要从统一思想、增强服务意识、加强与铁路局的合作及努力降低成本等方面提出物联网应用后保证铁路货运物流效益进一步提升的对策。

5.2　基于物联网的铁路货运效益评价理论依据与方法

5.2.1　理论依据

1. 价值链理论

价值链这一概念的提出可以追溯到《竞争优势》这本书，该书的作者是美国商学院的教授迈克尔·波特。他认为价格是价值的表现，顾客提供的价格越高，表明企业提供给顾客的产品或服务的价值越大；价值链就是企业一系列活动的集合，每种活动都能为企业创造价值（迈克尔·波特，2005）。波特还把企业的价值活动进行了分类，分类结果如图 5.1 所示。

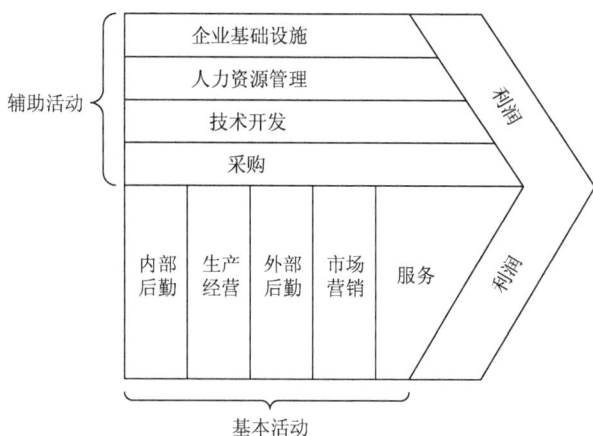

图 5.1　企业价值链结构图

波特把企业内外价值增加的活动分为基本活动和支持性活动。基本活动涉及企业生产、销售、进料后勤、发货后勤、售后服务；支持性活动涉及人事、财务、计划、研究与开发、采购等。基本活动和支持性活动构成了企业的价值链。价值链在经济活动中无处不在，上下游关联的企业与企业之间存在行业价值链，企业内部各业务单元的联系构成了企业的价值链，企业内部各业务单元之间也存在着价值链联结。价值链上的每一项价值活动都会对企业最终能够实现多大的价值造成影响。不同的企业参与的价值活动中，并不是每个环节都创造价值，实际上只有某些特定的价值活动才真正创造价值，这些真正创造价值的经营活动，就是价值链上的"战略环节"。企业要保持竞争优势，实际上就是企业保持在价值链某些特定战略环节上的优势。运用价值链的分析方法来确定核心竞争力，就是要求企业密切关注组织的资源状态，要求企业特别关注和培养在价值链的关键环节上获得重要的核心竞争力，以形成和巩固企业在行业内的竞争优势。企业的优势既可以来源于价值活动所涉及的市场范围的调整，也可来源于企业间协调或合用价值链所带来的最优化效益。

2. 利益相关者理论

"利益相关者"（stakeholder）一词最早出现在 1708 年的《牛津辞典》中，表示人们在某项活动中所下的赌注。1929 年，通用电气公司的某位经理在他的一次演讲中最先提出企业为利益相关者服务的思想（陈宏辉，2003）。而系统的利益相关者理论是 20 世纪 60 年代前后在美英等长期奉行外部控制型公司治理模式的国家中逐渐发展起来的。1963 年，美国斯坦福研究所（Stanford Research Institute，SRI）的研究成果指出，利益相关者是指与主体利益密切相关的经济群体。后来，弗里曼于 1984 年对利益相关者的概念进行了进一步的扩展：利益相关者是这样一些团体或者个人，他们能够影响组织目标的实现，或者组织在目标实现的过程中能够影响到他们（黄浩岚，2013）。这是对利益相关者最经典的定义，其后的学者都是遵循弗里曼的这种相当宽泛的架构对利益相关者进行研究。利益相关者理论认为，任何一个公司的发展都离不开各种利益相关者的投入和广泛参与，如股东、债权人、雇员、供应商、消费者、政府等。而对于一个企业来说，能够获得长期生存和繁荣的最佳途径就是：考虑其所有重要的利益相关者的需求，并努力设法满足其需求（彭国甫和盛明科，2008），对于一个企业，我们不但要关注其股东的利益，而且应该关注与企业有关的利益相关者的利益，企业的目标是实现利益相关者共同利益的最大化。

5.2.2　指标体系构建与评价的方法

1. 指标体系构建的方法——因子分析法

本章把指标体系的构建分为两个阶段，第一阶段从定性角度考虑，依据价值链理论和利益相关者理论，按目标层→准则层→一级指标→二级指标的思路初步构建指标体系；第二阶段：指标的筛选，采用因子分析法，从定量的角度来优化指标体系。下面简要介绍因子分析法的基本思想及程序。

因子分析的原理是：通过一系列的数学公式，把原有变量转换成相互独立的因子变量，新因子包含了原始变量的大部分信息。因子变量的特点：变量数量少；重要信息不丢失；变量之间相互独立；可以给新变量命名。因子分析的步骤如下（吴祈宗，2006）。

第一，判断原始变量是不是符合因子分析的要求。因子分析的目的是将相互间有关系的原始变量，变换成相互独立的新变量。这就要求在做因子分析之前，检验原有变量是否具有较强的相关关系。此步骤通过求解原始变量间的相关系数矩阵完成，假如相关系数矩阵中的大部分值都不大于 0.3，表明这些原有变量不适合做因子分析。

第二，构建因子变量。构建因子变量的方法有很多，可以借助相关的工具完成，本章选取的方法是主成分分析法，具体计算步骤如下：首先，对样本进行标准化处理。

$$X_{ij} = \frac{Y_{ij} - \overline{Y}_j}{S_j} \tag{5.1}$$

其中，$\overline{Y} = \frac{1}{m}\sum_{i=1}^{m}Y_{ij}(j=1,2,\cdots,n)$，$S_j^2 = \frac{1}{m-1}\sum_{i=1}^{m}(Y_{ij} - \overline{Y}_j)^2$

由式（5.1）得标准化矩阵

$$X = \begin{pmatrix} x_{11} & \cdots & x_{1n} \\ \vdots & \ddots & \vdots \\ x_{p1} & \cdots & x_{pn} \end{pmatrix}$$

其次，计算相关系数，得到相关矩阵。

$$r_{ij} = \frac{1}{m-1}\sum_{k=1}^{m}X_{ik}Y_{jk}(i,j=1,2,\cdots,n) \tag{5.2}$$

由式（5.2）求相关矩阵 R

$$R = \frac{1}{m-1}X'X = \begin{pmatrix} r_{11} & \cdots & r_{1n} \\ \vdots & \ddots & \vdots \\ r_{n1} & \cdots & r_{nn} \end{pmatrix} \tag{5.3}$$

$$|R - \lambda| = 0 \tag{5.4}$$

由式（5.4）求特征值 $\lambda_i(i=1, 2, \cdots, p)$，其中 $\lambda_1 \geqslant \lambda_2 \geqslant \cdots \geqslant \lambda_p \geqslant 0$，特征向量正交化，得到正交矩阵 U

$$U = \begin{pmatrix} u_{11} & \cdots & u_{1p} \\ \vdots & \ddots & \vdots \\ u_{p1} & \cdots & u_{pp} \end{pmatrix}$$

$$a_{ij} = u_{ij}\sqrt{\lambda_j} \qquad (5.5)$$

由式（5.5）得到因子载荷矩阵

$$\boldsymbol{A} = (a_{ij}) = \begin{pmatrix} u_{11}\sqrt{\lambda_1} & \cdots & u_{1m}\sqrt{\lambda_m} \\ \vdots & \ddots & \vdots \\ u_{p1}\sqrt{\lambda_1} & \cdots & u_{pm}\sqrt{\lambda_m} \end{pmatrix} \qquad (5.6)$$

调整后的因子模型如下

$$\begin{aligned} x_1 &= a_{11}f_1 + a_{12}f_2 + \cdots + a_{1m}f_m + a_1\varepsilon_1 \\ x_2 &= a_{21}f_1 + a_{22}f_2 + \cdots + a_{2m}f_m + a_2\varepsilon_2 \\ &\vdots \\ x_p &= a_{p1}f_1 + a_{p2}f_2 + \cdots + a_{pm}f_m + a_p\varepsilon_p \end{aligned} \qquad (5.7)$$

其中，f 为因子变量；ε_i 为特殊因子。由式（5.7）得到因子模型的矩阵式

$$x = Af + a\varepsilon \qquad (5.8)$$

第三，新变量的命名。通过因子分析后，原始变量被分配到不同的主成分里，为了使人们更加清晰地认识各个主成分包含的原始变量反映的信息，可以给这些新的主成分取显而易懂的名字。

2. 指标体系指标权重确定的方法——层次分析法和灰色关联法

基于物联网的中铁快运效益评价指标体系是一个多属性、多层次的综合评价，其指标体系中各个指标的重要程度有明显的不同。指标权重的确定在整个评价过程中起重要作用，权重赋值的合理程度直接影响评价的效果，因此，必须选择合理的权重赋值方法，使权重赋值做到科学和客观。

针对指标权重的研究，大多数学者是在已有的理论基础上进行创新的。李志和何小勇（2010）采用基于系统动力学的因果分析法，分析影响物流系统评价指标的因果变量，利用因果度确定指标权重。侯文（2006）主张先用层次分析法对所有变量进行分组，然后再用主成分分析法对每组变量进行评价，在文章的最后，他采用了此种方法对案例进行了分析，收到较好的效果，验证了该方法的可行性。崔杰等（2008）在分析灰色关联度分析缺点的基础上提出了改进的算法，并对该改进算法的性质进行了详细分析，在文章的最后采用实例验证了该算法的实用性。刘雨华（2009）利用层次分析法与梯形模糊数，提出了一种新的确定权重的方法，并给出了具体的推导过程。

综合来看，指标权重的确定主要有三种方法：主观赋权法、客观赋权法、主客观综合集成赋权法。主观赋权法主要依靠专家意见。优点是能够充分利用专家在某一领域的权威性；缺点是主观随意性较大，选取的专家不同，评价的结果就不同，专家的评分跟自己的性格习惯也有很大的关联性，在某些情况下采用主观

赋权法得到的结果与实际情况存在较大的差别。客观赋权法主要依靠客观数据，此类方法需要的数据主要来源于属性的客观信息，能反映客观现象，但是所需数据量比较大，且没有考虑决策者的意愿。主客观综合集成赋权法是把主观赋权法和客观赋权法有效结合的方法，能充分运用专家意见和客观信息进行分析，是对主客观赋权法的发展和创新，该方法在研究领域应用比较多，上述几位学者都是采用了此种方法对指标体系进行评价。

考虑在构建指标体系部分运用了因子分析对指标体系进行了筛选，在权重确定部分为使在本领域的专家意见得到充分利用，选取传统的主观赋权法—层次分析法和综合集成赋权法—基于灰色关联度的改进算法来确定指标体系的权重，使本章的内容更加丰富、合理。

1）层次分析法

层次分析法是由 Satty 提出的。该方法的原理是把复杂的问题简单化，分层解决。把最底层的问题逐步向上归一，最终转化为底层相对于高层的比较排序问题。层次分析法的步骤如下（吴祈宗，2006）。

第一，建立递阶层次结构模型。把系统逐步细化，从目标层到各个准则层然后到底层的方案层，建立一个倒立的树形结构图。

第二，构造判断矩阵。假设与上层指标 Z 相关联的指标有 $x_1, x_2, \cdots x_n$，总共有 n 项，使这 n 项指标两两做比较，用 $a_{ij}(i, j=1, 2, \cdots, n)$ 来表示针对于 Z 来说，x_i 比 x_j 重要的程度，从而得到这 n 项指标的判断矩阵为

$$A = \begin{pmatrix} a_{11} & \cdots & a_{1n} \\ \vdots & \ddots & \vdots \\ a_{n1} & \cdots & a_{nn} \end{pmatrix}$$

为了计算方便，a_{ij} 通常采用 $1 \sim 9$ 和他们的倒数来表示，各个数字的含义如表 5.1 所示。

表 5.1　9 标度法的含义

含义	x_i 与 x_j 同等重要	x_i 比 x_j 稍重要	x_i 比 x_j 重要	x_i 比 x_j 强烈重要	x_i 比 x_j 极重要
a_{ij}	1	3	5	7	9
取值	2、4、6、8 表示上述相邻判断的中间值				

第三，层次单排序及一致性检验。使用判断矩阵求解某层当中的指标相对于上层某一指标的重要性权值。在给定准则下，求解的方法有很多，应用比较广泛的是特征根法。

特征根法的求解思想：当矩阵 A 为一致性矩阵时，与最大特征根相对应的特征向量的归一化矩阵就是权重向量。计算方法为：首先令 $|R-\lambda I|=0$ 求得特征值 λ，

然后将最大特征值带入 $|R-\lambda I|$ 求得特征向量，并对该特征向量进行归一化处理。

因此，在用特征根法之前需要检验判断矩阵 A 是否满足一致性的要求，步骤如下。

（1）求解判断矩阵 A 的最大特征值 λ_{max}。

（2）求解一致性指标 CI（consistency index）

$$CI = \frac{\lambda_{max} - n}{n-1}$$

（3）查表求随机一致性指标 RI（random index）见表 5.2。

表 5.2 随机一致性指标表

矩阵阶数	3	4	5	6	7	8	9	10	11	12	13
RI	0.58	0.90	1.12	1.24	1.32	1.41	1.45	1.49	1.51	1.54	1.56

（4）计算一致性比率 CR（consistency ratio）

$$CR = \frac{CI}{RI}$$

（5）判断。当 CR<0.1 时，说明判断矩阵 A 符合一致性要求；反之，认为判断矩阵 A 不满足一致性要求，必须对判断矩阵 A 进行修正。

第四，层次总排序及一致性检验。求解某一层的所有指标相对于最高层的权值。根据递阶层次矩阵从上往下依次求解，就能得到最底层相对于最高层的权值。

假设第 $K-1$ 层的 n_{k-1} 个因素相对于总目标的权重向量为

$$W^{(k-1)} = (w_1^{(k-1)}, w_2^{(k-1)}, \cdots, w_{n_{k-1}}^{(k-1)})^{\mathrm{T}}$$

假设第 K 层的 n_k 个因素相对于第 $k-1$ 层的第 j 个因素的权重向量为

$$W_j^k = (w_{1j}^k, w_{2j}^k, \cdots, w_{n_{kj}}^k)^{\mathrm{T}} (j = 1, 2, \cdots, n_{k-1})$$

若第 K 层的某个因素与 $K-1$ 层第 j 个因素不相关，其对应的权重值就为 0，上述两矩阵相乘得到如下的 $w_{k \times k-1}$ 矩阵：

$$w^k = \begin{pmatrix} w_{11}^k & \cdots & w_{1n}^k \\ \vdots & \ddots & \vdots \\ w_{n_k 1}^k & \cdots & w_{n_k n_{k-1}}^k \end{pmatrix}$$

一层层逐层求解即可得到第 K 层 n_k 个因素相对于最高层的权重向量为

$$w^{(k)} = w^{(k)} \times w^{(k-1)} \tag{5.9}$$

将式（5.9）进行如下的分解变形：

$$w_i^{(k)} = w^{(k)} \times w^{(k-1)} \times \cdots \times w^{(3)} \times w^{(2)}$$

同时由式（5.9）可以得

$$w_i^{(k)} = \sum_{j=1}^{n_{k-1}} w_{ij}^k w_j^{(k-1)} (i=1,2,\cdots,n_k)$$

下面对以上求解的权值向量进行一致性检验来确定其能否被接受。

假设以第 $k-1$ 层的第 j 个指标作为准则的一致性值记作 CI_{jk}，平均随机一致性指标记作 RI_{jk}（$j=1, 2, \cdots, n_{k-1}$）。则第 K 层的综合指标为

$$CI^{(k)} = (CI_1^k, CI_2^k, \cdots, CI_{n_{k-1}}^k) w^{(k-1)} = \sum w_j^{(k-1)} CI_j^k$$

$$RI^{(k)} = (RI_1^k, RI_2^k, \cdots, RI_{n_{k-1}}^k) w^{(k-1)} RI_j^k$$

$$CR^{(k)} = \frac{CI^{(k)}}{RI^{(k)}}$$

当 $CR^{(k)} < 0.1$ 时，表明层次结构在第 K 层往上的判断具有整体一致性；反之，则不具有整体一致性，需要对判断矩阵进行修正。

2）灰色关联分析

20 世纪 80 年代初提出的灰色系统理论，到目前得到了普遍应用。它在权重确定方面的应用是把一些专家给出的权重值与某一个专家给出的最大权重值进行比较，根据他们之间差别的大小来确定各个专家给出的权重值的关联程度；关联程度的大小与专家经验判断的一致性呈正比，关联度越大，表明相对应的指标权重越大（崔杰等，2008）。具体的计算步骤如下。

第一，确定参考序列 X_0。假如该指标体系共有 n 个指标，选取了 m 个专家对各个指标的权重进行确定，得到 n 组 m 维的权重判断矩阵，表示方法如下：

$$X_1 = (x_1(1), x_1(2), \cdots, x_1(m))$$
$$X_2 = (x_2(1), x_2(2), \cdots, x_2(m))$$
$$\vdots$$
$$X_n = (x_n(1), x_n(2), \cdots, x_n(m))$$

其中，向量 X_i 表示 m 个专家分别赋予指标 i 的权重值。

从 $X_1, X_2, \cdots, X_n$ 中挑选出最大的权重值作为参照权重值，把该参照权重值作为每个专家对每个指标的权重值，从而得到参考数据向量 X_0 为

$$X_0 = (x_0(1), x_0(2), \cdots, x_0(m))$$

第二，求解关联系数和关联度。根据下面两个计算公式求解每个专家确定的各项指标的权重与参考权重之间的关联系数 $\xi_{0i}(k)$ 和关联度 r_{0i}：

$$\xi_{0i}(k) = \frac{\min_i \min_k |x_0(k) - x_i(k)| + \rho \max_i \max_k |x_0(k) - x_i(k)|}{|x_0(k) - x_i(k)| + \rho \max_i \max_k |x_0(k) - x_i(k)|}$$

$$\gamma_{0i} = \frac{1}{n} \sum_{k=1}^{n} \xi_{0i}(k)$$

其中，ρ 表示分辨系数，$\rho \in (0, 1)$，通常取 $\rho=0.5$。

数列的关联度越大，表明该指标的相对重要性越大。

第三，以 r_{0i} 作为各项指标的权重，即 $w_i=r_{0i}$。

3. 指标体系评价的方法——模糊综合评价法

模糊综合评价法可以分为一级综合评价和多级综合评价模型两类。具体的求解步骤如下（吴祈宗，2006）。

1）一级模糊综合评价

第一，建立指标集。指标是评价对象的属性或性能，可以用 U_i 表示；将评价对象的属性放到一个集合里就形成了评价集，表示方法为 $U=\{u_1, u_2, \cdots, u_n\}$。

第二，建立评价集。将评价者对评价对象可能做出的各种评价结果 v_i 放到一个集合里形成评价集，表示方法为 $V=\{v_1, v_2, \cdots, v_m\}$。

第三，建立权重集。将各个指标的权重值 $a_i(i=1, 2, \cdots, n)$ 放到一个集合里形成权重集，可以表示为 $A=(a_1, a_2, \cdots, a_n)$。其中，权重值 a_i 应满足的条件为

$$\sum_{i=1}^{n} a_i = 1 \quad a_i \geqslant 0$$

第四，单因素模糊评价。单因素模糊评价也就是建立指标集 U 与评价集 V 之间的模糊映射 $F(V)$：

$$\underset{\sim}{f}: U \rightarrow F(V), \forall u_i \in U, u_i \bigg| \rightarrow \underset{\sim}{f}(u_i) = \frac{r_{i1}}{v_1} + \frac{r_{i2}}{v_2} + \cdots + \frac{r_{im}}{v_m}$$

其中，r_{ij} 表示 u_i 属于 v_j 的隶属程度。

由 $f(u_i)$ 可得到单因素评价集

$$\underset{\sim}{R}_i = (r_{i1}, r_{i2}, \cdots, r_{im})$$

将单因素评价集按行展开，形成单因素评价矩阵为

$$\underset{\sim}{R} = \begin{pmatrix} r_{11} & \cdots & r_{1m} \\ \vdots & \ddots & \vdots \\ r_{n1} & \cdots & r_{nm} \end{pmatrix}$$

第五，模糊综合评价。模糊综合评价的公式为

$$\underset{\sim}{B} = \underset{\sim}{A} \times \underset{\sim}{R} = (a_1, a_2, \cdots, a_n) \begin{pmatrix} r_{11} & \cdots & r_{1m} \\ \vdots & \ddots & \vdots \\ r_{n1} & \cdots & r_{nm} \end{pmatrix} = (b_1, b_2, \cdots, b_m)$$

2）多级模糊综合评价

将指标集 U 按指标的类型分成 S 个子集，记作 $U_1, U_2, \cdots, U_s$，根据评价的需要，还可以将子集进一步细分。把每一个 U_i 作为一个指标，用 B_i 表示相应的

单因素评价集，从而形成评价矩阵 $R=[B_1, B_2, \cdots, B_s]^T$。得到的第二级综合评价为 $B=A \times R$。

5.3　物联网应用下铁路货运效益评价指标体系构建——以中铁快运为例

中铁快运是中国铁路总公司直属的物流企业，国家 AAAAA 级物流企业，在国家工商行政管理局注册，注册资本金为 29 亿元。目前，中铁快运旗下设有 18 个分公司、8 个子公司，在全国 721 个城市设有 2346 个营业机构，"门到门"服务网络覆盖 2000 多个市县。因此，以中铁快运为例进行研究具有一定代表性。

5.3.1　中铁快运价值链和利益相关者分析

1. 中铁快运核心价值链分析

价值链分析是通过对本企业所经营的产品、服务所涉及的活动进行分析，找出关键环节、优化不增值活动，从而使企业的价值链在原有的基础上得到改善的过程。对价值链进行分析的目的是使公司获得最大化的价值增值。根据迈克尔·波特的价值链理论，运用价值链的观点分析中铁快运可以从内部价值链、纵向价值链、横向价值链三个角度进行：一是对企业内部价值链进行分析，分析的重点是找出企业内部的增值作业，优化负增值作业；二是纵向价值链分析，也就是分析企业与上下游衔接的企业之间的关系，重点是对衔接活动的分析，对接点活动进行优化，使其更好地为企业服务；三是横向价值链分析，也就是将企业自身的价值链作为一个整体，对处于和自己同等地位的竞争对手进行价值分析，了解竞争对手的情况，确定本企业的优劣势，做到扬长避短（刘冬荣和王林，2005）。由于中铁快运价值链是通过其快递服务过程中的各作业活动为客户创造价值的，因而我们在简要分析纵向和横向价值链的同时，主要着眼于内部价值链分析。

（1）纵向价值链分析。纵向价值链分析是把物流企业作为一个整体考虑，分析从接收客户订单开始到将货物送达最终客户为止的整个过程中各节点企业及其相互联系。顾客将订单交给物流企业，物流企业对订单进行处理，安排货物准备装车，铁路局负责货物在途运输，到达目的地后物流企业卸货，根据顾客需求提供送货上门服务，将货物送达顾客手中。在顾客—物流企业—铁路局—物流企业—顾客这条链条中，顾客是物流企业服务的起点和终点，是物流企业生存发展的关键环节，企业必须密切关注顾客，满足顾客的要求，才能为企业盈利。对顾客的分析主要涉及顾客关注点、顾客对物流企业提供的各项服务的满意程度、售后服务质量、潜在客户群和顾客接受新技术的态度等。对物流企业的分析涉及承运入库和到达交付两个关键环节。对铁路局的分析主要是运输环节。物流企业与顾客是提供服务和被服务的关系，物流企业与铁路局是分工合作关系，他们共同为顾客提供服务。

（2）横向价值链分析。横向价值链分析主要是将企业自身的价值链当作一个整体，分析跟自己处在同样位置的其他企业的价值活动。随着物流业的发展，顾客对个性化需求越来越迫切，涌现出不同的快递公司。我们对同行业快递公司做了详细分析，发现小件快运的在线跟踪能更好地为顾客提供服务，同时能够减少丢货。因此，我们希望对中铁快运和铁路局运用物联网技术，加强货物在途监控，提供更加完善的信息管理系统。将物联网技术应用于中铁快运货物运输主要是在托盘及单元箱体上贴上电子标签，装车前采用手持机对电子标签进行扫描，将货物信息通过网络传输到车站的信息管理系统中，管理人员对货运单据和实物进行核对。车厢内发送信息的信号器能够和沿途到达车站内的阅读器进行信息交互，能够随时了解货物的状态，车厢内的警报器能够对货物上下车进行警示提醒。物联网的应用既方便了物流企业和铁路局对货物的管理，又能让顾客随时了解货物的详细信息，保证了货物的安全。

（3）内部价值链分析。对物流企业内部价值链进行分析，得到企业最基本的价值活动和辅助活动，为构建指标体系做好准备。物流企业最基本的价值活动和辅助性活动在前文第 2 章和第 4 章已进行详细分析，在此不再赘述。通过前文分析可知，中铁快运核心业务流程主要包括承运入库、装车运输和到达交付等几大环节，它们构成了中铁快运价值链的主要活动，为中铁快运创造价值，即构成核心价值链。而前文通过物联网应用前后的中铁快运核心业务流程各环节（承运入库、装车运输、到达交付）的对比分析，可以看出，物联网技术的应用可以使中铁快运现行业务流程得到优化，使原有的物流通道透明化，使信息的传递更加高效、准确，使货物丢失率下降，使货物在途运输得到有效监控，使顾客的满意度提高。

2. 中铁快运利益相关者分析

对利益相关者的识别与类型划分是利益相关者理论的核心内容。利益相关者可从多个角度进行细分。美国学者米切尔（Mitchell）通过仔细研究利益相关者理论的产生和发展历程，提出了一种较为合理的界定利益相关者的评分方法。该方法主要依据合法性、权力性和紧急性三种属性界定利益相关者。依据上述三种属性，对可能的利益相关者进行合理评分，然后根据分值的高低确定利益相关者及其类型。米切尔根据上述三种属性的评分结果，将企业的利益相关者细分为三种类型：确定型利益相关者、预期型利益相关者和潜在的利益相关者。米切尔评分法极大地改进了利益相关者界定的可操作性，进一步推动了利益相关者理论的应用。

本章按照相关群体向铁路物流投入资本的形态不同，借鉴温素彬（2007）从可持续发展角度出发对利益相关者分类研究的基础上，结合铁路物流的特点将利益相关者进行分类，具体如表 5.3 所示。

表 5.3　按资本形态分类的铁路物流利益相关者

按资本形态分类	具体的利益相关者
物质资本利益相关者	铁路局、物流企业、客户
人力资本利益相关者	铁路局员工、物流企业员工
社会资本利益相关者	潜在顾客、其他行业等

Frederick 在 1988 年提出可以把利益相关者按照是否与企业直接发生交易这一原则分为：直接利益相关者、间接利益相关者（付俊文和赵红，2006）。据此我们将中铁快运物流涉及的利益相关者又分为直接利益相关者（包括客户、铁路局）和间接利益相关者（潜在顾客、其他行业等社会影响包括的范围），概括起来就是顾客、铁路局和社会。

（1）顾客。顾客是物流企业赖以生存的重要资源，没有稳定的顾客支撑，物流企业就没有持续发展的可能，因此可以说，二者的利益是高度相关的。顾客的需求得不到切实有效的满足往往是顾客流失的主要原因，而顾客的流失必然导致物流公司效益的下降，因此，关注顾客的需求对物流企业而言至关重要。但据权威部门的调查显示，在物流顾客服务方面，国内多数物流企业还只是侧重于传统的客户服务，未能从顾客的角度全面考虑物流客户的个性化需求。那么对于物流企业而言，顾客需求主要关注哪些方面呢？经过我们查阅大量文献发现，尽管不同类型的顾客对物流服务在质量、功能、价格等方面存在不同的需求特征，但是在关注对象上大体相同，主要集中在以下五个方面：①配送费用。对于顾客而言，支付给物流企业配送费用的节省，就意味着自身效益的增加，因而配送费用是他们高度关注的一个方面。②可靠性。可靠性是指物流企业是否能够保证所承运的货物能及时发货并保质保量的准时到达。这也是当前国内物流企业亟待改进的方面。③快速响应性。快速响应性包括物流企业对顾客订货的快速响应、对运输计划改变时快速通知顾客和对顾客投诉的反应速度等方面。④专业性。专业性是指物流企业工作人员在物流服务过程中的服务专业程度，包括工作人员的专业知识水平、礼貌性、友好性及主动帮客户解决问题的意愿等内容。⑤完整性。完整性是指物流企业是否能够对顾客提供周到的"门到门"服务及个性化服务。为进一步了解顾客关注点，我们课题组成员在大连、齐齐哈尔等地进行了实地调研，调研采取访谈和问卷调查（见附录 A、附录 B）的形式。从调查结果来看，顾客对物流企业服务的安全性、时效性、配送价格及托运手续和流程关注程度较高。

（2）铁路局。中铁快运承运货物的铁路运输主要由铁路局承担，二者存在着密切的利益联结关系。铁路是国家重要基础设施，是国民经济的大动脉和大众化交通工具，在综合交通运输体系中占有十分重要的骨干地位。铁路运输作为我国五大运输工具之一，具有运量大、安全可靠、费用低等优势，在货运领域，特别是在内陆地区运输大宗货物具有绝对的竞争优势。2013 年 3 月 10 日，根据国务院机构改革和职能转变方案，实行铁路政企分离。原铁道部撤销，拆分成国家铁路局和中国铁路总公司。2013 年 3 月 17 日，中国铁路总公司正式挂牌成立。原铁道部下属的 18 个路局仍全部由中国铁路总公司管理，中国铁路总公司变成了自主经营、自负盈亏的企业，具有独立的市场主体地位，而各路局在性质上也变成了企业。在铁路货物运输过程中，必然高度关注成本收益的衡量，关注经济效益。但目前铁路货运的价格是由政府定价而非路局，因此铁路局的关注点应主要在量的提高和成本的节约。从我们设计问卷（见附录 C、附录 D）调查的情况来看，铁路局很关注列车的运行状况，物联网应用的必要性及现有设备的满足程度，我们把量和成本的因素考虑包含在上述三个指标中，因此调查结果反映出了铁路局的主要关注点。

（3）社会。中铁快运是我国现代物流企业之一，承担全国铁路行李包裹的运输，为国民经济和社会的发展做出了重要贡献。现代物流业是一个新型的跨行业、跨部门、跨区域、渗透性强的复合型产业。物流是国民经济的动脉，是联系生产与消费、城市与农村的纽带，是社会发展和人民生活水平提高的基础条件，也是反映一个国家现代化程度的标志之一。随着市场经济的发展，物流业已由过去的末端行业，上升为引导生产、促进消费的先导行业。因此，现代物流业的发展，必将对优化产业结构、增强企业发展后劲、提高经济运行质量起到巨大的推动作用。首先，加快发展现代物流业有利于优化区域产业结构，振兴第三产业。根据产业结构发展演进规律，产业结构的发展方向是第一产业逐渐向第二、三次产业演进升级的过程。现代物流业属于技术密集型和高附加值的高科技产业，是以现代运输业为重点，以信息技术为支撑，以现代制造业和商业为基础，集系统化、信息化、仓储现代化为一体的综合性产业，从本质上而言属于第三产业，所以，中铁快运承运货物及努力扩大业务量，必将推动自身及第三产业的发展。其次，加快发展现代物流业，有利于降低农业和企业发展成本，提高第一、二产业发展，提高经济运行质量和效益。在市场经济条件下，生产要素、资金的流动是以获取收益为前提条件的。通过运用现代物流业，可以大大提高工作效率、降低生产成本，从而使农业和工业企业获得更多的收益。因而，中铁快运快速发展的同时必将还会带动相关第一、二产业的发展。此外，根据产业关联理论，在经济活动中，各产业之间存在的广泛的、复杂的和密切的技术经济联系。物流业的发展一方面推动自身及所属产业的发展，另一方面会带动相关产业的发展，而相关产业在发展的同时也会促进物流业的进一步发展。由此可见，物流业与其他相关产业相互促进，协同发展，具有密切的利益关联关系。因此，作为中铁快运的利益相关者，从社会的视角分析，其关注点应主要在对相关产业的影响上。从我们设计问卷（见附录 E）调查的情况来看，社会的关注点主要表现在对相关产业影响及物联网技术的推广程度两个方面。

5.3.2 指标体系的构建

基于前述中铁快运核心价值链和利益相关者分析，应用层次分析原理尝试初步构建基于物联网的中铁快运铁路货运物流效益指标体系，然后针对初步构建的指标体系设计问卷进行现场调研，将搜集到的数据资料进行统计分析，用因子分析法对指标体系进行筛选，最终构建基于物联网的中铁快运铁路货运物流效益评价指标体系。

1. 指标体系构建的原则

（1）系统性原则。铁路物流是一个复杂的多层次系统，受人、财、物、信息、管理等众多因素的影响，因此，我们在设计指标体系时应该结合系统的特点，建立一个统筹全局、层次分明、互为补充的完整系统。

（2）可操作性原则。整个铁路效益评价体系是一项复杂的系统工程，各部分的设计要考虑到评价所需资料、数据的可获得性、收集数据的难度和成本（主要包括时间、金钱成本）。

（3）动态性原则。中铁快运铁路货运物流效益评价指标体系的设计应该能反映企业物流的运作流程和管理的发展，具有普遍适应性和兼容性。

（4）整体性原则。铁路物流是一个复杂的大系统，我们应该从整体上对物流绩效进行评价，而不能只针对物流企业来评价，要考虑物流企业与铁路局、顾客的关系，以及铁路物流对社会产生的影响。

（5）财务指标与非财务指标相结合。财务指标是从会计视角考虑，非财务指标是从工程角度考虑。财务指标的获得往往具有滞后性，而且很难获得真实有效的数据，如果指标体系中有过多的财务指标而没有真实的数据，评价的结果必然是不真实的；非财务性指标的评价往往依靠专家意见，如果选取的专家不恰当也不能很好地对系统进行评价。因此，在选取指标的时候必须考虑到数据获得的有效性，充分利用能获得的数据，将财务指标与非财务指标相结合。

（6）定性指标与定量指标相结合。单纯依靠定量指标不能科学、客观地评价中铁快运的货运效益，因为在影响企业物流效益的众多因素中有很多是难以量化的定性因素，如物流信息化程度、工作人员的态度等，而这些指标往往对企业物流系统的可持续发展能力有着重要影响。如果评价系统中缺少货物丢失率、货物破损率、托运量等定量指标，也不能很好地对系统进行评价。因此，在对铁路货运物流效益进行评价时必须使定量与定性指标结合起来，才能得出客观的评级结果。

2. 指标体系的初步构建

应用层次分析的原理，首先确定本章的研究核心为目标层；其次将目标进行分解，确定出准则层，根据各个准则设计一级指标；再次将一级指标再细化出二级指标；最后整理出各个方案作为方案层。初步构建指标体系的流程和方法如图 5.2 所示。

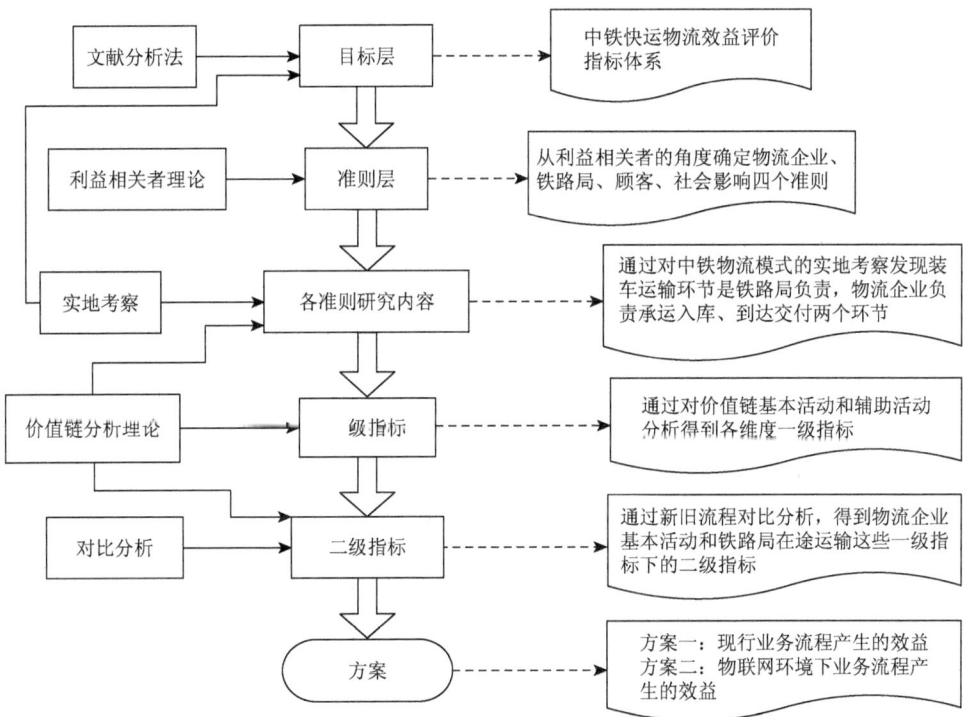

图 5.2　构建指标体系流程图

（1）准则层的确定。关于物流企业效益评价的研究，多数学者集中于对经济效益的评价，随着环保观念的深入人心，越来越多的学者也开始关注社会效益、生态效益等方面，本章在已有研究的基础上，利用利益相关者理论，从顾客、物流企业、铁路局、社会影响四个准则出发对中铁快运公司的综合货运效益进行评价。

（2）一级、二级指标的确定。顾客维度，一级指标选取主要从物流服务提供者和客户视角出发，综合 7Rs 理论（Perrault and Russ，1974）和 Parasuraman 等提出的服务质量模型提出了时间、价格、货差货损、服务态度、业务表达能力、工作人员穿戴、个性化服务七个指标，考虑到物联网应用后能随时随地了解货物位置，本章的评价加入在线跟踪这一增值服务，又因为本章主要针对中铁快运的业务流程进行评价，所以本章又增加了托运手续和流程、托运环境两个指标，共10 个指标。

物流企业维度，一级、二级指标的选取主要依据价值链分析理论和对中铁快运新旧流程的分析。对物流企业价值链进行分析，得到企业最基本的价值活动和辅助性活动，将这些活动设置为物流企业维度的一级、二级指标。

铁路局维度，铁路局主要负责在途运输，这一维度下二级指标的选取主要是通过分析物联网应用前后对在途运输作业的影响获得的。

社会影响维度主要用来评价物流企业的社会效益，设计的指标是关于对潜在客户群的影响、对物流服务业和相关产业的影响。

基于上述理论和方法，初步构建的基于物联网的中铁快运铁路货运物流效益评价指标体系如表 5.4 所示。

表 5.4　基于物联网的中铁快运铁路货运物流效益评价指标体系

目标层	准则层	一级指标	二级指标
基于物联网的中铁快运货运效益评价指标体系的研究	物流企业（U2）	承运入库（U21）	预约取件批数（U211）
			预约取件件数（U212）
			托运单个数（U213）
			货物量（U214）
			包装繁琐程度（U215）
			制拴标签安全性（U216）
			货物安检速度（U217）
			分拣货物的繁重程度（U218）
			扫描货物信息方便程度（U219）
		到达交付（U22）	到达货物量（U221）
			到达批数（U222）
			分拣货物速度（U223）
			扫描货物信息方便程度（U224）
			通知货主取货繁琐程度（U225）
			配送批数（U226）
			配送件数（U227）
		售后服务（U23）	货差率（U230）
			货损率（U231）

续表

目标层	准则层	一级指标	二级指标
基于物联网的中铁快运货运效益评价指标体系的研究	物流企业（U2）	售后服务（U23）	办理理赔率（U232）
			理赔复杂程度（U233）
			理赔满意程度（U234）
			顾客抱怨率（U235）
			处理顾客抱怨的态度（U236）
			处理顾客抱怨的及时性（U237）
			抱怨处理结果的满意度（U238）
			顾客信息查询概率（U239）
		整体活动（U24）	管理制度（U241）
			组织机构状况（U242）
			企业文化状况（U243）
			利润（U244）
			托运成本（U245）
		人力资源管理（U25）	员工忠诚度（U251）
			薪酬制度（U252）
			人员培训（U253）
			同事融洽度（U254）
			工作态度（U255）
			工作环境（U256）
			人力资源计划完善程度（U257）
		技术开发（U26）	员工接受新技术的态度（U261）
			信息化建设的重要性（U262）
		采购（U27）	购买新设备（U271）
基于物联网的中铁快运铁路货运物流效益评价指标体系的研究	顾客（U1）	托运手续和流程（U11）	—
		服务态度（U12）	—
		业务表达能力（U13）	—
		工作人员穿戴（U14）	—
		个性化服务（U15）	—
		运输价格（U16）	—
		运输时间（U17）	—
		货差货损（U18）	—
		随时了解货物位置（U19）	—
		托运环境（U10）	—
	铁路局（U3）	在途运输（U31）	工作强度（U310）
			设备满足需要的程度（U311）

续表

目标层	准则层	一级指标	二级指标
基于物联网的中铁快运铁路货运物流效益评价指标体系的研究	铁路局（U3）	在途运输（U31）	接受新设备的态度（U312）
			中途上车的站（U313）
			卸货站数（U314）
			装货站数（U315）
			满载率（U316）
			中铁货物量占总量的比率（U317）
			清点货物的频率（U318）
			装卸车繁琐程度（U319）
			货物信息传递的复杂程度（U310）
			添加新设备的可能性（U3111）
			完善信息传递系统的可能性（U3112）
			列车的货运量（U3113）
			工作的轻松程度（U3114）
	社会影响（U4）	群众接受程度（U41）	—
		潜在顾客群（U42）	—
		对第三产业的影响（U43）	—
		对第一、二产业的影响（U44）	—

3. 指标体系的筛选

初步建立的指标体系往往不是系统评价所需的最合理的指标集，因此，有必要对其做进一步的筛选和结构优化。指标筛选和结构优化的目的在于使指标体系更加高效、简洁，指标与指标之间没有冗余现象。

在确定指标体系时，主要采用了问卷调查和访问座谈、文献分析等定性分析的方法选取指标，确定了指标体系的基本框架，为了使指标框架更具科学合理性，可以更好地为评价系统服务。在对指标的筛选部分，采用定量分析的方法选取具有代表性的评价指标，这里的定量分析方法主要是指因子分析法。由于样本种类和数量繁多，本章主要运用 SPSS 对问卷数据进行分析，先对所有问卷进行信度、效度、描述性分析，然后对各个准则涉及的一级、二级指标进行因子分析，挑选出具有代表性的指标，最终构建基于物联网的中铁快运铁路货运物流效益评价指标体系。

1）问卷设计与统计方法

本次调研的目的是搜集顾客、社会影响准则下的一级指标的相关数据，物流企业、铁路局准则下的二级指标的相关数据；调研地点为辽宁省大连市和黑龙江省齐齐哈尔市的中铁快运营业部和铁路局的行包房；调研时间为每个城市一周；

调研方式为现场调研；调研的结果为取得五种类型的问卷数据：第一类问卷是针对托运厅顾客，主要调查顾客的关注点、售后服务、新技术的接受程度；第二类问卷是针对提取厅顾客，主要调查顾客的满意度、售后服务的质量、对新技术的接受程度；第三类是针对中铁快运员工，主要涉及整体活动、人力资源管理、采购、技术开发四项活动；第四类是针对铁路局行包房押运员，主要调查员工在途作业状况；第五类是物联网应用后效果预测问卷调查，调研对象是对物联网有一定了解的铁路职工和参与铁路物联网应用的工作人员、工程师（详细问卷见附录 A～附录 E）。

本章应用 SPSS17.0 对搜集到的数据进行统计分析。SPSS 具有超强的数据分析与数据管理能力，本章主要应用统计分析、描述分析、因子分析这三项基本功能。本章借住 SPSS 强大的统计功能，对售后服务、新技术的接受程度、顾客和员工信息进行描述性分析；对顾客关注点、售后服务、员工工作质量、列车员作业情况等进行因子分析；对所有问卷分成七方面内容进行信度、效度分析。

2）问卷信度、效度分析

信度和效度是判断问卷是否有效，是否能被本章的后续工作所用的标准，只有信度和效度在相关研究可以接受的范围之内，问卷统计结果才是有价值的，才有进一步分析的必要。信度分析能够检测评价体系的可靠性和稳定性，根据受测者的测试时间和测试内容的不同，信度包括如下两种：内在信度和外在信度。一般用 Cronbach's Alpha 系数来检验内在信度；外在信度是检验同一个受测者在不同的时间接受测试时，其测试结果是否统一的过程。本章未涉及外在信度检验，只对问卷的内在信度进行检验，采用 SPSS 中可靠性分析 α 模型来测试。一般来说，当 $\alpha < 0.35$ 时属于低信度，应该拒绝；当 $\alpha > 0.7$ 时表明有较高的信度，介于二者之间的勉强可以接受。问卷信度检验结果如表 5.5 所示。

表 5.5　信度检验的结果

量表内容	Cronbach's Alpha
顾客（10 个一级指标）	0.808
物流企业（员工问卷涉及价值链辅助活动的 24 个变量）	0.864
物流企业（顾客问卷中关于货物破损、丢失、理赔的 5 个变量）	0.395
物流企业（顾客问卷中关于抱怨的 4 个变量）	0.876
物流企业（收件和派件）	0.823
铁路局（行包房问卷）	0.743
社会影响（4 个一级指标）	0.640

需要注意的是，售后服务中关于理赔办理的 5 个变量的 α 值过小可能是因为调查对象中办过理赔的人比较少，采样不够。

对于效度的检验，本章依据利益相关者理论并结合物流企业核心价值链分析初步选取指标并以此为依据设计问卷，而且下文对问卷涉及的各个指标进行因子分析，取得了理想的结果，可以认为这五类问卷有较好的内容效度和结构效度。

3）因子分析

因子分析是用较少的相互独立的因子变量替代原有变量的绝大部分信息。在因子分析之前需要确定原始变量是否适合进行因子分析。方法是 KMO 和 Bartlett 球形检验，根据 Kaiser 的观点，当 KMO＜0.5 时，不适合进行因子分析，KMO 越大，越适合进行因子分析。也可以用 Bartlett 球形检验进行鉴定，如果相关矩阵是单位阵，说明各变量独立，不能用因子分析法。KMO 和 Bartlett 球形检验结果如表 5.6 所示。从表 5.6 中可以看出，原始变量可以进行因子分析。

表 5.6　KMO 和 Bartlett 球形检验结果

原始变量	KMO 值	Bartlett 球形检定
顾客维度（10 项指标）	0.750	Sig.为 0
物流企业（员工问卷涉及价值链辅助活动的 24 个变量）	0.619	Sig.为 0
物流企业（顾客问卷中关于货物破损、丢失、理赔的 5 个变量）	0.514	Sig.为 0
物流企业（顾客问卷中关于抱怨的 4 个变量）	0.480	Sig.为 0
物流企业（收件和派件）	0.711	Sig.为 0
铁路局（行包房问卷）	0.536	Sig.为 0
社会影响（4 项指标）	0.584	Sig.为 0

本章用 SPSS 中的探索性因子分析法，结合主成分分析法和 Kaiser 标准化的方差旋转法进行因子分析，最后进行新变量命名。因子分析的结果如表 5.7 所示。

表 5.7　调查问卷各事项因子分析结果

事项	成分	新变量命名	原始变量
顾客关注点	第一主成分	外在服务形象	服务态度、个性化服务、业务表达能力
	第二主成分	实用性	运输价格、托运手续和流程
	第三主成分	增值服务	在线跟踪
	第四主成分	安全性	货差货损
	第五主成分	时效性	运输时间
物流企业辅助性活动	第一主成分	购买新设备	获得新设备的可能、新技术应用的可能
	第二主成分	组织结构与管理制度	管理方法、组织机构状况、管理制度完善程度
	第三主成分	人力资源规划完善程度	工作强度、工作质量、人资招聘、工作效率
	第四主成分	培训与开发	员工培训情况、管理创新程度
	第五主成分	员工忠诚度	员工忠诚度

续表

事项	成分	新变量命名	原始变量
物流企业辅助性活动	第六主成分	福利待遇	工作热情、工作环境
	第七主成分	企业接受新设备环境	企业文化、员工接受新设备的态度
	第八主成分	绩效考核	绩效考核
物流企业售后服务中的理赔情况	第一主成分	货物丢失处理完善度	理赔满意度、货物丢失率
	第二主成分	货物破损处理完善度	理赔频率、货物破损率
	第三主成分	理赔复杂程度	理赔复杂程度
售后服务中关于顾客抱怨情况	第一主成分	抱怨的处理完善度	处理抱怨的态度、处理抱怨的及时性、处理结果的满意度
	第二主成分	顾客抱怨率	顾客抱怨频率
物流企业每日统计量	第一主成分	配送物量情况	配送交付货量、配送交付批数
	第二主成分	托运货物量情况	安检货物量、预约取件数、托运单个数、预约取件批数
铁路局列车行李员的调查情况	第一主成分	列车运行状况	卸货站数、中途上车情况、装货站数、列车货运量、工作轻松度、列车满载率
	第二主成分	物联网应用的必要性	接受新设备的态度、信息传递的复杂度、添加新设备的可能性、完善信息管理系统的可能性
	第三主成分	员工的劳动强度	装车和卸车的烦琐程度、工作强度
	第四主成分	清点货物的频繁度	清点货物的频繁度
	第五主成分	现有设备的满足度	现有设备的满足度
社会影响	第一主成分	技术推广程度	群众接受程度、潜在顾客群
	第二主成分	对相关产业影响	对第三产业的影响、对第一、二产业的影响

4. 指标体系的确定

1）指标优化与指标体系确定

经过前文因子分析后，各准则下的一级指标都是相互独立的，为了使各个二级指标更能反映其上层指标的信息，下面分别从顾客维度和物流企业维度对所构造的指标体系进行结构优化。①对顾客维度指标优化。在安全性方面，将其下一级的指标货差货损拆分为货物丢失率和货物破损率两个二级指标；在时效性方面，将其下一级的指标运输时间拆分为在途时间和存储时间两个二级指标。②对物流企业维度指标优化。在承运入库方面，除了托运货物情况指标外，结合有关专家的建议，又增补了六项指标；在售后服务方面，除了配送货物情况指标外，结合有关专家的建议，又增补了四项指标。通过上述定性与定量的分析，最终构建的基于物联网的中铁快运铁路货运物流效益评价指标体系如图5.3所示。

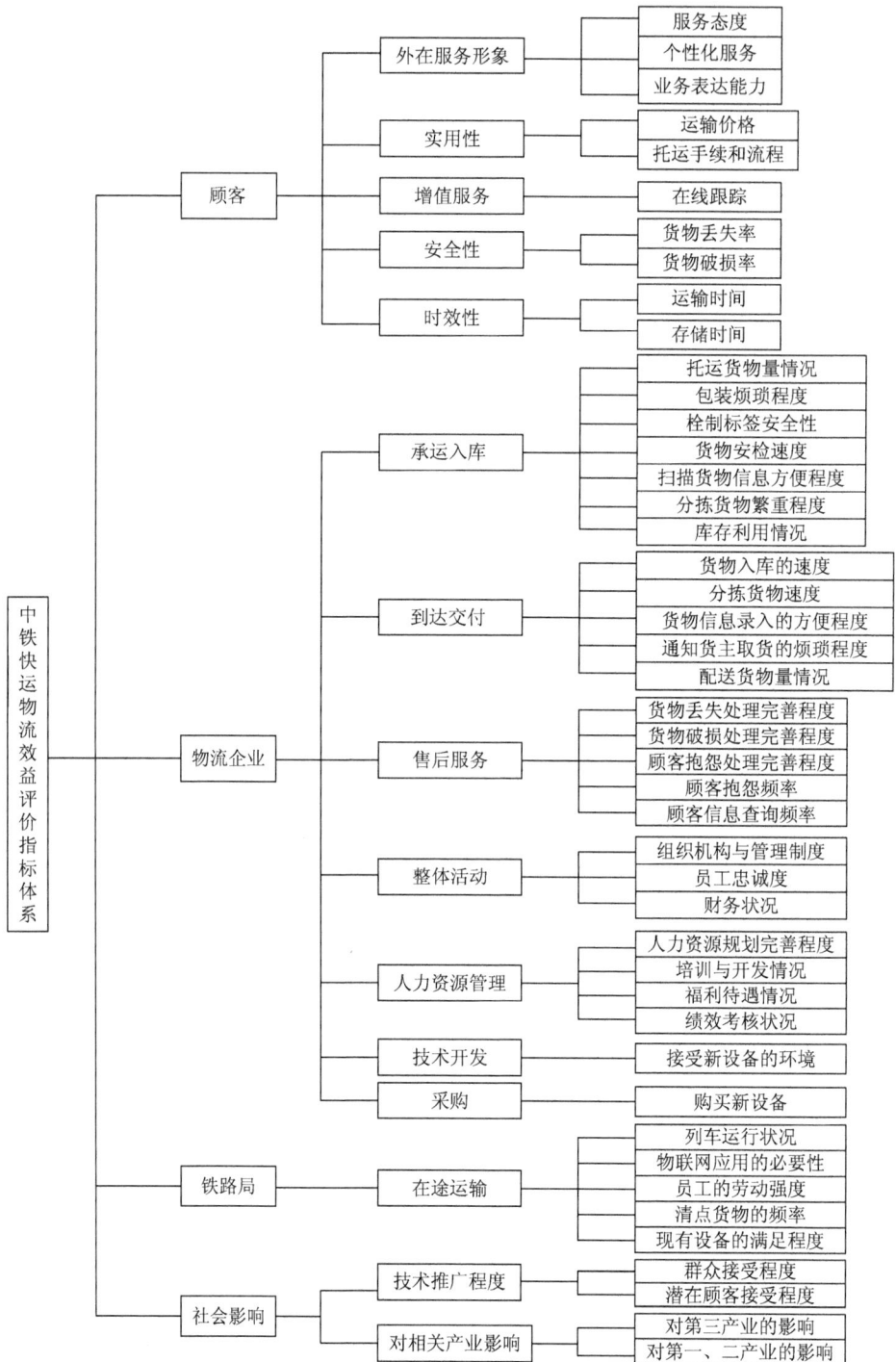

图 5.3 基于物联网的中铁快运铁路货运物流效益评价指标体系

2）指标释义

基于物联网的中铁快运铁路货运物流效益评价指标体系主要有 4 个准则层，15 个一级指标，45 个二级指标。与中铁快运有密切联系的是顾客和铁路局两个准则，顾客是物流企业的服务对象，只有顾客乐于接受物流企业的服务，物流企业的一系列活动才是有价值的，因此，物流企业必须关注顾客的需求，只有顾客的需求被满足了，物流企业才能盈利。铁路局是中铁快运的合作伙伴，是物流企业价值链中不可缺少的关键环节，要想使企业的效益提高，必须对价值链中的节点企业（铁路局）进行优化，因此，在评价物流企业效益的时候也必须将节点企业的活动考虑在内。企业的经营必须考虑到社会责任，社会责任的完成能给企业带来无形的价值，如好名誉、好形象等，所以在评价物流企业效益的时候应该考虑到社会影响这一维度。

顾客维度选取的 5 个一级指标都是顾客非常关注的问题。外在服务形象是物流企业呈现给顾客的第一印象，选取该项指标的重要原因在于，物流企业提供给顾客最主要的产品是服务，只有服务被顾客接受，顾客才愿意支付给企业价格，其主要涉及的二级指标有：服务态度、个性化服务、业务表达能力。实用性这一指标体现出物流企业提供的服务与价格是对等的，顾客来这里办理托运方便又实惠，涉及的二级指标有：运输价格、托运手续和流程。增值服务这一指标是同行业竞争中的优势活动，也是顾客比较关注的服务。安全性这一指标主要是跟物流企业售后服务有关，货物只有保质保量送达顾客手中，顾客才会满意，涉及的二级指标有：货物丢失率、货物破损率。时效性这一指标反映的是货物在途的时间和货物存储的时间是否在顾客能接受的范围。

物流企业维度选取的 7 个一级指标包含了中铁快运的整个业务活动。承运入库和到达交付是中铁快运业务流程的两个关键环节，只有将这两个环节涉及的价值活动做到最优，物流企业才能在原有的基础上获得更多的利润，这两个环节涉及的二级指标是物流企业业务流程中的基础价值活动；售后服务是物流企业自身价值链中的基本活动，只有将服务做到最好，才能赢得更多的顾客，售后服务涉及的二级指标主要是关于货丢货损的理赔、信息咨询和顾客抱怨的处理等；剩余 5 个一级指标是物流企业价值链中的辅助活动，只有将这五个方面做好，才能更好地支持价值链中的基本活动，才能使物流企业获得更高利益，这 5 个一级指标下的二级指标是按照波特的价值活动的分类进行设计的。

铁路局维度主要有在途运输这 1 个一级指标，在途运输这一环节对物流企业和铁路局来说非常重要，因为在途运输过程中往往会出现丢货、下错车、上错车等情况，给物流企业的效益带来了负面影响，所以这一环节跟顾客的满意度和物流企业的售后服务有很大的关联程度，是效益评价的核心环节。

社会影响维度有 2 个一级指标，主要考虑物流企业是否尽到社会责任的义务。

只有物流企业提供的新技术被广大顾客所接受,顾客才会让企业为自己提供服务,进而物流企业才会有利润,当物流企业自身的发展对相关产业产生影响的时候,企业才有可能巩固自己的地位,做好自己的产品。因此,社会影响这一维度主要有技术推广程度、对相关产业的影响两项指标。

5.4　实证分析

中铁快运是中国铁路总公司直属的运输企业,该公司资本雄厚,业务范围遍及全国。然而,近年来中铁快运在其发展过程中出现了一些问题,除了前文提到的运输过程中的一些问题外,还出现了以下问题:由于铁路的不断提速,导致行李车停靠站点和运输时限受到限制,从而使得行包办理站业务不断缩减。另外,动车组开动后,考虑到安全问题,当动车到站、出站时,要求封闭站台,行包作业也受到限制,这就使本来就很紧张的作业时间更加紧张(李懋,2008)。上述问题使得中铁快运不得不做出必要的整改措施,提高公司的运营效率。在这样的背景下,中铁快运也在考虑是否有应用物联网技术的必要。下面本章尝试用构建的指标体系对中铁快运进行物联网应用前后铁路货运物流效益比较分析,以为其决策提供参考。

5.4.1　指标权重的确定

基于物联网的中铁快运铁路货运物流效益评价指标体系需要确定权重的有准则层、一级指标层、二级指标层,共计64项指标。本章指标权重的确定邀请的专家主要有三种类型:大连交通大学经济管理学院物流工程方向的教授和副教授,中铁快运和铁路局的工程师,开发基于物联网的中铁快运在线监测系统的软硬件工程师、参与开发的其他院校和大连交通大学其他院系的老师。调研方式为邮件发放问卷。调研人数为每种类型的人员选取10位专家。考虑到指标项繁多,对每项指标直接设置权重存在一定的困难,本次权重确定的问卷采用1~9分制的评分原则,每层指标项都是相对于它的直接上层而言的重要程度来评分。

由于各位专家专注的学科领域不同、性格习惯也不同,这些因素都会对评分产生影响,进而对本次权重的确定造成干扰,为了使指标权重的确定更具科学性和合理性,必须排除与大多数专家截然不同的专家意见。因此,本章将1~9分化为5个等级:(1、2),(3、4),5,(6、7),(8、9)。专家对同一指标的评分如果存在两个以上的等级差别,说明其中某些专家的意见可能存在较严重的分歧,应该予以重视。例如,专家A对顾客维度的评分为9,专家B对顾客维度的评分是5或者是5以下,这就说明专家A和B在顾客这项指标的评分上存在较严重的分歧。本次需要评分的指标项共有 64 个，如果某些专家的评分中有 6 个以上的指标项都与其他专家相差两个以上的等级，说明该专家可能在本章的研究领域不具有权威性，应该把该专家的评分予以排除。

本次权重的确定共邀请 30 位专家进行评分，其中有 3 位高校老师看到问卷后回复说不了解本章的研究领域，怕自己的打分对本书的继续研究造成误导，没有参与此次评分。有 2 位中铁快运的工程师回复邮件说自己不能很好地理解本章研究的目的，对此次评分的各选项也不甚理解，也没有参与打分。本次邮件调研共收取专家意见 25 份，经过统计分析和排除专家意见后，本章选取了 10 份最具有代表意义的问卷对构建的基于物联网的中铁快运铁路货运物流效益评价指标体系进行了权重的确定。我们选取层次分析法和基于灰色关联度分析的改进算法（崔杰等，2008）进行权重的确定。

1. 层次分析法确定指标权重

根据层次分析法的原理，针对准则层（顾客、物流企业、铁路局、社会影响）四个指标项的权重确定的过程如下。

（1）10 位专家的评分如表 5.8 所示。

表 5.8　专家评分表

	专家 1	专家 2	专家 3	专家 4	专家 5	专家 6	专家 7	专家 8	专家 9	专家 10
$U1$	6	9	8	6	7	6	8	8	9	8
$U2$	9	9	6	9	9	9	8	6	9	9
$U3$	6	5	4	4	5	5	4	4	6	5
$U4$	1	1	2	2	1	3	4	2	3	1

（2）对每一位专家的评分构造两两比较矩阵，在 MATLAB 中求解最大特征根及最大特征根对应的特征向量的归一化向量，计算结果如表 5.9 所示。

表 5.9　权重向量表

	专家 1	专家 2	专家 3	专家 4	专家 5	专家 6	专家 7	专家 8	专家 9	专家 10
$U1$	0.272 7	0.375 0	0.400 0	0.285 7	0.318 2	0.285 7	0.320 0	0.400 0	0.333 3	0.347 8
$U2$	0.409 1	0.375 0	0.300 0	0.428 6	0.409 1	0.428 6	0.320 0	0.300 0	0.333 3	0.391 3
$U3$	0.272 7	0.208 3	0.200 0	0.190 5	0.227 3	0.142 9	0.200 0	0.200 0	0.222 2	0.217 4
$U4$	0.045 5	0.041 7	0.100 0	0.095 2	0.045 5	0.142 9	0.160 0	0.100 0	0.111 1	0.043 5
最大特征根	4	4	4	4	4	4	4	4	4	4

（3）将 10 位专家的意见进行综合，求得平均值。

$U1$=0.333 84；$U2$=0.369 50；$U3$=0.208 13；$U4$=0.088 54

（4）同理，其他各指标项的计算过程如上，在此就不赘述，在后文会给出具体结果。

2. 基于灰色关联度求解指标权重的改进方法

在灰色关联分析过程中，分辨系数 ρ 的取值直接影响灰色关联分析中指标权重的值，这使求解出的权重具有主观不确定性。崔杰等（2008）提出了一种基于灰色关联度分析的改进算法求解指标的权重，其步骤如下。

（1）确定指标集，聘请专家给出每个指标的权重值。假如有 n 个指标，聘请了 m 个专家对每个指标都赋予权重值，X_i 表示针对第 i 个指标，m 个专家给出的权重值所组成的数据行，n 组数据行表示为

$$X_1 = (x_1(1), x_1(2), \cdots, x_1(m))$$
$$X_2 = (x_2(1), x_2(2), \cdots, x_2(m))$$
$$\vdots$$
$$X_n = (x_n(1), x_n(2), \cdots, x_n(m))$$

用矩阵的形式表示为

$$\boldsymbol{X} = (x_1, x_2, \cdots, x_n)^{\mathrm{T}}$$

$$\boldsymbol{X} = \begin{pmatrix} x_1(1) & \cdots & x_1(m) \\ \vdots & \ddots & \vdots \\ x_n(1) & \cdots & x_n(m) \end{pmatrix}$$

（2）确定参考序列。从 $\boldsymbol{X}_{n \times m}$ 矩阵中挑选出最大的值作为参照权重，把每个专家对 n 个指标的参考权重都设置为此最大值，由此组成的参考数据列 X_0 为

$$X_0 = (x_0(1), x_0(2), \cdots, x_0(m))$$

（3）求每个指标序列 $X_1, X_2, \cdots, X_n$ 与参考数据列 X_0 之间的距离：

$$D_{0i} = \sum_{k=1}^{m} (x_0(k) - x_i(k))^2$$

（4）求每个指标的权重：

$$w_i = \frac{1}{1 + D_{0i}}$$

（5）求每个指标的归一化权重：

$$w_i^* = \frac{w_i}{\displaystyle\sum_{i=1}^{n} w_i}$$

将上述方法应用到本次指标体系权重确定的过程如下。

10 位专家针对准则层（顾客 $U1$、物流企业 $U2$、铁路局 $U3$、社会影响 $U4$）的评分如表 5.8 所示。

将 10 位专家对 4 个指标项的评分化为权重（在 excel 表格中计算），结果为

X_1=(0.272 727, 0.375 000, 0.400 000, 0.285 714, 0.318 182, 0.285 714, 0.320 000, 0.400 000, 0.333 333, 0.347 826)

X_2=(0.409 091, 0.375 000, 0.300 000, 0.428 571, 0.409 091, 0.428 571, 0.320 000, 0.300 000, 0.333 333, 0.391 304)

X_3=(0.272 727, 0.208 333, 0.200 000, 0.190 476, 0.227 273, 0.142 857, 0.200 000, 0.200 000, 0.222 222, 0.217 391)

X_4=(0.045 455, 0.041 667, 0.100 000, 0.095 238, 0.045 455, 0.142 857, 0.160 000, 0.100 000, 0.111 111, 0.043 478)

可用矩阵形式表示如下：

$$X = \begin{bmatrix} 0.272\,727 & 0.375\,000 & 0.400\,000 & 0.285\,714 & 0.318\,182 & 0.285\,714 & 0.320\,000 & 0.400\,000 & 0.333\,333 & 0.347\,826 \\ 0.409\,091 & 0.375\,000 & 0.300\,000 & 0.428\,571 & 0.409\,091 & 0.428\,571 & 0.320\,000 & 0.300\,000 & 0.333\,333 & 0.391\,304 \\ 0.272\,727 & 0.208\,333 & 0.200\,000 & 0.190\,476 & 0.227\,273 & 0.142\,857 & 0.200\,000 & 0.200\,000 & 0.222\,222 & 0.217\,391 \\ 0.045\,455 & 0.041\,667 & 0.100\,000 & 0.095\,238 & 0.045\,455 & 0.142\,857 & 0.160\,000 & 0.100\,000 & 0.111\,111 & 0.043\,478 \end{bmatrix}$$

从 X 中挑选一个最大的权重值作为"公共"参照权重值，各个专家的参照权重值均赋予此值，从而组成参考数据列 X_0。

$X_0 = [0.428\,571 \quad 0.428\,571 \quad 0.428\,571 \quad 0.428\,571 \quad 0.428\,571 \quad 0.428\,571 \quad 0.428\,571 \quad 0.428\,571 \quad 0.428\,571 \quad 0.428\,571]$

各个指标序列 $X_1, X_2, \cdots, X_n$ 与参考数据列 X_0 之间的距离为

D_{01}=0.109 169，D_{02}=0.058 936，D_{03}=0.495 545，D_{04}=1.173 120。

各个指标的权重为 w_1=0.901 576，w_2=0.944 344，w_3=0.668 652，w_4=0.460 168。

各个指标的归一化权重为　$U1$=0.303 077，$U2$=0.317 454，$U3$=0.225 777，$U4$=0.154 692。

3. 权重的确定

比较两种算法的结果发现，两种算法都有很好的区分度，有些指标项用这两种方法得到的权重基本相同，所有指标的权重针对其上层指标的大小顺序非常一致，表明本次调研取得的数据相对可靠，选取的方法也比较有效。两种方法的计算结果如表 5.10 所示。为进一步保证权重结果的准确性，我们选取两种算法的平均值作为最后的指标权重值，结果如表 5.11 所示。

表 5.10　两种方法权重计算结果

指标项	层次分析法	基于灰色关联度的改进算法	两种算法的平均值
$U1$	0.333 840	0.303 077	0.318 459
$U2$	0.369 500	0.317 454	0.343 477
$U3$	0.208 130	0.224 777	0.216 454
$U4$	0.088 540	0.154 692	0.121 616
$U11$	0.072 750	0.140 120	0.106 435
$U12$	0.208 740	0.209 514	0.209 127
$U13$	0.154 570	0.171 426	0.162 998
$U14$	0.301 260	0.247 438	0.274 349
$U15$	0.262 620	0.231 503	0.247 062
$U21$	0.216 000	0.163 782	0.189 891
$U22$	0.200 000	0.161 661	0.180 831
$U23$	0.213 300	0.166 376	0.189 838
$U24$	0.082 700	0.122 963	0.102 832
$U25$	0.066 700	0.118 891	0.092 796
$U26$	0.098 700	0.128 423	0.113 562
$U27$	0.122 700	0.137 903	0.130 302
$U41$	0.565 600	0.599 355	0.582 478
$U42$	0.434 400	0.400 645	0.417 523
$U311$	0.278 700	0.231 783	0.255 242
$U312$	0.236 100	0.218 178	0.227 139
$U313$	0.121 300	0.165 231	0.143 266
$U314$	0.170 500	0.188 750	0.179 625
$U315$	0.193 400	0.196 059	0.194 730
$U411$	0.557 000	0.565 193	0.561 097
$U412$	0.443 000	0.434 807	0.438 904
$U421$	0.566 200	0.583 695	0.574 948
$U422$	0.433 800	0.416 305	0.425 053
$U111$	0.317 800	0.326 275	0.322 038
$U112$	0.435 100	0.435 555	0.435 328
$U113$	0.247 200	0.238 170	0.242 685
$U121$	0.593 100	0.639 692	0.616 396
$U122$	0.406 900	0.360 308	0.383 604
$U141$	0.534 600	0.541 892	0.538 246
$U142$	0.465 400	0.458 108	0.461 754
$U151$	0.633 800	0.689 196	0.661 498

续表

指标项	层次分析法	基于灰色关联度的改进算法	两种算法的平均值
U152	0.366 200	0.310 804	0.338 502
U211	0.169 200	0.150 965	0.160 083
U212	0.128 200	0.139 036	0.133 618
U213	0.176 900	0.154 799	0.165 850
U214	0.128 200	0.137 572	0.132 886
U215	0.210 300	0.160 605	0.185 453
U216	0.125 600	0.138 631	0.132 116
U217	0.061 500	0.118 392	0.089 946
U221	0.120 600	0.158 778	0.139 689
U222	0.217 900	0.210 570	0.214 235
U223	0.299 600	0.246 755	0.273 178
U224	0.214 000	0.207 287	0.210 644
U225	0.147 900	0.176 610	0.162 255
U231	0.259 400	0.231 731	0.245 566
U232	0.191 100	0.193 520	0.192 310
U233	0.225 300	0.215 973	0.220 637
U234	0.129 700	0.161 959	0.145 830
U235	0.194 500	0.196 818	0.195 659
U241	0.350 300	0.337 974	0.344 137
U242	0.203 400	0.220 354	0.211 877
U243	0.446 300	0.441 672	0.443 986
U251	0.174 400	0.206 712	0.190 556
U252	0.251 900	0.253 251	0.252 576
U253	0.314 000	0.290 407	0.302 204
U254	0.259 700	0.249 630	0.254 665

表 5.11 中铁快运铁路货运物流效益指标权重

目标层	准则层	权重	一级指标	权重	二级指标	权重
基于物联网的中铁快运物流效益评价指标体系	顾客（U1）	0.32	外在服务形象（U11）	0.11	服务态度（U111）	0.32
					个性化服务（U112）	0.44
					业务表达能力（U113）	0.24
			实用性（U12）	0.21	运输价格（U121）	0.62
					托运手续和流程（U122）	0.38

目标层	准则层	权重	一级指标	权重	二级指标	权重
基于物联网的中铁快运物流效益评价指标体系	顾客（U1）	0.32	增值服务（U13）	0.16	在线跟踪（U131）	1.00
			安全性（U14）	0.27	货物丢失率（U141）	0.54
					货物破损率（U142）	0.46
			时效性（U115）	0.25	运输时间（U151）	0.66
					存储时间（U152）	0.34
	物流企业（U2）	0.34	承运入库（U21）	0.19	托运情况（U211）	0.16
					包装繁琐程度（U212）	0.13
					拴制标签安全性（U213）	0.17
					货物安检速度（U214）	0.13
					扫描货物信息方便程度（U215）	0.19
					分拣货物繁重程度（U216）	0.13
					库存利用情况（U217）	0.09
			到达交付（U22）	0.18	货物入库的速度（U221）	0.14
					分拣货物速度（U222）	0.22
					扫描货物信息方便程度（U223）	0.27
					通知货主取货的繁琐程度（U224）	0.21
					配送情况（U225）	0.16
			售后服务（U23）	0.19	货物丢失处理完善度（U231）	0.25
					货物破损处理完善度（U232）	0.19
					顾客抱怨处理完善度（U233）	0.22
					顾客抱怨频率（U234）	0.14
					顾客信息查询频率（U235）	0.20
			整体活动（U24）	0.10	组织结构与管理制度（U241）	0.34
					员工忠诚度（U242）	0.21
					财务状况（U243）	0.45
			人力资源管理（U25）	0.09	人力资源规划完善程度（U251）	0.19
					培训与开发情况（U252）	0.25
					福利待遇情况（U253）	0.30
					绩效考核状况（U254）	0.26
			技术开发（U26）	0.11	接受新设备的环境（U261）	1.00
			采购（U27）	0.13	购买新设备（U271）	1.00
	铁路局（U3）	0.22	在途运输（U31）	1.00	列车运行状况（U311）	0.26
					物联网应用的必要性（U312）	0.23
					员工的劳动强度（U313）	0.14
					清点货物的频率（U314）	0.18

续表

目标层	准则层	权重	一级指标	权重	二级指标	权重
基于物联网的中铁快运物流效益评价指标体系	铁路局（U3）	0.22	在途运输（U31）	1.00	现有设备的满足程度（U315）	0.19
	社会影响（U4）	0.12	技术推广程度（U41）	0.58	群众接受程度（U411）	0.56
					潜在顾客群接受程度（U412）	0.44
			对相关产业影响（U42）	0.42	第三产业的影响（U421）	0.57
					第一、二产业的影响（U422）	0.43

5.4.2　三级模糊综合评价

1. 确定评语集、指标集和权重集

在问卷设计阶段，每个问题的答案都是以五级量表形式展开，因此本次评价选取五个评价等级，分别为优、良、中、合格、差。评语集 $V=\{5、4、3、2、1\}$，指标集和权重集如表 5.11 所示。因为计算出的各级指标综合得分不能保证是整数形式，所以我们选定与前对应各等级的评价指标综合得分标准为：4.50～5.00、3.50～4.49、2.50～3.49、1.50～2.49、1.00～1.49。

2. 确定模糊评判矩阵 R

本章针对不同的准则层设计了不同的问卷，选取专业人士进行评价。对于方案一（物联网应用前），顾客准则选取了 100 位顾客进行问卷统计；物流企业准则选取了大连和齐齐哈尔共 50 名工作年限在两年以上的员工进行问卷统计；铁路局准则选取了 26 名行包房员工进行问卷统计；社会影响准则主要选取了业内的 20 名专家进行问卷统计。对于方案二为应用物联网以后的中铁快运业务流程，参与评价的人员主要是设计此方案的工程师，因为本方案还未正式投入使用，所以只能请行业专家对此方案所涉及的指标进行科学估计。本次评价主要邀请了 20 位业内专家进行估计。对于评价，每位评价人员根据问卷所涉及的指标体系的各级指标进行评价等级的打分，我们根据回收问卷的情况统计出每个指标相对于五个等级的隶属度，得到各个指标的模糊评判矩阵。

3. 方案一模糊综合评价

1）进行一级模糊综合评价

利用模糊综合评价方法对同一个一级指标下的各个二级指标进行模糊综合评价。

针对外在服务形象（U11）下的三个二级指标进行综合评价：三个二级指标

的权重向量 A_{11}=[0.32 0.44 0.24]；统计 100 位顾客问卷对 $U11$ 下面的三个二级指标打分情况如表 5.12 所示：

表 5.12 顾客打分表

	差（1分）	合格（2分）	中（3分）	良（4分）	优（5分）
服务态度（$U111$）	5	10	7	58	20
个性化服务（$U112$）	10	15	5	60	10
业务表达能力（$U113$）	6	11	3	64	16

由表 5.12 得到的模糊评判矩阵，计算方式为：针对 $U111$ 的 100 位顾客中评分为 5 的只有一个人，占总人数的比例为 0.05；评分为 2 的有 10 人，占总人数的比例为 0.1；评分为 3 的有 7 人，占总人数的比例为 0.07；评分为 4 的有 58 人，占总人数的比例为 0.58；评分为 5 的有 20 人，占总人数的比例为 0.2。由此可得模糊评价矩阵为

$$\boldsymbol{R}_{11} = \begin{bmatrix} 0.05 & 0.10 & 0.07 & 0.58 & 0.20 \\ 0.10 & 0.15 & 0.05 & 0.60 & 0.10 \\ 0.06 & 0.11 & 0.03 & 0.64 & 0.16 \end{bmatrix}$$

$$B_{11} = A_{11} \times \boldsymbol{R}_{11} = \begin{bmatrix} 0.0744 & 0.1244 & 0.0516 & 0.6032 & 0.1464 \end{bmatrix}$$

$$C_{11} = \begin{bmatrix} 1 & 2 & 3 & 4 & 5 \end{bmatrix} \times \begin{bmatrix} 0.0744 \\ 0.1244 \\ 0.0516 \\ 0.6032 \\ 0.1464 \end{bmatrix} = \begin{bmatrix} 3.6228 \end{bmatrix}$$

因此，$U11$ 指标的综合得分为 3.6228，等级为良。

同理，对 $U12$ 指标进行综合评价：

$$A_{12} = \begin{bmatrix} 0.62 & 0.38 \end{bmatrix}$$

$$\boldsymbol{R}_{12} = \begin{bmatrix} 0.13 & 0.22 & 0.3 & 0.26 & 0.09 \\ 0.07 & 0.19 & 0.41 & 0.33 & 0.00 \end{bmatrix}$$

$$B_{12} = A_{12} \times \boldsymbol{R}_{12} = \begin{bmatrix} 0.1072 & 0.2086 & 0.3418 & 0.2866 & 0.0558 \end{bmatrix}$$

$$C_{12} = \begin{bmatrix} 1 & 2 & 3 & 4 & 5 \end{bmatrix} \times \begin{bmatrix} 0.0107 \\ 0.2086 \\ 0.3418 \\ 0.2866 \\ 0.0558 \end{bmatrix} = \begin{bmatrix} 2.9752 \end{bmatrix}$$

因此，$U12$ 指标的综合得分为 2.9752，等级为中。

对 $U13$ 指标进行综合评价：

$$A_{13} = \begin{bmatrix} 1 \end{bmatrix}$$

$$\boldsymbol{R}_{13} = \begin{bmatrix} 0.39 & 0.27 & 0.25 & 0.09 & 0.00 \end{bmatrix}$$

$$B_{13} = A_{13} \times \boldsymbol{R}_{13} = \begin{bmatrix} 0.39 & 0.27 & 0.25 & 0.09 & 0.00 \end{bmatrix}$$

$$C_{13} = \begin{bmatrix} 1 & 2 & 3 & 4 & 5 \end{bmatrix} \times \begin{bmatrix} 0.39 \\ 0.27 \\ 0.25 \\ 0.09 \\ 0.00 \end{bmatrix} = \begin{bmatrix} 2.04 \end{bmatrix}$$

因此，$U13$ 指标的综合得分为 2.04，等级为合格。

对 $U14$ 指标进行综合评价：

$$A_{14} = \begin{bmatrix} 0.54 & 0.46 \end{bmatrix}$$

$$\boldsymbol{R}_{14} = \begin{bmatrix} 0.06 & 0.08 & 0.32 & 0.34 & 0.20 \\ 0.01 & 0.06 & 0.18 & 0.40 & 0.35 \end{bmatrix}$$

$$B_{14} = A_{14} \times \boldsymbol{R}_{14} = \begin{bmatrix} 0.033 & 0.0692 & 0.2444 & 0.3724 & 0.281 \end{bmatrix}$$

$$C_{14} = \begin{bmatrix} 1 & 2 & 3 & 4 & 5 \end{bmatrix} \times \begin{bmatrix} 0.0330 \\ 0.0692 \\ 0.2444 \\ 0.2724 \\ 0.2810 \end{bmatrix} = \begin{bmatrix} 3.7992 \end{bmatrix}$$

因此，$U14$ 指标的综合得分为 3.7992，等级为良。

对 $U15$ 指标进行综合评价：

$$A_{15} = \begin{bmatrix} 0.66 & 0.34 \end{bmatrix}$$

$$\boldsymbol{R}_{15} = \begin{bmatrix} 0.05 & 0.10 & 0.20 & 0.40 & 0.25 \\ 0.02 & 0.09 & 0.30 & 0.40 & 0.19 \end{bmatrix}$$

$$B_{15} = A_{15} \times \boldsymbol{R}_{15} = \begin{bmatrix} 0.0398 & 0.0966 & 0.2340 & 0.4000 & 0.2296 \end{bmatrix}$$

$$C_{15} = \begin{bmatrix} 1 & 2 & 3 & 4 & 5 \end{bmatrix} \times \begin{bmatrix} 0.0398 \\ 0.0966 \\ 0.2340 \\ 0.4000 \\ 0.2296 \end{bmatrix} = \begin{bmatrix} 3.6830 \end{bmatrix}$$

因此，$U15$ 指标的综合得分为 3.683，等级为良。

对 $U21$ 指标进行综合评价：

$$A_{21} = \begin{bmatrix} 0.16 & 0.13 & 0.17 & 0.13 & 0.19 & 0.13 & 0.09 \end{bmatrix}$$

$$\boldsymbol{R}_{21} = \begin{bmatrix} 0.00 & 0.10 & 0.35 & 0.30 & 0.25 \\ 0.10 & 0.20 & 0.30 & 0.30 & 0.10 \\ 0.09 & 0.18 & 0.32 & 0.35 & 0.06 \\ 0.03 & 0.14 & 0.30 & 0.36 & 0.17 \\ 0.05 & 0.10 & 0.40 & 0.30 & 0.15 \\ 0.08 & 0.11 & 0.40 & 0.31 & 0.10 \\ 0.03 & 0.12 & 0.35 & 0.32 & 0.18 \end{bmatrix}$$

$$B_{21} = A_{21} \times \boldsymbol{R}_{21} = \begin{bmatrix} 0.0548 & 0.1349 & 0.3479 & 0.3194 & 0.1430 \end{bmatrix}$$

$$C_{21} = \begin{bmatrix} 1 & 2 & 3 & 4 & 5 \end{bmatrix} \times \begin{bmatrix} 0.0548 \\ 0.1349 \\ 0.3479 \\ 0.3194 \\ 0.1430 \end{bmatrix} = \begin{bmatrix} 3.3609 \end{bmatrix}$$

因此，$U21$ 指标的综合得分为 3.3609，等级为中。

对 $U22$ 指标进行综合评价：

$$A_{22} = \begin{bmatrix} 0.14 & 0.22 & 0.27 & 0.21 & 0.16 \end{bmatrix}$$

$$\boldsymbol{R}_{22} = \begin{bmatrix} 0.00 & 0.10 & 0.30 & 0.40 & 0.20 \\ 0.04 & 0.20 & 0.40 & 0.30 & 0.06 \\ 0.00 & 0.10 & 0.30 & 0.40 & 0.20 \\ 0.09 & 0.19 & 0.35 & 0.28 & 0.09 \\ 0.00 & 0.10 & 0.30 & 0.40 & 0.20 \end{bmatrix}$$

$$B_{22} = A_{22} \times \boldsymbol{R}_{22} = \begin{bmatrix} 0.0277 & 0.1409 & 0.3325 & 0.3528 & 0.1461 \end{bmatrix}$$

$$C_{22} = \begin{bmatrix} 1 & 2 & 3 & 4 & 5 \end{bmatrix} \times \begin{bmatrix} 0.0277 \\ 0.1409 \\ 0.3325 \\ 0.3528 \\ 0.1461 \end{bmatrix} = \begin{bmatrix} 3.4487 \end{bmatrix}$$

因此，$U22$ 指标的综合得分为 3.4487，等级为中。

对 $U23$ 指标进行综合评价：

$$A_{23} = \begin{bmatrix} 0.25 & 0.19 & 0.22 & 0.14 & 0.20 \end{bmatrix}$$

$$\boldsymbol{R}_{23} = \begin{bmatrix} 0.20 & 0.40 & 0.40 & 0.00 & 0.00 \\ 0.30 & 0.20 & 0.40 & 0.10 & 0.00 \\ 0.10 & 0.20 & 0.60 & 0.06 & 0.04 \\ 0.10 & 0.00 & 0.00 & 0.00 & 0.90 \\ 0.06 & 0.10 & 0.14 & 0.60 & 0.10 \end{bmatrix}$$

$$B_{23} = A_{23} \times \boldsymbol{R}_{23} = \begin{bmatrix} 0.1550 & 0.2020 & 0.3360 & 0.1522 & 0.1548 \end{bmatrix}$$

$$C_{23} = \begin{bmatrix} 1 & 2 & 3 & 4 & 5 \end{bmatrix} \times \begin{bmatrix} 0.1550 \\ 0.2020 \\ 0.3360 \\ 0.1522 \\ 0.1548 \end{bmatrix} = \begin{bmatrix} 2.9498 \end{bmatrix}$$

因此，$U23$ 指标的综合得分为 2.9498，等级为中。

对 $U24$ 指标进行综合评价：

$$A_{24} = \begin{bmatrix} 0.34 & 0.21 & 0.45 \end{bmatrix}$$

$$\boldsymbol{R}_{24} = \begin{bmatrix} 0.04 & 0.13 & 0.30 & 0.40 & 0.14 \\ 0.06 & 0.16 & 0.25 & 0.36 & 0.13 \\ 0.08 & 0.13 & 0.35 & 0.40 & 0.17 \end{bmatrix}$$

$$B_{24} = A_{24} \times \boldsymbol{R}_{24} = \begin{bmatrix} 0.0622 & 0.1363 & 0.3120 & 0.3916 & 0.0979 \end{bmatrix}$$

$$C_{24} = \begin{bmatrix} 1 & 2 & 3 & 4 & 5 \end{bmatrix} \times \begin{bmatrix} 0.0622 \\ 0.1363 \\ 0.3120 \\ 0.3916 \\ 0.0979 \end{bmatrix} = \begin{bmatrix} 3.3267 \end{bmatrix}$$

因此，$U24$ 指标的综合得分为 3.3267，等级为中。

对 $U25$ 指标进行综合评价：

$$A_{25} = \begin{bmatrix} 0.19 & 0.25 & 0.30 & 0.26 \end{bmatrix}$$

$$\boldsymbol{R}_{25} = \begin{bmatrix} 0.10 & 0.20 & 0.40 & 0.20 & 0.10 \\ 0.30 & 0.20 & 0.19 & 0.18 & 0.13 \\ 0.08 & 0.21 & 0.36 & 0.23 & 0.12 \\ 0.10 & 0.30 & 0.40 & 0.15 & 0.05 \end{bmatrix}$$

$$B_{25} = A_{25} \times \boldsymbol{R}_{25} = \begin{bmatrix} 0.1440 & 0.2290 & 0.3355 & 0.1910 & 0.1005 \end{bmatrix}$$

$$C_{25} = \begin{bmatrix} 1 & 2 & 3 & 4 & 5 \end{bmatrix} \times \begin{bmatrix} 0.1440 \\ 0.2290 \\ 0.3355 \\ 0.1910 \\ 0.1005 \end{bmatrix} = \begin{bmatrix} 2.8750 \end{bmatrix}$$

因此，$U25$ 指标的综合得分为 2.875，等级为中。

对 $U26$ 指标进行综合评价：

$$A_{26} = \begin{bmatrix} 1 \end{bmatrix}$$

$$\boldsymbol{R}_{26} = \begin{bmatrix} 0.10 & 0.48 & 0.16 & 0.16 & 0.10 \end{bmatrix}$$

$$B_{26} = A_{26} \times \boldsymbol{R}_{26} = \begin{bmatrix} 0.10 & 0.48 & 0.16 & 0.16 & 0.10 \end{bmatrix}$$

$$C_{26} = \begin{bmatrix} 1 & 2 & 3 & 4 & 5 \end{bmatrix} \times \begin{bmatrix} 0.10 \\ 0.48 \\ 0.16 \\ 0.16 \\ 0.10 \end{bmatrix} = \begin{bmatrix} 2.68 \end{bmatrix}$$

因此，$U26$ 指标的综合得分为 2.68，等级为中。

对 $U27$ 指标进行综合评价：

$$A_{27} = \begin{bmatrix} 1 \end{bmatrix}$$

$$\boldsymbol{R}_{27} = \begin{bmatrix} 0.20 & 0.30 & 0.18 & 0.22 & 0.10 \end{bmatrix}$$

$$B_{27} = A_{27} \times \boldsymbol{R}_{27} = \begin{bmatrix} 0.20 & 0.30 & 0.18 & 0.22 & 0.10 \end{bmatrix}$$

$$C_{27} = \begin{bmatrix} 1 & 2 & 3 & 4 & 5 \end{bmatrix} \times \begin{bmatrix} 0.20 \\ 0.30 \\ 0.18 \\ 0.22 \\ 0.10 \end{bmatrix} = \begin{bmatrix} 2.72 \end{bmatrix}$$

因此，$U27$ 指标的综合得分为 2.72，等级为中。

对 $U31$ 指标进行综合评价：

$$A_{31} = \begin{bmatrix} 0.26 & 0.23 & 0.14 & 0.18 & 0.19 \end{bmatrix}$$

$$\boldsymbol{R}_{31} = \begin{bmatrix} 0.20 & 0.28 & 0.33 & 0.16 & 0.03 \\ 0.10 & 0.20 & 0.36 & 0.24 & 0.10 \\ 0.15 & 0.24 & 0.31 & 0.20 & 0.10 \\ 0.13 & 0.37 & 0.25 & 0.15 & 0.10 \\ 0.18 & 0.31 & 0.30 & 0.13 & 0.08 \end{bmatrix}$$

$$B_{31} = A_{31} \times \boldsymbol{R}_{31} = \begin{bmatrix} 0.1536 & 0.2779 & 0.3140 & 0.1765 & 0.078 \end{bmatrix}$$

$$C_{31} = \begin{bmatrix} 1 & 2 & 3 & 4 & 5 \end{bmatrix} \times \begin{bmatrix} 0.1536 \\ 0.2779 \\ 0.3140 \\ 0.1765 \\ 0.0780 \end{bmatrix} = \begin{bmatrix} 2.7474 \end{bmatrix}$$

因此，$U31$ 指标的综合得分为 2.7474，等级为中。

对 $U41$ 指标进行综合评价：

$$A_{41} = \begin{bmatrix} 0.56 & 0.44 \end{bmatrix}$$

$$\boldsymbol{R}_{41} = \begin{bmatrix} 0.18 & 0.27 & 0.30 & 0.23 & 0.02 \\ 0.23 & 0.32 & 0.30 & 0.10 & 0.05 \end{bmatrix}$$

$$B_{41} = A_{41} \times \boldsymbol{R}_{41} = \begin{bmatrix} 0.2020 & 0.2920 & 0.3000 & 0.1728 & 0.0332 \end{bmatrix}$$

$$C_{41} = \begin{bmatrix} 1 & 2 & 3 & 4 & 5 \end{bmatrix} \times \begin{bmatrix} 0.2020 \\ 0.2920 \\ 0.3000 \\ 0.1728 \\ 0.0332 \end{bmatrix} = \begin{bmatrix} 2.5432 \end{bmatrix}$$

因此，$U41$ 指标的综合得分为 2.5432，等级为中。

对 $U42$ 指标进行综合评价：

$$A_{42} = \begin{bmatrix} 0.56 & 0.44 \end{bmatrix}$$

$$\boldsymbol{R}_{42} = \begin{bmatrix} 0.30 & 0.20 & 0.25 & 0.15 & 0.10 \\ 0.24 & 0.30 & 0.27 & 0.16 & 0.03 \end{bmatrix}$$

$$B_{42} = A_{42} \times \boldsymbol{R}_{42} = \begin{bmatrix} 0.2742 & 0.2430 & 0.2586 & 0.1543 & 0.0699 \end{bmatrix}$$

$$C_{42} = \begin{bmatrix} 1 & 2 & 3 & 4 & 5 \end{bmatrix} \times \begin{bmatrix} 0.2742 \\ 0.2430 \\ 0.2586 \\ 0.1543 \\ 0.0699 \end{bmatrix} = \begin{bmatrix} 2.5027 \end{bmatrix}$$

因此，$U42$ 指标的综合得分为 2.5027，等级为中。

2）进行二级模糊综合评价

顾客（$U1$）准则下的一级指标的权重向量为：A_1=[0.11　0.21　0.16　0.27　0.25]；单因素评价矩阵应为二级指标评价结果 B_{11}，B_{12}，B_{13}，B_{14}，B_{15} 构成的矩阵 $\boldsymbol{R}_1$。

$$R_1 = \begin{bmatrix} 0.0744 & 0.1244 & 0.0516 & 0.6032 & 0.1464 \\ 0.1072 & 0.2086 & 0.3418 & 0.2866 & 0.0558 \\ 0.3900 & 0.2700 & 0.2500 & 0.0900 & 0.0000 \\ 0.0330 & 0.0692 & 0.2444 & 0.3724 & 0.2810 \\ 0.0398 & 0.0966 & 0.2340 & 0.4000 & 0.2296 \end{bmatrix}$$

$$B_1 = A_1 \times R_1 = \begin{bmatrix} 0.111956 & 0.143524 & 0.241942 & 0.341486 & 0.161092 \end{bmatrix}$$

$$C_1 = \begin{bmatrix} 1 & 2 & 3 & 4 & 5 \end{bmatrix} \times \begin{bmatrix} 0.111956 \\ 0.143524 \\ 0.241942 \\ 0.341486 \\ 0.161092 \end{bmatrix} = \begin{bmatrix} 3.296234 \end{bmatrix}$$

因此，U1 指标的综合得分为 3.296 234，等级为中。

物流企业（U2）准则下的一级指标的权重向量为：A_2=[0.19　0.18　0.19　0.10　0.09　0.11　0.13]；单因素评价矩阵应为二级指标评价结果 B_{21}，B_{22}，B_{23}，B_{24}，B_{25}，B_{26}，B_{27} 构成的矩阵 R_2。

$$R_2 = \begin{bmatrix} 0.0548 & 0.1349 & 0.3479 & 0.3194 & 0.1430 \\ 0.0277 & 0.1409 & 0.3325 & 0.3528 & 0.1461 \\ 0.1550 & 0.2020 & 0.3360 & 0.1522 & 0.1548 \\ 0.0622 & 0.1363 & 0.3120 & 0.3916 & 0.0979 \\ 0.0690 & 0.1790 & 0.2880 & 0.1460 & 0.0680 \\ 0.1000 & 0.4800 & 0.1600 & 0.1600 & 0.1000 \\ 0.2000 & 0.3000 & 0.1800 & 0.2200 & 0.1000 \end{bmatrix}$$

$$B_2 = A_2 \times R_2 = \begin{bmatrix} 0.094278 & 0.210913 & 0.287911 & 0.251608 & 0.122790 \end{bmatrix}$$

$$C_2 = \begin{bmatrix} 1 & 2 & 3 & 4 & 5 \end{bmatrix} \times \begin{bmatrix} 0.094278 \\ 0.210913 \\ 0.287911 \\ 0.251608 \\ 0.122790 \end{bmatrix} = \begin{bmatrix} 3.000219 \end{bmatrix}$$

因此，U2 指标的综合得分为 3.000 219，等级为中。

铁路局（U3）准则下只有一个一级指标，权重向量为：A_3=[1]；单因素评价矩阵应为二级指标评价结果 B_{31} 构成的矩阵 R_3。

$$R_3 = \begin{bmatrix} 0.1536 & 0.2779 & 0.3140 & 0.1765 & 0.078 \end{bmatrix}$$

$$B_3 = A_3 \times R_3 = \begin{bmatrix} 0.1536 & 0.2779 & 0.3140 & 0.1765 & 0.0780 \end{bmatrix}$$

$$C_3 = \begin{bmatrix} 1 & 2 & 3 & 4 & 5 \end{bmatrix} \times \begin{bmatrix} 0.1536 \\ 0.2779 \\ 0.3140 \\ 0.1765 \\ 0.0780 \end{bmatrix} = \begin{bmatrix} 2.7474 \end{bmatrix}$$

因此，$U3$ 指标的综合得分为 2.7474，等级为中。

社会影响（$U4$）准则下的一级指标的权重向量为：$A_4 = [0.58 \quad 0.42]$；单因素评价矩阵应为二级指标评价结果 B_{41}，B_{42} 构成的矩阵 $\boldsymbol{R}_4$。

$$\boldsymbol{R}_4 = \begin{bmatrix} 0.2020 & 0.2920 & 0.3000 & 0.1728 & 0.0332 \\ 0.2742 & 0.2430 & 0.2586 & 0.1543 & 0.0699 \end{bmatrix}$$

$$B_4 = A_4 \times \boldsymbol{R}_4 = \begin{bmatrix} 0.232324 & 0.271420 & 0.282612 & 0.165030 & 0.048614 \end{bmatrix}$$

$$C_4 = \begin{bmatrix} 1 & 2 & 3 & 4 & 5 \end{bmatrix} \times \begin{bmatrix} 0.232340 \\ 0.271420 \\ 0.282612 \\ 0.165030 \\ 0.048614 \end{bmatrix} = \begin{bmatrix} 2.526190 \end{bmatrix}$$

因此，$U4$ 指标的综合得分为 2.526 190，等级为中。

3）进行三级模糊综合评价

权重向量 $A_0 = [0.32 \quad 0.34 \quad 0.22 \quad 0.12]$；针对目标层的评价 B_0 所涉及的评价矩阵为第四步计算出来的 B_1、B_2、B_3、B_4 组成的矩阵 $\boldsymbol{R}_0$。

$$\boldsymbol{R}_0 = \begin{bmatrix} 0.111956 & 0.143524 & 0.241942 & 0.341486 & 0.161092 \\ 0.094278 & 0.210913 & 0.287911 & 0.251608 & 0.122790 \\ 0.153600 & 0.277900 & 0.314000 & 0.176500 & 0.078000 \\ 0.232324 & 0.271420 & 0.282612 & 0.165030 & 0.048614 \end{bmatrix}$$

$$B_0 = A_0 \times \boldsymbol{R}_0 = \begin{bmatrix} 0.129551 & 0.211347 & 0.278305 & 0.253456 & 0.116292 \end{bmatrix}$$

$$C_0 = \begin{bmatrix} 1 & 2 & 3 & 4 & 5 \end{bmatrix} \times \begin{bmatrix} 0.129551 \\ 0.211347 \\ 0.278305 \\ 0.253456 \\ 0.116292 \end{bmatrix} = \begin{bmatrix} 2.982440 \end{bmatrix}$$

方案一未使用物联网的中铁快运（现有业务流程）铁路货运物流效益评价的综合得分为 2.982 440，评价等级为中。

4. 方案二模糊综合评价

1）一级模糊综合评价

20 位专家对二级指标的打分情况如表 5.13 所示。

表 5.13　专家打分表

二级指标	差（1分）	合格（2分）	中（3分）	良（4分）	优（5分）
服务态度（$U111$）	1	2	2	7	8
个性化服务（$U112$）	0	1	2	9	8
业务表达能力（$U113$）	1	2	1	10	6
运输价格（$U121$）	2	5	6	4	3
托运手续和流程（$U122$）	0	0	3	10	7
在线跟踪（$U131$）	0	0	2	5	13
货物丢失率（$U141$）	0	0	3	9	8
货物破损率（$U142$）	0	2	5	8	7
运输时间（$U151$）	0	2	5	7	6
存储时间（$U152$）	0	2	4	6	8
列车运行状况（$U311$）	0	1	3	6	10
物联网应用的必要性（$U312$）	1	3	5	5	6
员工的劳动强度（$U313$）	0	4	5	5	6
清点货物的频率（$U314$）	0	0	4	7	9
现有设备的满足程度（$U315$）	2	2	5	6	3
群众接受程度（$U411$）	1	2	4	7	6
潜在顾客群接受程度（$U412$）	2	3	6	5	4
第三产业的影响（$U421$）	0	1	3	7	9
第一、二产业的影响（$U422$）	1	2	4	6	7
托运情况（$U211$）	2	3	4	5	6
包装烦琐程度（$U212$）	3	1	6	5	5
拴制标签安全性（$U213$）	0	2	3	6	9
货物安检速度（$U214$）	1	3	6	5	5
扫描货物信息的方便程度（$U215$）	0	1	3	7	9
分拣货物繁重程度（$U216$）	0	1	4	7	8
库存利用情况（$U217$）	1	2	4	6	7
货物入库的速度（$U221$）	0	2	4	6	8
分拣货物速度（$U222$）	0	5	7	4	4

二级指标	差（1分）	合格（2分）	中（3分）	良（4分）	优（5分）
货物信息录入的方便程度（$U223$）	0	0	3	7	10
通知货主取货的烦琐程度（$U224$）	0	0	4	8	8
配送情况（$U225$）	2	3	5	6	4
货物丢失处理完善度（$U231$）	0	1	3	7	9
货物破损处理完善度（$U232$）	2	3	6	4	5
顾客抱怨处理完善度（$U233$）	3	4	6	4	3
顾客抱怨频率（$U234$）	1	3	6	6	4
顾客信息查询频率（$U235$）	0	0	3	7	10
组织结构与管理制度（$U241$）	1	4	6	4	5
员工忠诚度（$U242$）	0	2	5	6	7
财务状况（$U243$）	1	3	5	6	5
人力资源规划完善程度（$U251$）	2	5	7	3	3
培训与开发情况（$U252$）	3	5	6	4	2
福利待遇情况（$U253$）	2	4	6	5	3
绩效考核状况（$U254$）	2	5	4	6	3
接受新设备的环境（$U261$）	1	2	3	8	6
购买新设备（$U271$）	1	4	6	6	3

由表 5.13 可以得到同一个一级指标下的二级指标的模糊判别矩阵。

针对外在服务形象（$U11$）下的三个二级指标进行综合评价：

$$A_{11} = \begin{bmatrix} 0.32 & 0.44 & 0.24 \end{bmatrix}$$

$$R_{11} = \begin{bmatrix} 0.05 & 0.10 & 0.10 & 0.35 & 0.40 \\ 0.00 & 0.05 & 0.10 & 0.45 & 0.40 \\ 0.05 & 0.10 & 0.05 & 0.50 & 0.30 \end{bmatrix}$$

$$B_{11} = A_{11} \times R_{11} = \begin{bmatrix} 0.028 & 0.078 & 0.088 & 0.430 & 0.376 \end{bmatrix}$$

$$C_{11} = \begin{bmatrix} 1 & 2 & 3 & 4 & 5 \end{bmatrix} \times B_{11}^{\mathrm{T}} = \begin{bmatrix} 4.048 \end{bmatrix}$$

因此，$U11$ 指标的综合得分为 4.048，等级为良。

同理，对 $U12$ 指标进行综合评价：

$$A_{12} = \begin{bmatrix} 0.62 & 0.38 \end{bmatrix}$$

$$R_{12} = \begin{bmatrix} 0.10 & 0.25 & 0.30 & 0.20 & 0.15 \\ 0.00 & 0.00 & 0.15 & 0.50 & 0.35 \end{bmatrix}$$

$$B_{12} = A_{12} \times R_{12} = \begin{bmatrix} 0.062 & 0.155 & 0.243 & 0.314 & 0.226 \end{bmatrix}$$

$$C_{12} = \begin{bmatrix} 1 & 2 & 3 & 4 & 5 \end{bmatrix} \times B_{12}^{\mathrm{T}} = \begin{bmatrix} 3.487 \end{bmatrix}$$

因此，$U12$ 指标的综合得分为 3.487，等级为中。

对 $U13$ 指标进行综合评价：

$$A_{13} = \begin{bmatrix} 1 \end{bmatrix}$$

$$\boldsymbol{R}_{13} = \begin{bmatrix} 0.00 & 0.00 & 0.10 & 0.25 & 0.65 \end{bmatrix}$$

$$B_{13} = A_{13} \times \boldsymbol{R}_{13} = \begin{bmatrix} 0.00 & 0.00 & 0.10 & 0.25 & 0.65 \end{bmatrix}$$

$$C_{13} = \begin{bmatrix} 1 & 2 & 3 & 4 & 5 \end{bmatrix} \times B_{13}^{\mathrm{T}} = \begin{bmatrix} 4.55 \end{bmatrix}$$

因此，$U13$ 指标的综合得分为 4.55，等级为优。

对 $U14$ 指标进行综合评价：

$$A_{14} = \begin{bmatrix} 0.54 & 0.46 \end{bmatrix}$$

$$\boldsymbol{R}_{14} = \begin{bmatrix} 0.00 & 0.00 & 0.15 & 0.45 & 0.40 \\ 0.00 & 0.10 & 0.25 & 0.40 & 0.35 \end{bmatrix}$$

$$B_{14} = A_{14} \times \boldsymbol{R}_{14} = \begin{bmatrix} 0.000 & 0.046 & 0.196 & 0.427 & 0.377 \end{bmatrix}$$

$$C_{14} = \begin{bmatrix} 1 & 2 & 3 & 4 & 5 \end{bmatrix} \times B_{14}^{\mathrm{T}} = \begin{bmatrix} 4.273 \end{bmatrix}$$

因此，$U14$ 指标的综合得分为 4.273，等级为良。

对 $U15$ 指标进行综合评价：

$$A_{15} = \begin{bmatrix} 0.66 & 0.34 \end{bmatrix}$$

$$\boldsymbol{R}_{15} = \begin{bmatrix} 0.00 & 0.10 & 0.25 & 0.35 & 0.30 \\ 0.00 & 0.10 & 0.20 & 0.30 & 0.40 \end{bmatrix}$$

$$B_{15} = A_{15} \times \boldsymbol{R}_{15} = \begin{bmatrix} 0.000 & 0.100 & 0.233 & 0.333 & 0.334 \end{bmatrix}$$

$$C_{15} = \begin{bmatrix} 1 & 2 & 3 & 4 & 5 \end{bmatrix} \times B_{15}^{\mathrm{T}} = \begin{bmatrix} 3.901 \end{bmatrix}$$

因此，$U15$ 指标的综合得分为 3.901，等级为良。

对 $U21$ 指标进行综合评价：

$$A_{21} = \begin{bmatrix} 0.16 & 0.13 & 0.17 & 0.13 & 0.19 & 0.13 & 0.09 \end{bmatrix}$$

$$\boldsymbol{R}_{21} = \begin{bmatrix} 0.10 & 0.15 & 0.20 & 0.25 & 0.30 \\ 0.15 & 0.05 & 0.30 & 0.25 & 0.25 \\ 0.00 & 0.10 & 0.15 & 0.30 & 0.45 \\ 0.05 & 0.15 & 0.30 & 0.25 & 0.25 \\ 0.00 & 0.05 & 0.15 & 0.35 & 0.45 \\ 0.00 & 0.05 & 0.20 & 0.35 & 0.40 \\ 0.05 & 0.10 & 0.20 & 0.30 & 0.35 \end{bmatrix}$$

$$B_{21} = A_{21} \times \boldsymbol{R}_{21} = \begin{bmatrix} 0.0465 & 0.0920 & 0.2080 & 0.2950 & 0.3585 \end{bmatrix}$$

$$C_{21} = \begin{bmatrix} 1 & 2 & 3 & 4 & 5 \end{bmatrix} \times B_{21}^{\mathrm{T}} = \begin{bmatrix} 3.827 \end{bmatrix}$$

因此，$U21$ 指标的综合得分为 3.827，等级为良。

对 $U22$ 指标进行综合评价：

$$A_{22} = \begin{bmatrix} 0.14 & 0.22 & 0.27 & 0.21 & 0.16 \end{bmatrix}$$

$$R_{22} = \begin{bmatrix} 0.00 & 0.10 & 0.20 & 0.30 & 0.40 \\ 0.00 & 0.25 & 0.35 & 0.20 & 0.20 \\ 0.00 & 0.00 & 0.15 & 0.35 & 0.50 \\ 0.00 & 0.00 & 0.20 & 0.40 & 0.40 \\ 0.10 & 0.15 & 0.25 & 0.30 & 0.20 \end{bmatrix}$$

$$B_{22} = A_{22} \times R_{22} = \begin{bmatrix} 0.0160 & 0.0930 & 0.2275 & 0.3125 & 0.3510 \end{bmatrix}$$

$$C_{22} = \begin{bmatrix} 1 & 2 & 3 & 4 & 5 \end{bmatrix} \times B_{22}^{T} = \begin{bmatrix} 3.8895 \end{bmatrix}$$

因此，$U22$ 指标的综合得分为 3.8895，等级为良。

对 $U23$ 指标进行综合评价：

$$A_{23} = \begin{bmatrix} 0.25 & 0.19 & 0.22 & 0.14 & 0.20 \end{bmatrix}$$

$$R_{23} = \begin{bmatrix} 0.00 & 0.05 & 0.15 & 0.35 & 0.45 \\ 0.10 & 0.15 & 0.30 & 0.20 & 0.25 \\ 0.15 & 0.20 & 0.30 & 0.20 & 0.15 \\ 0.05 & 0.15 & 0.30 & 0.30 & 0.20 \\ 0.00 & 0.00 & 0.15 & 0.35 & 0.50 \end{bmatrix}$$

$$B_{23} = A_{23} \times R_{23} = \begin{bmatrix} 0.0590 & 0.1060 & 0.2325 & 0.2815 & 0.3210 \end{bmatrix}$$

$$C_{23} = \begin{bmatrix} 1 & 2 & 3 & 4 & 5 \end{bmatrix} \times B_{23}^{T} = \begin{bmatrix} 3.6995 \end{bmatrix}$$

因此，$U23$ 指标的综合得分为 3.6995，等级为良。

对 $U24$ 指标进行综合评价：

$$A_{24} = \begin{bmatrix} 0.34 & 0.21 & 0.45 \end{bmatrix}$$

$$R_{24} = \begin{bmatrix} 0.05 & 0.20 & 0.30 & 0.20 & 0.25 \\ 0.00 & 0.10 & 0.25 & 0.30 & 0.35 \\ 0.05 & 0.15 & 0.25 & 0.30 & 0.25 \end{bmatrix}$$

$$B_{24} = A_{24} \times R_{24} = \begin{bmatrix} 0.0395 & 0.1565 & 0.2670 & 0.2660 & 0.2710 \end{bmatrix}$$

$$C_{24} = \begin{bmatrix} 1 & 2 & 3 & 4 & 5 \end{bmatrix} \times B_{24}^{T} = \begin{bmatrix} 3.5725 \end{bmatrix}$$

因此，$U24$ 指标的综合得分为 3.5725，等级为良。

对 $U25$ 指标进行综合评价：

$$A_{25} = \begin{bmatrix} 0.19 & 0.25 & 0.30 & 0.26 \end{bmatrix}$$

$$R_{25} = \begin{bmatrix} 0.10 & 0.25 & 0.35 & 0.15 & 0.15 \\ 0.15 & 0.25 & 0.30 & 0.20 & 0.10 \\ 0.10 & 0.20 & 0.30 & 0.25 & 0.15 \\ 0.10 & 0.25 & 0.20 & 0.30 & 0.15 \end{bmatrix}$$

$$B_{25} = A_{25} \times \boldsymbol{R}_{25} = \begin{bmatrix} 0.1125 & 0.2350 & 0.2835 & 0.2315 & 0.1375 \end{bmatrix}$$

$$C_{25} = \begin{bmatrix} 1 & 2 & 3 & 4 & 5 \end{bmatrix} \times B_{25}^{\mathrm{T}} = \begin{bmatrix} 3.0465 \end{bmatrix}$$

因此，$U25$ 指标的综合得分为 3.0465，等级为中。

对 $U26$ 指标进行综合评价：

$$A_{26} = \begin{bmatrix} 1 \end{bmatrix}$$

$$\boldsymbol{R}_{26} = \begin{bmatrix} 0.05 & 0.10 & 0.15 & 0.30 & 0.40 \end{bmatrix}$$

$$B_{26} = A_{26} \times \boldsymbol{R}_{26} = \begin{bmatrix} 0.05 & 0.10 & 0.15 & 0.30 & 0.40 \end{bmatrix}$$

$$C_{26} = \begin{bmatrix} 1 & 2 & 3 & 4 & 5 \end{bmatrix} \times B_{26}^{\mathrm{T}} = \begin{bmatrix} 3.8 \end{bmatrix}$$

因此，$U26$ 指标的综合得分为 3.8，等级为良。

对 $U27$ 指标进行综合评价：

$$A_{27} = \begin{bmatrix} 1 \end{bmatrix}$$

$$\boldsymbol{R}_{27} = \begin{bmatrix} 0.05 & 0.20 & 0.30 & 0.30 & 0.15 \end{bmatrix}$$

$$B_{27} = A_{27} \times \boldsymbol{R}_{27} = \begin{bmatrix} 0.05 & 0.20 & 0.30 & 0.30 & 0.15 \end{bmatrix}$$

$$C_{27} = \begin{bmatrix} 1 & 2 & 3 & 4 & 5 \end{bmatrix} \times B_{27}^{\mathrm{T}} = \begin{bmatrix} 3.3 \end{bmatrix}$$

因此，$U27$ 指标的综合得分为 3.3，等级为中。

对 $U31$ 指标进行综合评价：

$$A_{31} = \begin{bmatrix} 0.26 & 0.23 & 0.14 & 0.18 & 0.19 \end{bmatrix}$$

$$\boldsymbol{R}_{31} = \begin{bmatrix} 0.00 & 0.05 & 0.15 & 0.30 & 0.50 \\ 0.05 & 0.15 & 0.25 & 0.25 & 0.30 \\ 0.00 & 0.20 & 0.25 & 0.25 & 0.30 \\ 0.00 & 0.00 & 0.20 & 0.35 & 0.45 \\ 0.10 & 0.10 & 0.25 & 0.30 & 0.15 \end{bmatrix}$$

$$B_{31} = A_{31} \times \boldsymbol{R}_{31} = \begin{bmatrix} 0.0305 & 0.0945 & 0.2150 & 0.2905 & 0.3505 \end{bmatrix}$$

$$C_{31} = \begin{bmatrix} 1 & 2 & 3 & 4 & 5 \end{bmatrix} \times B_{31}^{\mathrm{T}} = \begin{bmatrix} 3.779 \end{bmatrix}$$

因此，$U31$ 指标的综合得分为 3.779，等级为良。

对 $U41$ 指标进行评价：

$$A_{41} = \begin{bmatrix} 0.56 & 0.44 \end{bmatrix}$$

$$\boldsymbol{R}_{41} = \begin{bmatrix} 0.05 & 0.10 & 0.20 & 0.35 & 0.30 \\ 0.10 & 0.15 & 0.30 & 0.25 & 0.20 \end{bmatrix}$$

$$B_{41} = A_{41} \times \boldsymbol{R}_{41} = \begin{bmatrix} 0.072 & 0.122 & 0.244 & 0.306 & 0.256 \end{bmatrix}$$

$$C_{41} = \begin{bmatrix} 1 & 2 & 3 & 4 & 5 \end{bmatrix} \times B_{41}^{\mathrm{T}} = \begin{bmatrix} 3.552 \end{bmatrix}$$

因此，$U41$ 指标的综合得分为 3.552，等级为良。

对 $U42$ 指标进行评价：

$$A_{42} = \begin{bmatrix} 0.57 & 0.43 \end{bmatrix}$$

$$\boldsymbol{R}_{42} = \begin{bmatrix} 0.00 & 0.05 & 0.15 & 0.35 & 0.45 \\ 0.05 & 0.10 & 0.20 & 0.30 & 0.35 \end{bmatrix}$$

$$B_{42} = A_{42} \times \boldsymbol{R}_{42} = \begin{bmatrix} 0.0215 & 0.0715 & 0.1715 & 0.3285 & 0.4070 \end{bmatrix}$$

$$C_{42} = \begin{bmatrix} 1 & 2 & 3 & 4 & 5 \end{bmatrix} \times B_{42}^{\mathrm{T}} = \begin{bmatrix} 4.028 \end{bmatrix}$$

因此，$U42$ 指标的综合得分为 4.028，等级为良。

2）进行二级模糊综合评价

顾客（$U1$）准则下的一级指标的权重向量为：$A_1=[0.11\ \ 0.21\ \ 0.16\ \ 0.27\ \ 0.25]$；单因素评价矩阵应为二级指标评价结果 B_{11}、B_{12}、B_{13}、B_{14}、B_{15} 构成的矩阵 $\boldsymbol{R}_1$。

$$\boldsymbol{R}_1 = \begin{bmatrix} 0.028 & 0.078 & 0.088 & 0.430 & 0.376 \\ 0.062 & 0.155 & 0.243 & 0.314 & 0.226 \\ 0.000 & 0.000 & 0.100 & 0.250 & 0.650 \\ 0.000 & 0.046 & 0.196 & 0.427 & 0.377 \\ 0.000 & 0.100 & 0.233 & 0.333 & 0.334 \end{bmatrix}$$

$$B_1 = A_1 \times \boldsymbol{R}_1 = \begin{bmatrix} 0.016\,10 & 0.078\,55 & 0.187\,88 & 0.351\,78 & 0.378\,11 \end{bmatrix}$$

$$C_1 = \begin{bmatrix} 1 & 2 & 3 & 4 & 5 \end{bmatrix} \times B_1^{\mathrm{T}} = \begin{bmatrix} 4.034\,51 \end{bmatrix}$$

因此，$U1$ 指标的综合得分为 4.034 51，等级为良。

物流企业（$U2$）准则下的一级指标的权重向量为：$A_2=[0.19\ \ 0.18\ \ 0.19\ \ 0.10\ \ 0.09\ \ 0.11\ \ 0.13]$；单因素评价矩阵应为二级指标评价结果 B_{21}、B_{22}、B_{23}、B_{24}、B_{25}、B_{26} 构成的矩阵 $\boldsymbol{R}_2$。

$$\boldsymbol{R}_2 = \begin{bmatrix} 0.0465 & 0.0920 & 0.2080 & 0.2950 & 0.3585 \\ 0.0160 & 0.0930 & 0.2275 & 0.3125 & 0.3510 \\ 0.0590 & 0.1060 & 0.2325 & 0.2815 & 0.3210 \\ 0.0395 & 0.1565 & 0.2670 & 0.2660 & 0.2710 \\ 0.1125 & 0.2350 & 0.2835 & 0.2315 & 0.1375 \\ 0.0500 & 0.1000 & 0.1500 & 0.4000 & 0.3000 \\ 0.0500 & 0.2000 & 0.3000 & 0.3000 & 0.1500 \end{bmatrix}$$

$$B_2 = A_2 \times \boldsymbol{R}_2 = \begin{bmatrix} 0.049\,00 & 0.128\,16 & 0.232\,36 & 0.296\,22 & 0.284\,26 \end{bmatrix}$$

$$C_2 = \begin{bmatrix} 1 & 2 & 3 & 4 & 5 \end{bmatrix} \times B_2^{\mathrm{T}} = \begin{bmatrix} 3.608\,58 \end{bmatrix}$$

因此，$U2$ 指标的综合得分为 3.608 58，等级为良。

铁路局（$U3$）准则下只有一个一级指标，权重向量为：$A_3=[1]$；单因素评价矩阵应为二级指标评价结果 B_{31} 构成的矩阵 $\boldsymbol{R}_3$。

$$\boldsymbol{R}_3 = \begin{bmatrix} 0.0305 & 0.0945 & 0.2150 & 0.2905 & 0.3505 \end{bmatrix}$$

$$B_3 = A_3 \times \boldsymbol{R}_3 = \begin{bmatrix} 0.0305 & 0.0945 & 0.2150 & 0.2905 & 0.3505 \end{bmatrix}$$

$$C_3 = \begin{bmatrix} 1 & 2 & 3 & 4 & 5 \end{bmatrix} \times B_3^{\mathrm{T}} = \begin{bmatrix} 3.779 \end{bmatrix}$$

因此，U3 指标的综合得分为 3.779，等级为良。

社会影响（U4）准则下的一级指标的权重向量为：$A_4 = \begin{bmatrix} 0.58 & 0.42 \end{bmatrix}$；单因素评价矩阵应为二级指标评价结果 B_{41}、B_{42} 构成的矩阵 $\boldsymbol{R}_4$。

$$\boldsymbol{R}_4 = \begin{bmatrix} 0.0720 & 0.1220 & 0.2440 & 0.3060 & 0.2560 \\ 0.0215 & 0.0715 & 0.1715 & 0.3285 & 0.4070 \end{bmatrix}$$

$$B_4 = A_4 \times \boldsymbol{R}_4 = \begin{bmatrix} 0.045\,200 & 0.124\,435 & 0.222\,015 & 0.247\,090 & 0.241\,260 \end{bmatrix}$$

$$C_4 = \begin{bmatrix} 1 & 2 & 3 & 4 & 5 \end{bmatrix} \times B_4^{\mathrm{T}} = \begin{bmatrix} 3.751\,92 \end{bmatrix}$$

因此，U4 指标的综合得分为 3.751 92，等级为良。

3）进行三级模糊综合评价

针对整个目标层的三级模糊综合评价：

$$A_0 = \begin{bmatrix} 0.32 & 0.34 & 0.22 & 0.12 \end{bmatrix}$$

$$\boldsymbol{R}_0 = \begin{bmatrix} 0.016\,100 & 0.078\,550 & 0.187\,880 & 0.351\,780 & 0.378\,110 \\ 0.049\,000 & 0.128\,160 & 0.222\,015 & 0.296\,220 & 0.284\,260 \\ 0.030\,500 & 0.094\,500 & 0.215\,000 & 0.290\,500 & 0.350\,500 \\ 0.050\,790 & 0.100\,790 & 0.213\,550 & 0.315\,450 & 0.319\,420 \end{bmatrix}$$

$$B_0 = A_0 \times \boldsymbol{R}_0 = \begin{bmatrix} 0.034\,616\,8 & 0.101\,595\,2 & 0.212\,050\,0 & 0.315\,048\,4 & 0.333\,084\,0 \end{bmatrix}$$

$$C_0 = \begin{bmatrix} 1 & 2 & 3 & 4 & 5 \end{bmatrix} \times B_0^{\mathrm{T}} = \begin{bmatrix} 3.799\,571 \end{bmatrix}$$

方案二的综合得分为 3.799 571，等级为良。

5. 两方案的分析比较

通过分别对物联网应用前和应用后两个方案进行上述三级模糊综合评价，计算出评价结果如表 5.14 所示。

表 5.14　两种方案的评价结果

目标层	准则层	得分	等级	一级指标	得分	等级
基于物联网的中铁快运铁路货运物流效益评价 方案一：得分为 2.98 等级为中 方案二：得分为 3.80 等级为良	顾客（U1）	方案一：3.30 方案二：4.03	方案一：中 方案二：良	外在服务形象（U11）	方案一：3.62 方案二：4.05	方案一：良 方案二：良
				实用性（U12）	方案一：2.98 方案二：3.49	方案一：中 方案二：中
				增值服务（U13）	方案一：2.04 方案二：4.55	方案一：合格 方案二：优
				安全性（U14）	方案一：3.80 方案二：4.27	方案一：良 方案二：良
				时效性（U15）	方案一：3.68 方案二：3.90	方案一：良 方案二：良

续表

目标层	准则层	得分	等级	一级指标	得分	等级
基于物联网的中铁快运铁路货运物流效益评价 方案一：得分为 2.98 等级为中 方案二：得分为 3.80 等级为良	物流企业（U2）	方案一：3.00 方案二：3.61	方案一：中 方案二：良	承运入库（U21）	方案一：3.36 方案二：3.83	方案一：中 方案二：良
				到达交付（U22）	方案一：3.45 方案二：3.89	方案一：中 方案二：良
				售后服务（U23）	方案一：2.95 方案二：3.70	方案一：中 方案二：良
				整体活动（U24）	方案一：3.33 方案二：3.57	方案一：中 方案二：良
				人力资源管理（U25）	方案一：2.88 方案二：3.05	方案一：中 方案二：中
				技术开发（U26）	方案一：2.68 方案二：3.8	方案一：中 方案二：良
				采购（U27）	方案一：2.72 方案二：3.3	方案一：中 方案二：中
	铁路局（U3）	方案一：2.75 方案二：3.78	方案一：中 方案二：良	在途运输（U31）	方案一：2.75 方案二：3.78	方案一：中 方案二：良
	社会影响（U4）	方案一：2.52 方案二：3.75	方案一：中 方案二：良	技术推广程度（U41）	方案一：2.54 方案二：3.55	方案一：中 方案二：良
				对相关产业影响（U42）	方案一：2.50 方案二：4.03	方案一：中 方案二：良

5.4.3　评价结果分析与建议

通过表 5.14 可以清楚发现物联网应用前后的差别，从整个目标层来看，物联网的应用使整体效益增加，应用物联网之前的评价等级为中，应用后的评价等级为良，整体效益增加了一个等级。

从准则层来分析，可以看出哪个准则效益增加得最明显，针对这四个准则层，每个准则的效益都提升了一个等级，从得分比较来看，效益增长最明显的首先是社会影响，其次是铁路局和顾客维度，再次是物流企业。

对一级指标进行分析，可以得出各个一级指标发生的变化，针对顾客准则下的五个一级指标，增值服务这一指标的变化最大，应用物联网之前该指标的评价等级为合格，应用物联网之后该指标的评价等级变为优，这是物联网应用对顾客最大的吸引，也是针对物流企业目前的业务流程进行的最优改进。虽然其他四项指标的评价等级没有变化，但从评分上可以看出物联网应用前后的差别，随着在线跟踪这一价值活动的优化，其他价值活动也得到了改善。

对物流企业准则下的一级指标进行分析。人力资源和采购活动这两个一级指标的评价等级没有发生变化，但是评分比物联网应用前增加了，这是因为物联网的应用对这两项指标的影响不是最主要的，随着其他关键环节的优化，这两项指标也稍微发生了变化。物联网应用最主要是对承运入库、到达交付、售后服务这三项基本价值活动的优化，这三项指标都发生了明显的变化，表明物联网的应用对物流企业的流程优化确实有效果。

铁路局准则下只有一个一级指标，在途运输环节在物联网的应用后也发生了明显的变化，评价等级增加了一个等级。

社会影响准则下的两个一级指标也在原有的基础上增加了一个等级。

通过对中铁快运物联网应用前后的铁路货运物流效益分析，可以看出物联网应用的优势。物联网的应用使铁路物流最直接的利益相关者的利益增加，同时也增加了间接利益相关者的利益。物联网的应用使顾客得到更加优质的服务，使物流企业的流程得到了优化，使铁路局在途运输环节得到了改善，对社会产生了积极的推动作用。基于以上分析，为了在实践中保证和进一步提高物联网应用下中铁快运铁路货运物流效益，我们建议中铁快运最基本应做好以下四点。

（1）统一思想。企业应用物联网技术，会面临着设备改进、人员培训、管理变革等一系列问题，这必然导致企业当前物流成本的提高，因而会使企业面临两难的抉择。我们在对中铁快运访谈时从相关人员话语里也证实了这一点。在这种情况下，物联网技术的应用就有可能会有企业某些领导和员工反对，甚至在具体应用中可能产生抵触思想与行为发生。因此，企业应事先做好宣传工作，使企业员工统一认识，做到步调一致。

（2）增强服务意识。虽然物联网技术的应用能使顾客得到更加优质的服务，但这只是硬件方面的改进。要想抓住现有的和吸引更多的客户，企业应该立足于顾客的需求，进行有效的客户关系管理，必须重视服务态度、语言、亲和力，为客户提供个性化、定制化和周到服务，力求与客户建立起密切的合作伙伴关系。企业要在内部员工中倡导顾客为中心的服务理念，增强服务意识，想顾客之所想，急顾客之所急。只有这样才能吸引和留住更多客户，占领更大市场份额，进而提高其货运效益。

（3）努力降低物流成本。在激烈的市场竞争中，物流成本是关乎企业生存发展和效益高低的大事问题，一直是物流管理最核心的问题，所以企业一定要设法降低物流成本。为此，首先，降低成本需要企业必须树立新的财务管理和成本控制的观念，增强全体员工的成本控制意识及效益观念，改变传统的那种只是财务及相关管理人员才有降低成本责任的观念；其次，适应物联网技术改善物流企业内部组织管理模式，各部门要分工明确，相互协作，合理配置各部门人财物资源，提高整体的运作效率，实现资源优化配置，进而降低企业物流成本；最后，加大人才引进和培养力度，铁路物联网技术的应用，需要掌握物流管理、市场营销、计算机网路技术、物流信息系统开发与维护等专业技能的高素质人才，这是企业物流成本控制的智力保证（程用道，2013）。

（4）加强与铁路局的合作。铁路局是中铁快运最密切的利益相关者之一，中铁快运铁路货运物流效益能否实现和最大化在很大程度上取决于二者的合作博弈。据调查，在二者的博弈中，中铁快运常常是处于被动接受地位。为此，中铁快运应尝试设计一种协同机制，在保障双方共赢的前提下，力求使二者在这一机制框架下平等的沟通、协商、配合。同时，要随着内外部主客观条件和环境的变化而不断地完善其协同机制，以此保证二者的长效合作。

5.5　本 章 小 结

本章依据价值链和利益相关者理论，在分析物联网应用后对中铁快运现行业务流程和各个相关利益主体影响的基础上，采用定性与定量相结合的方法构建了基于物联网的中铁快运铁路货运物流效益评价指标体系，这也是本章的创新之处。实证分析部分以中铁快运大连站和齐齐哈尔站为背景，先用层次分析法和改进的灰色关联分析法对指标体系进行权重的确定，然后采用模糊综合评价法对物联网前后的铁路货运物流效益进行评价。评价结果表明：物联网的应用可以使顾客得到更加优质的服务，使物流企业的流程得到优化，使铁路局在途运输环节得到改善，对社会也会产生积极的推动作用。该评价的结果与专家的预期具有高度一致性，表明该评价模型是合理的。在此需要说明的是，该体系是我们对物联网应用于中铁快运业务流程效益的一个探索性研究，由于缺乏实践的检验，有可能存在需要进一步完善的地方。另外，本章所构建的指标体系也只是针对中铁快运，并对其进行实证。我们还可以对中铁集装箱公司及其他物流公司进行物联网应用后的效益研究。对中铁集装箱公司而言，物联网的应用是必然趋势，我们同样可以依据其价值链分析并结合利益相关者理论构建货运效益指标体系，并通过调研收集数据进行实证分析，这有待于我们或其他学者后续的进一步研究。

参 考 文 献

陈宏辉. 2003. 企业的利益相关理论与实证研究[D]. 杭州：浙江大学博士学位论文

程用道. 2013. 对降低铁路物流成本途径的分析[J]. 企业技术开发, 32（9）：53~54

崔杰，党耀国，刘思峰. 2008. 基于灰色关联度求解指标权重的改进方法[J]. 中国管理科学. 16（5）：141~145

付俊文，赵红. 2006. 利益相关者理论综述[J]. 首都经济贸易大学学报，（2）：16~21

甘卫华，吴玮. 2013. 铁路物流服务绩效评价研究[A]. //第十五届中国科协年会第 11 分会场：综合交通与物流发展研讨会论文集[C]，5

侯文. 2006. 对应用主成分法进行综合评价的探讨[J]. 数理统计与管理，25（2）：211~214

胡文海. 2012. 基于物联网的企业物流信息平台的构建[J]. 物流技术，31（11）：431-433

黄浩岚. 2013. 高职教育利益相关者理论研究的若干问题[J]. 教育与职业，（21）：5～8

姜庆国，王立海，杨学春. 2009. 铁路物流中心绩效的模糊综合评判[J]. 森林工程，25（1）：89～92

李懋. 2008. 中铁快运股份有限公司物流发展战略研究[D]. 重庆：西南交通大学硕士学位论文

李志，何小勇. 2010. 物流系统评价指标权重的确定方法[J]. 统计与决策，（308）：60～61

刘北林，张亚茹. 2011. 基于顾客导向的物流服务质量评价研究[J]. 物流技术，30（11）：1～3

刘长未，易树平，杨先露. 2004. 模糊综合评判在物流系统评价中的应用[J]. 中国机械工程，15（14）：1309～1311

刘冬荣，王林. 2005. 价值链分析在战略成本管理中的应用研究[J]. 价值工程，3：40～43

刘鹏，赵洁琼. 2013. 基于数据包络分析的铁路物流评价研究[J]. 物流技术，32（4）：116～118

刘雨华. 2009. 基于梯形模糊数的指标权重确定方法的应用研究[J]. 南京信息工程大学学报，1（4）：369～372

迈克尔·波特. 2005. 竞争优势[M]. 陈小悦译. 北京：华夏出版社

彭国甫，盛明科. 2008. 政府绩效评估不同主体间的利益差异及其整合[J]. 学习与探索，（5）：83

彭文. 2013. 钢铁企业铁路物流路网评价研究[J]. 物流技术，35（227）：89～91

钱芝网. 2010. DEA 及其在企业物流系统评价中的应用[J]. 工业工程与管理，15（5）：115～121

宋扬. 2010. 基于模糊层次分析法的绿色物流企业综合效益评价研究[J]. 物流技术，8（223）：105～107

王雪. 2010. 中铁快运企业安全管理绩效评价研究[D]. 北京：北京交通大学硕士学位论文

温素彬. 2007. 基于可持续发展观的企业绩效评价模式研究[J]. 财会月刊，2：35～37

吴祈宗. 2006. 系统工程[M]. 北京：北京理工大出版社

吴双双. 2011. 基于物联网技术的铁路物流发展研究[J]. 物流技术，33（207）：53，77

燕晨屹，史方彤，王喜富. 2011. 基于物联网的物流信息平台运营模式研究[J]. 物流技术，30（12）：217～219

杨永清，潘红. 2011. 基于物联网的物流管理信息系统再造策略探讨[J]. 计算机与现代化，（12）：182～184

尹新. 2012. 苏南地区物流企业生态效益评价体系研究[J]. 生态经济，5（252）：72～74，78

张年. 2010. 铁路物流信息共享平台的安全性评价模型[J]. 商场现代化，（603）：67～69

赵娟. 2013. 基于 SERVQUAL 和 LSQ 模型的铁路物流服务质量评价指标研究[A]. 第十五届中国科协年会第 11 分会场：综合交通与物流发展研讨会论文集[C]，5

朱文和. 2010. 基于物联网技术实现供应链全过程的智能化物流配送服务[J]. 物流技术，7（220）：172～173

Brown TJ，Churchill GA，Peter JP. 1993. Improving the measurement of service quality[J]. Journal of Retailing，（69）：127～139

Mentzer J T，Gomes R，Krapfel R E. 1989. Physical Distribution Service：A Fundamental Marketing Concept[J]. Journal of the Academy of Marketing Science，17（4）：53～62

Parasuraman A，Zeithaml V A，Berry L L. 1988. SERVQUAL：A Multiple—Item Scale for Measuring Consumer Perceptions of Service Quality [J]. Journal of Retailing，64（1）：12～40

Perrault W D，Russ F. 1974. Physical distribution service：a neglected aspect of marketing management [J]. MSU Business Topics，22（2）：37～45

Pitt L F，Watson RT，Kavan CB. 1997. Measuring information Systems services quality：Concers for a complete canvas[J]. MIS Quarterly，（6）：209～221

附录 A 顾客关注点调查问卷

尊敬的受访者：

您好！我们正在从事中铁快运物流系统的相关研究。请您帮助完成一份问卷调查，本次调研纯属学术探讨，无任何商业目的，敬请放心。您的回答没有对错之分，请您如实回答，非常感谢您的支持与帮助。

指标	您关注下列指标的程度				
	非常不关注	不关注	无所谓	关注	非常关注
托运手续和流程	1	2	3	4	5
工作人员服务态度	1	2	3	4	5
工作人员向顾客提供详尽的业务说明	1	2	3	4	5
工作人员服装、仪表整洁、佩戴服务标志	1	2	3	4	5
服务的质量（个性化服务、客户申诉的及时反映）	1	2	3	4	5
运输价格合理	1	2	3	4	5
货物在途运输的时间合理（时效性）	1	2	3	4	5
货物安全保质保量送达目的地（货损货差率低）	1	2	3	4	5
随时随地了解货物在途状态、位置	1	2	3	4	5
托运环境	1	2	3	4	5

1. 您以前使用过中铁快运托运物品吗？（　　　）
   A. 经常用　　　　　　　　　　B. 偶尔用
   C. 用过一两次　　　　　　　　D. 没有用过（跳至第 7 题）
2. 您认为中铁快运公司的货物破损率如何？（　　　）
   A. 很高　　　　　　B. 高　　　　　　　　C. 一般
   D. 低　　　　　　　E. 很低
3. 您认为中铁快运公司的货物丢失率如何？（　　　）
   A. 很高　　　　　　B. 高　　　　　　　　C. 一般
   D. 低　　　　　　　E. 很低
4. 您办理过中铁快运公司的理赔业务吗？（　　　）
   A. 经常办理　　　　　　　　　B. 偶尔办理
   C. 办理过一两次　　　　　　　D. 没有（跳至第 7 题）

5. 您理赔的过程复杂程度如何？（　　）

    A. 非常简单　　　　B. 比较简单　　　　C. 不复杂

    D. 比较复杂　　　　E. 非常复杂

6. 您对理赔结果满意程度如何？（　　）

    A. 非常不满意　　　B. 不满意　　　　　C. 基本满意

    D. 比较满意　　　　E. 非常满意

7. 您是否担心您的物品在托运过程中丢失或损坏？（　　）

    A. 完全不担心　　　B. 不太担心　　　　C. 不担心

    D. 有点担心　　　　E. 很担心

8. 您希望通过何种方式了解您的货物的位置？（　　）

    A. 当面向工作人员查询　　　　B. 电话查询

    C. 网上查询　　　　　　　　　D. 手机短信查询

    E. 无所谓

9. 您愿意接受中铁快运为您提供的哪些增值服务？（可以多选）（　　）

    A. 包装服务　　　　B. 送货上门　　　　C. 物品安全保险

    D. 货物全程在线追踪　E. 网上填写托运单

10. 您认为中铁快运目前最应该解决的问题是？（可以多选）（　　）

    A. 准确性　　　　　B. 安全性　　　　　C. 及时行

    D. 价格问题　　　　E. 服务态度　　　　F. 信息查询

11. 本次托运物品时您对下列哪些环节不满意？（可以多选）（　　）

    A. 填写托运单　　　B. 物品包装　　　　C. 安检称重

    D. 交费　　　　　　E. 没有不满意

12. 使用电子标签能减小丢货概率，提供货物全程在线追踪，您愿意使用此技术
    为您提供服务吗？（　　）

    A. 非常不愿意　　　B. 不愿意　　　　　C. 无所谓

    D. 愿意　　　　　　E. 非常愿意

13. 您会推荐您的朋友也使用电子标签技术托运物品吗？（　　）

    A. 会　　　　　　　B. 不会　　　　　　C. 可能会

附录 B 顾客满意度调查问卷

尊敬的受访者:

您好! 我们正在从事中铁快运物流系统的相关研究。请您帮助完成一份问卷调查,本次调研纯属学术探讨,无任何商业目的,敬请放心。您的回答没有对错之分,请您如实回答,非常感谢您的支持与帮助。

指标	您对下列指标的满意程度				
	非常不满意	不满意	无所谓	比较满意	非常满意
托运手续和流程	1	2	3	4	5
工作人员服务态度	1	2	3	4	5
工作人员向顾客提供详尽的业务说明	1	2	3	4	5
工作人员服装、仪表整洁、佩戴服务标志	1	2	3	4	5
服务的质量(个性化服务、客户申诉的及时反映)	1	2	3	4	5
运输价格合理	1	2	3	4	5
货物在途运输的时间合理(时效性)	1	2	3	4	5
货物安全保质保量送达目的地(货损货差率低)	1	2	3	4	5
随时随地了解货物在途状态、位置	1	2	3	4	5
托运环境	1	2	3	4	5

1. 您以前使用过中铁快运托运物品吗?( )
   A. 经常用　　　　　　　　　　B. 偶尔用
   C. 用过一两次　　　　　　　　D. 没有用过(跳至第7题)
2. 您认为中铁快运公司的货物破损率如何?( )
   A. 很高　　　　　　B. 高　　　　　　　　C. 一般
   D. 低　　　　　　　E. 很低
3. 您认为中铁快运公司的货物丢失率如何?( )
   A. 很高　　　　　　B. 高　　　　　　　　C. 一般
   D. 低　　　　　　　E. 很低
4. 您办理过中铁快运的理赔业务吗?( )
   A. 经常办理　　　　　　　　　B. 偶尔办理
   C. 办理过一两次　　　　　　　D. 没有(跳至第7题)

5. 您理赔的过程复杂程度如何？（　　　）

　　A. 非常简单　　　　　B. 比较简单　　　　　　C. 不复杂

　　D. 比较复杂　　　　　E. 非常复杂

6. 您对理赔结果满意程度如何？（　　　）

　　A. 非常不满意　　　　B. 不满意　　　　　　　C. 基本满意

　　D. 比较满意　　　　　E. 非常满意

7. 您希望通过何种方式了解您的货物的位置？（　　　）

　　A. 当面向工作人员查询　　　　　　B. 电话查询

　　C. 网上查询　　　　　　　　　　　D. 手机短信查询

　　E. 无所谓

8. 您愿意接受中铁快运为您提供的哪些增值服务？（可以多选）（　　　）

　　A. 网上填写托运单　　B. 包装服务　　　　　　C. 物品保价

　　D. 货物全程在线追踪　E. 送货上门

9. 您对中铁快运托运过程中的信息提供服务满意吗？（　　　）

　　A. 非常不满意　　　　B. 不满意　　　　　　　C. 不在乎

　　D. 满意　　　　　　　E. 非常满意

10. 什么原因使您对信息提供服务不满意？（　　　）（可以多选）

　　A. 应加强短信通知　　B. 应加强电话通知　　　C. 应加强网上信息显示

　　D. 不在乎公司是否提供托运过程中的信息　　　E. 其他

11. 您在本次托运过程中有没有打电话向客服抱怨？（　　　）

　　A. 打过　　　　　　　　　　　　　B. 没打过（跳至 15 题）

12. 中铁快运公司在处理客户投诉的态度如何？（　　　）

　　A. 非常冷漠　　　　　B. 比较冷漠　　　　　　C. 一般

　　D. 比较热情　　　　　E. 非常热情

13. 工作人员有没有及时处理您抱怨的内容？（　　　）

　　A. 非常不及时　　　　B. 不及时　　　　　　　C. 及时

　　D. 比较及时　　　　　E. 非常及时

14. 您对中铁快运公司的处理结果满意吗？（　　　）

　　A. 非常不满意　　　　B. 不满意　　　　　　　C. 基本满意

　　D. 比较满意　　　　　E. 非常满意

15. 您在本次托运过程中有没有打电话咨询您货物的具体位置？（　　　）

　　A. 频繁打电话咨询　　　　　　　　B. 打过 3～5 次

　　C. 打过 1～2 次　　　　　　　　　D. 没打过

16. 您是否担心物品在托运过程中遗失或损坏？（　　　）

　　A. 完全不担心　　　　B. 不太担心　　　　　　C. 不担心

D. 有点担心　　　　　　　E. 很担心

17. 使用电子标签能减小丢货的概率，提供货物全程在线追踪，您愿意使用此技术为您提供服务吗？（　　）

A. 非常不愿意　　　　　B. 不愿意　　　　　　　C. 无所谓

D. 愿意　　　　　　　　E. 非常愿意

18. 您会推荐您的朋友也使用电子标签技术托运物品吗？（　　　）

A. 会　　　　　　　　　B. 不会　　　　　　　　C. 可能会

附录C 员工满意度调查问卷

尊敬的受访者：

您好！我们正在从事中铁快运物流系统的相关研究。请您帮助完成一份问卷调查，本次调研纯属学术探讨，无任何商业目的，敬请放心。您的回答没有对错之分，请您如实回答，非常感谢您的支持与帮助。

1. 您目前的工作岗位是＿＿＿＿＿＿＿＿＿＿＿＿＿＿＿＿

2. 您在此岗位工作了多久？（　　　）

    A. 1年以内　　　　B. 1～2年　　　　　　　　C. 2～3年

    D. 3～4年　　　　　E. 4年以上

3. 您工作的主要内容是＿＿＿＿＿＿＿＿＿＿＿＿＿＿＿＿

4. 您经常会听到同事讨论货物丢失吗？（　　　）

    A. 频繁听到　　　　　　　　B. 一星期听到3～4次

    C. 偶尔听到　　　　　　　　D. 很少听到

5. 您经常会听见顾客抱怨货物破损吗？（　　　）

    A. 频繁听到　　　　　　　　B. 一星期听到3～4次

    C. 偶尔听到　　　　　　　　D. 很少听到

指标	您认同下列指标的程度				
	非常不同意	不同意	无所谓	同意	非常同意
我喜欢我工作中所做的事情	1	2	3	4	5
我对我的工作环境很满意	1	2	3	4	5
我觉得我可以得到公平合理的薪酬回报	1	2	3	4	5
我所获得的培训能够满足顾客的需求	1	2	3	4	5
我喜欢我的同事们	1	2	3	4	5
我和企业管理人员的关系相处很融洽	1	2	3	4	5
我觉得企业管理人员对企业管理方法得当	1	2	3	4	5
我觉得公司的组织机构和制度流程有利于工作效率的提高	1	2	3	4	5
我觉得公司各项管理制度能够得到严格的执行	1	2	3	4	5
我觉得目前公司部门、岗位之间职责、分工明确	1	2	3	4	5

续表

指标	您认同下列指标的程度				
	非常不同意	不同意	无所谓	同意	非常同意
我觉得每天的工作很轻松	1	2	3	4	5
我对现在使用的工作设备很满意	1	2	3	4	5
我目前使用的设备能够满足我的工作需要	1	2	3	4	5
所有设备都能得到充分利用	1	2	3	4	5
我拒绝接受新设备	1	2	3	4	5
我觉得自己的工作很重要	1	2	3	4	5
我觉得自己的工作效率很高	1	2	3	4	5
我觉得自己的工作强度很大	1	2	3	4	5
我觉得自己的工作质量很好	1	2	3	4	5
我认为公司有必要再招聘一些类似我的岗位的工作人员	1	2	3	4	5
我觉得目前的绩效考核制度很完善	1	2	3	4	5
我非常乐意在此公司继续任职	1	2	3	4	5
我对公司并没有一种强烈的归属感	1	2	3	4	5
目前运用的系统能使货物信息准确地在员工间传递	1	2	3	4	5

附录 D　列车行李员调查问卷

尊敬的受访者：

您好！我们正在从事中铁快运物流服务的相关研究。请您帮助完成一份问卷调查，本次调研纯属学术探讨，无任何商业目的，敬请放心。您的回答没有对错之分，请您如实回答，非常感谢您的支持与帮助。

1. 您认为您目前的工作强度如何？（　　　）
   A. 特别低　　　　　　B. 比较低　　　　　　C. 一般
   D. 比较高　　　　　　E. 特别高
2. 您目前使用的设备能满足工作需求吗？（　　　）
   A. 能　　　　　　　　B. 无所谓　　　　　　C. 不能
3. 您愿意接受新设备吗？（　　　）
   A. 非常愿意　　　　　B. 愿意　　　　　　　C. 无所谓
   D. 不愿意　　　　　　E. 非常不愿意
4. 您上次押运的列车是从＿＿＿＿＿＿＿发向＿＿＿＿＿＿＿
5. 您上次押运的那趟列车中途需要卸货的站是几个？（　　　）
   A. 1～2 个　　　　　　B. 3～4 个　　　　　　C. 5～6 个
   D. 7～8 个　　　　　　E. 9～10 个　　　　　　F. 10 个以上
6. 您上次押运的列车的货运量如何？（　　　）
   A. 特别少　　　　　　B. 比较少　　　　　　C. 一般
   D. 比较多　　　　　　E. 特别多
7. 您上次押运的列车的满载率如何？（　　　）
   A. 特别低　　　　　　B. 比较低　　　　　　C. 一般
   D. 比较高　　　　　　E. 特别高
8. 您上次押运的列车中，中铁快运公司的货物占总货物量的比例如何？（　　　）
   A. 非常高　　　　　　B. 比较高　　　　　　C. 一般
   D. 比较低　　　　　　E. 非常低
9. 您上次押运的列车，货物上车后被分成了几类？（　　　）
   A. 1 类　　　　　　　B. 2 类　　　　　　　C. 3 类
   D. 4 类　　　　　　　E. 5 类　　　　　　　F. 5 类以上

10. 货物在途中需要扫描货物信息的次数多吗？（　　　）

    A. 非常多　　　　　　B. 比较多　　　　　　C. 一般

    D. 比较少　　　　　　E. 非常少

11. 您在列车行驶期间需要不断整理清点货物吗？（　　　）

    A. 非常频繁　　　　　B. 经常　　　　　　　C. 偶尔

    D. 很少　　　　　　　E. 极少

12. 中途有货物上车的站多吗？（　　　）

    A. 非常多　　　　　　B. 比较多　　　　　　C. 一般

    D. 比较少　　　　　　E. 非常少

13. 您觉得安排上车和下车货物的过程烦琐吗？（　　　）

    A. 非常烦琐　　　　　B. 比较烦琐　　　　　C. 一般

    D. 比较简单　　　　　E. 非常简单

14. 货物在途运输的过程您的工作轻松吗？（　　　）

    A. 非常繁忙　　　　　B. 比较繁忙　　　　　C. 一般

    D. 比较轻松　　　　　E. 非常轻松

15. 您觉得有没有必要增加新设备来减轻您的工作量？（　　　）

    A. 非常需要　　　　　B. 比较需要　　　　　C. 无所谓

    D. 不太需要　　　　　E. 非常不需要

16. 在途运输过程中您将货物信息传递到相关部门或人员的过程复杂程度如何？（　　　）

    A. 非常复杂　　　　　B. 比较复杂　　　　　C. 一般

    D. 比较简单　　　　　E. 非常简单

17. 您觉得有没有必要采取措施来完善货物信息传递系统？（　　　）

    A. 非常需要　　　　　B. 比较需要　　　　　C. 无所谓

    D. 不太需要　　　　　E. 非常不需要

18. 铁路局直接办理的旅客托运哪种货物的最多？（　　　）

    A. 行李　　　　　　　B. 包裹　　　　　　　C. 小件快件

附录 E 物联网应用后效果评估调查问卷

将物联网技术应用于铁路主要是在货物上贴上智能标签，装车前通过扫描，把货物信息输入车站管理系统，以便管理人员核对货运单据与实物是否相符。在车厢和沿途到达车站安装阅读器，既可对货物进行全程跟踪，又便于对货物查验清点，还能对货物上下车提供警示。

1. 您对物联网是否有一定的了解？（　　　）
   - A. 从没听过
   - B. 知道一点儿
   - C. 比较了解
   - D. 我就是这个专业
2. 您觉得物联网的应用能否使中铁的外在服务形象更好？（　　　）
   - A. 不会
   - B. 可能不会
   - C. 无所谓
   - D. 可能会
   - E. 会
3. 您觉得物联网的应用会不会使托运的流程更加方便？（　　　）
   - A. 不会
   - B. 可能不会
   - C. 不知道
   - D. 可能会
   - E. 会
4. 您觉得物联网的应用能否提高货物在线跟踪的能力？（　　　）
   - A. 不会
   - B. 可能不会
   - C. 不知道
   - D. 可能会
   - E. 会
5. 您认为物联网的应用能否减少货差货损的概率？（　　　）
   - A. 不会
   - B. 可能不会
   - C. 不知道
   - D. 可能会
   - E. 会
6. 您认为物联网应用后来中铁托运的托运量会有什么变化？（　　　）
   - A. 大幅下降
   - B. 小幅下降
   - C. 不变化
   - D. 小幅上涨
   - E. 大幅上涨
7. 您认为物联网的应用能否使包装质量更好？（　　　）
   - A. 不会
   - B. 可能不会
   - C. 不知道
   - D. 可能会
   - E. 会
8. 您是否觉得电子标签应用能否使物流信息化更加完善？（　　　）
   - A. 不会
   - B. 可能不会
   - C. 不知道
   - D. 可能会
   - E. 会

9. 您认为电子标签的应用能否使货物信息的扫描更加方便？（　　　）
　　A. 不会　　　　　　　B. 可能不会　　　　　C. 不知道
　　D. 可能会　　　　　　E. 会
10. 您认为电子标签的应用能否使货物信息传递更加方便？（　　　）
　　A. 不会　　　　　　　B. 可能不会　　　　　C. 不知道
　　D. 可能会　　　　　　E. 会
11. 您认为电子标签的应用能否改善库存的合理利用？（　　　）
　　A. 不会　　　　　　　B. 可能不会　　　　　C. 不知道
　　D. 可能会　　　　　　E. 会
12. 您认为电子标签的应用对货物丢失的处理会有什么影响？（　　　）
　　A. 非常不方便　　　　B. 比较不方便　　　　C. 没有影响
　　D. 比较方便　　　　　E. 非常方便
13. 您认为物联网的应用对货物信息的查询将会产生怎样的影响？（　　　）
　　A. 非常烦琐　　　　　B. 比较烦琐　　　　　C. 没有影响
　　D. 比较方便　　　　　E. 非常方便
14. 您认为物联网的应用对理赔的办理将会产生怎样的影响？（　　　）
　　A. 非常烦琐　　　　　B. 比较烦琐　　　　　C. 没有影响
　　D. 比较方便　　　　　E. 非常方便
15. 您认为物联网应用后物流成本会有什么变化？（　　　）
　　A 大幅下降　　　　　B. 小幅下降　　　　　C. 不变化
　　D. 小幅上涨　　　　　E. 大幅上涨
16. 您认为物联网应用后公司的盈利能力会有什么变化？（　　　）
　　A. 大幅下降　　　　　B. 小幅下降　　　　　C. 不变化
　　D. 小幅上涨　　　　　E. 大幅上涨
17. 您认为物联网应用后对组织结构和管理制度有什么影响？（　　　）
　　A. 消极阻碍　　　　　B. 阻碍　　　　　　　C. 没有影响
　　D. 促进　　　　　　　E. 积极促进
18. 您认为物联网应用后对员工的培训与开发有什么影响？（　　　）
　　A. 消极阻碍　　　　　B. 阻碍　　　　　　　C. 没有影响
　　D. 促进　　　　　　　E. 积极促进
19. 您认为有了报警指示功能，货物上错车、下错车的情况将会如何变化？（　　　）
　　A. 大幅下降　　　　　B. 小幅下降　　　　　C. 没有变化
　　D. 小幅上涨　　　　　E. 大幅上涨
20. 物联网应用后货物保质保量送达率将会如何变化？（　　　）
　　A. 大幅下降　　　　　B. 小幅下降　　　　　C. 没有变化

D. 小幅上涨   E. 大幅上涨

21. 您认为物联网应用于铁路对其他行业将产生什么影响？（   ）

A. 消极阻碍   B. 阻碍   C. 没有影响

D. 促进   E. 积极促进